北史

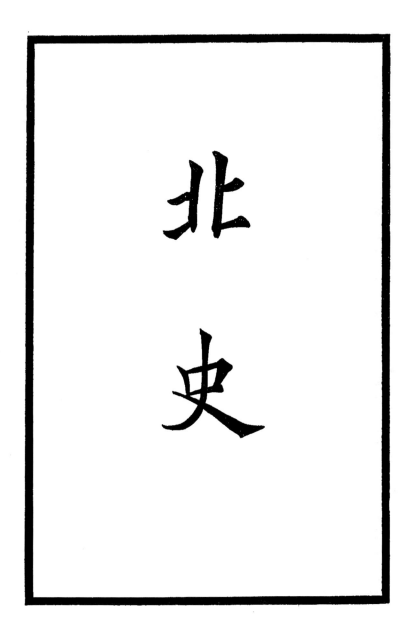

四部備要

史部

中華書局據武英殿本校刊

桐鄉　陸費逵總勘
杭縣　高時顯
　　　吳汝霖輯校
杭縣　丁輔之監造

北史卷三十一

唐　李延壽　撰

列傳第十九

高允　從祖弟祐　祐曾孫德正　祐從子乾　昂　季式

高允字伯恭勃海蓨人漢太傅裒之後也曾祖慶慕容垂司空祖父泰吏部尚書父韜少以英朗知名同郡封懿雅相推敬亦仕慕容垂爲太尉從事中郎道武平中山以爲丞相參軍早卒允少孤夙成有奇度清河崔宏見而異之歎曰高子黃中內潤文明外照必爲一代偉器但吾恐不見耳年十餘歲祖父泰喪還本郡允推財與二弟而爲沙門名法淨未久而罷性好文學擔笈負書千里就業博通經史天文術數尤好春秋公羊曾作塞上公詩有混欣戚遺得喪之致神䴥三年太武舅陽平王杜超行征南大將軍鎮鄴以允爲從事中郎年四十餘矣超以方春而諸州囚不決表允與中郎呂熙等分詣諸州共評獄事熙等皆以貪穢得罪唯允以清平獲賞府解還家教授受業者千餘人四年與盧

玄等俱被徵拜中書博士遷侍郎與太原張偉並以本官領衞大將軍樂安王範從事中郎範太武寵弟西鎮長安允甚有匡益秦人稱之尋被徵還樂平王丕西討上邽復以本官參丕軍事以謀平涼州之勳賜爵汶陽子後奉詔領著作郎與司徒崔浩述成國記時浩集諸術士考校漢元以來日月薄蝕五星行度幷譏前史之失別爲魏歷以示允允曰善言遠者必先驗於近且漢元年冬十月五星聚於東井此乃歷術之淺事今譏漢史而不覺此謬恐後之譏今猶今之譏古浩曰所謬云何允曰案星傳金水二星常附日而行冬十月日在尾箕昏沒於申南而東井方出於寅北二星何因背日而行是史官欲神其事不復推之於理浩曰欲爲變者何所不可君獨不疑三星之聚而怪二星之來允曰此不可以空言爭宜更審之時坐者咸怪唯東宮少傅游雅曰高君長於歷當不虛言也後歲餘浩謂允曰先所論者本不經心及更考究果如君語以前三月聚於東井非十月也又謂雅曰高允之術陽源之射也衆乃歎服允雖明於歷數初不推步有所論說惟游雅數以災異問允允曰昔人有言知之甚

難旣知復恐漏泄不如不知也天下妙理至多何遽問此雅乃止尋以本官爲秦王翰傅後勑以經授景穆甚見禮待又詔允與侍郎公孫質李靈胡方回共定律令太武引允與論刑政言甚稱旨因問允萬機何者爲先時多禁封良田又京師遊食衆允因曰臣少也賤所知唯田請言農事古人云方一里則爲田三頃七十畝方百里則田三萬七千頃若勸之則畝益三升不勸則畝損三升方百里損益之率爲粟二百二十二萬斛況以天下之廣乎若公私有儲雖遇饑年復何憂乎帝善之遂除田禁悉以授百姓初崔浩薦冀定相幽幷五州士數十人各起家爲郡守景穆謂浩曰先召之人亦州郡選也在職已久勤勞未答今可先補前召外任郡縣以新召者代爲郎吏又守令宰人宜使更事者浩固爭而遣之允聞之謂東宮博士管恬曰崔其不免乎苟逞其非而校勝於上何以能濟遼東公翟黑子有寵於太武奉使幷州受布千疋事發黑子問允主上問我首乎諱乎允曰公幃幄寵臣答詔宜實中書侍郎崔鑒公孫質等咸言宜諱之黑子以鑒等爲親己怒而絕允而不以實對終獲罪戮時著作令史閔

湛郄標性巧佞爲崔浩信待見浩所著詩書論語及易遂上疏言馬鄭王賈不如浩之精微請收藏境內諸書班浩所注幷求勑浩注禮傳浩亦表薦湛有著述才湛等又勸浩刊所撰國史于石以彰直筆允聞之謂著作郎宗欽曰閔湛所營分寸之閒恐爲崔門萬世之禍吾徒無類矣未幾而難作初浩之被收允直中書省景穆使召允留宿宮內翌日命驂乘至宮門謂曰入當見至尊吾自導卿脫至尊有問但依吾說既入見景穆言允小心愼密且微賤制由於浩請赦之帝召允謂曰國書皆浩作不允曰太祖記前著作郎鄧彥海所撰先帝記及今記臣與浩同作然而臣多於浩帝大怒曰此甚於浩安有生路景穆曰天威嚴重允迷亂失次耳臣向問皆云浩作帝問如東宮不允曰臣罪應滅族不敢虛妄殿下以臣侍講日久哀臣乞命耳實不問臣不敢迷亂帝謂景穆曰直哉此亦人情所難而能臨死不移且對君以實貞臣也寧失一有罪宜宥之允竟得免于是召浩前使人詰惶惑不能對允事事申明皆有條理時帝怒甚勑允爲詔自浩以下僮吏以上一百二十八人皆夷五族允持疑不爲頻詔催切

允乞更一見然後爲詔詔引前允曰浩之所坐若更有餘釁非臣敢知直以犯觸罪不至死帝怒命介士執允景穆拜請帝曰無此人忿朕當有數千口死矣浩竟族滅餘皆身死宗欽臨刑歎曰高允其殆聖乎景穆後讓允以不同己所導之言而令帝怒允曰夫史籍帝王之實錄將來之炯誡今之所以觀往後之所以知今是以言行舉動莫不備載故人君慎焉然浩世受殊遇榮曜當時私欲沒其公廉愛憎蔽其直理此浩之責也至於書朝廷起動之跡言國家得失之事此爲史之本體未爲多違然臣與浩實同其事死生義無獨殊誠荷殿下再造之慈違心苟免非臣之意景穆動容稱歎允後與人言曰我不奉東宮導旨者恐負翟黑子也景穆季年頗親近左右營立田園以收其利允諫曰殿下國之儲貳四海屬心言行舉動萬方所則而營立私田畜養雞犬乃至販酤市廛與人爭利議聲流布不可追掩夫天下者殿下之天下富有四海何求而不獲何欲而弗從而與販夫販婦競此尺寸願殿下少察過言斥出佞邪所在田園分給貧下如此則休聲日至謗議可除景穆不納景穆之崩也允久不進見

後見升階歔欷悲不能止帝流淚命允使出左右莫知其故相謂曰允無何悲泣令至尊哀傷何也帝聞之召而謂曰汝不知高允悲乎崔浩誅時允亦應死東宮苦請是以得免今無東宮允見朕悲耳先是勑允集天文災異使事類相從約而可觀允依洪範傳天文志撮其事要略其文辭凡爲八篇帝覽而善之曰高允之明災異亦豈減崔浩乎及文成卽位允頗有謀焉司徒陸麗等皆受重賞允旣不蒙褒異又終身不言其忠而不伐皆此類也給事中郭善明性多機巧欲逞其能勸文成大起宮室允諫曰臣聞太祖道武皇帝旣定天下始建都邑其所營立必因農隙今建國已久宮室已備永安前殿足以朝會萬國西堂温室足以安御聖躬紫樓臨望可以周視遠近若廣修壯麗爲異觀者宜漸致之不可倉卒計斫材軍士及諸雜役須二萬丁夫充作老小供餉合四萬人半年可訖古人有言一夫不耕或受其飢一婦不織或受其寒況數萬之衆其所損費亦已多矣帝納之允以文成纂承平之業而風俗仍舊婚娶喪葬不依古式乃諫曰前朝之世屢發明詔禁諸婚娶不得作樂及葬送之日歌謠鼓舞

殺牲燒葬一切禁絕雖條旨久班而不革變將由居上者未能悛改爲下者習以成俗教化陵遲一至於此詩云爾之教矣人胥效矣人君舉動不可不愼禮云嫁女之家三日不息火娶妻之家三日不舉樂今諸王納室皆樂部給伎以爲嬉戲而獨禁細人不得作樂此一異也古之婚者皆采德義之門妙簡貞閑之女先之以媒娉繼之以禮物集寮友以重其別親御輪以崇其敬今諸王十五便賜妻別居然所配者或長少差舛或罪入掖庭而以作合宗王妃嬪藩懿失禮之甚無復此過今皇子娶妻多出宮掖令天下小人必依禮限此二異也凡萬物之生靡不有死然葬者藏也死者不可再見故深藏之昔堯葬穀林農不易畝舜葬蒼梧市不改肆秦始皇作爲地市下錮三泉死不旋踵尸焚墓掘由此推之堯舜之儉始皇之奢是非可見今國家營葬費損巨億一旦焚之以爲灰燼上爲之而不輟而禁下人之必止此三異也古者祭必立尸序其昭穆使亡者有憑致食饗之禮今葬之魂人直求貌類者事之如父母宴好如夫妻損敗風化黷亂情禮莫此之甚上未禁之下不改絕此四異也夫大饗者所以

定禮儀訓萬國故聖王重之至乃爵盈而不飲肴乾而不食樂非雅聲則不奏物非正色則不列今之大會內外相混酒醉喧嘵罔有儀式又俳優鄙藝汙辱視聽朝廷積習以爲美而責風俗之清純此五異也今陛下當百王之末踵晉亂之弊而不矯然釐改以厲頹俗臣恐天下蒼生永不聞見禮教矣允如此非一帝從容聽之或有觸迕帝所不忍聞者命左右扶出事有不便允輒求見帝知允意逆屏左右以待之禮敬甚重晨入暮出或積日居中朝臣莫知所論或有上事陳得失者帝省而謂羣臣曰君父一也父有是非子何爲不作書於人中諫之使人知惡而於家內隱處也豈不以父親恐惡彰於外也今國家善惡不能面陳而上表顯諫以此豈不彰君之短明己之美至如高允者真忠臣矣朕有是非恆正言面論至朕所不忍聞者皆侃侃論說無所避就朕聞其過而天下不知其諫豈不忠乎汝等在左右不曾聞一正言但伺朕喜以求官汝等以弓刀侍朕徒立勞耳皆至公王此人執筆匡我不過著作郎汝等不亦愧乎於是拜允中書令著作如故司徒陸麗曰高允雖蒙寵待而家貧布衣妻子不

立帝怒曰何不先言今見朕用之方言其貧是日幸允第唯草屋數間布被縕袍廚中鹽菜而已帝歎息曰古人之清貧豈有此乎卽賜帛五百疋粟千斛拜長子忱爲長樂太守允頻表固讓帝不許初與允同徵游雅等多至通官封侯及允部下吏百數十人亦至刺史二千石而允爲郎二十七年不徙官時百官無祿允恆使諸子樵採自給初尙書竇瑾坐事誅瑾子遵亡在山澤遵母焦沒入縣官後焦以老得免瑾之親故莫有恤者允愍焦年老保護在家積六年遵始蒙赦其篤行如此轉太常卿本官如故允上代都賦因以規諷亦二京之流也時中書博士索敞與侍郎傅默梁祚論名字貴賤著議紛紜允遂著名字論以釋其惑甚有典證復以本官領祕書監解太常卿進爵梁城侯初允與游雅及太原張偉同業相友雅嘗論允曰夫喜怒者有生所不能無也而前史載卓公寬中文饒洪量褊心者或之弗信余與高子游處四十餘年未見是非慍喜之色不亦信哉高子內文明而外柔弱其言吶吶不能出口余常呼爲文子崔公謂余云高生豐才博學一代佳士所乏者矯矯風節耳余亦然之司徒之譴

起於纖微及於詔責崔公聲嘶股戰不能一言宗欽以下伏地流汗都無人色高子敷陳事理申釋是非辭義清辯音韻高亮明主爲之動容聽者無不稱善仁及寮友保茲元吉向之所謂矯矯者更在斯乎宗愛之任勢也威振四海嘗召百司於都堂王公以下望庭畢拜高子獨升階長揖由此觀之汲長孺可臥見衞青何抗禮之有向之所謂風節者得不謂此乎知人故不易人亦不易知吾既失之於心內崔亦漏之於形外鍾期止聽於伯牙夷吾見明於鮑叔良有以也其爲人物所推如此文成重允常不名之恆呼爲令公令公之號播於四遠矣文成崩獻文居諒闇乙弗渾專擅朝命謀危社稷文明太后誅之引允禁中參決大政又詔允曰朕稽之舊典欲置學官與郡國鄉儒宗元老宜與中祕二省參議以聞允表請制大郡立博士二人助教四人學生一百人次郡立博士二人助教二人學生八十人中郡立博士一人助教二人學生六十人下郡立博士一人助教一人學生四十人其博士取博聞經典履行忠清堪爲人師者年限四十以上助教亦與博士同年限四十以上若道業夙成才任教授不

拘年齒學生取郡中清望人行脩謹堪束脩名教者先盡高門次及中等帝從
之郡國立學自此始也後允以老疾頻上表乞骸骨詔不許於是乃著告老詩
又以昔歲同徵零落將盡感逝懷人作徵士頌蓋止於應命其有命而不至則
闕焉其著頌者中書侍郎固安侯范陽盧玄子真郡功曹史博陵崔綽茂祖河
內太守下樂侯廣甯燕崇玄略上黨太守高邑侯廣甯常陟公山征南大將軍
從事中郎渤海高毗子翼征南大將軍從事中郎渤海李欽道賜河西太守饒
陽子博陵許堪祖根中書郎新豐侯京兆杜銓士衡征西大將軍從事中郎京
兆韋閬友規京兆太守趙郡李詵令孫太常博士鉅鹿公趙郡李靈武符中書
郎中卽丘子趙郡李遐仲熙營州刺史建安公太原張偉仲業輔國大將軍從
事中郎范陽祖邁征東大將軍從事中郎范陽祖侃士倫東郡太守蒲陰子中
山劉策濮陽太守真定子常山許琛行司隸校尉中都侯西河宋宣道茂中書
郎燕郡劉遐彥鑒中書郎武恆子河間邢穎宗敬滄水太守浮陽侯勃海高濟
叔仁太平太守原平子鴈門李熙士元祕書監梁郡公廣平游雅伯度廷尉正

安平子博陵崔建與祖廣平太守列人侯西河宋愔州主簿長樂潘符郡功曹長樂杜熙征東大將軍從事中郎中山張綱中書郎上谷張誕叔術祕書郎鴈門王道雅祕書郎鴈門閔弼衛大將軍從事中郎中山郎苗大司馬從事中郎上谷侯辯陳郡太守高邑子趙郡呂季才合三十四人其詞曰紫氣干天羣雄亂夏王襲徂征戎車屢駕掃盪遊氛克揃祅霸四海從風入埌漸化政教無外既寧且壹偃武櫜兵唯文是恤帝乃虛求搜賢採逸巖隱投竿異人並出亹亹盧生量遠思純鑽道據德遊藝依仁旌弓既招釋褐投巾攝齊升堂嘉謀曰陳自東徂南躍馬馳輪僭馮影附劉以和親茂祖煢單夙離不造克己勉躬聿隆家道敦心六經遊思文藻終辭寵命以之自保燕常篤信百行靡遺仕不苟進任理栖遲居沖守約好讓善推思賢樂古如渴如饑子翼致遠道賜悟深相期以義和若瑟琴並參幕府俱發德音優遊卒歲聊以寄心祖根運會克光厥猷仰緣朝恩俯因德友功雖後建爵實先受班同舊臣位並羣后士衡孤立內省靡疚言不崇華交不遺舊以產則貧論道則富所謂伊人實邦之秀卓矣友規

稟茲淑量存彼大方擯此細讓神與理冥形隨流浪雖屈王侯莫廢其尚趙寔
名區世多奇士山岳所鍾挺生三李矯矯清風抑抑容止初九而潛望雲而起
詵尹西都靈惟作傅載訓皇宮載理雲霧熙雖中天迹階郎署餘塵可挹終亦
顯著仲業深長雅性清到憲章古式綢繆典誥時逢嶮巇常一其操納衆以仁
訓下以孝化洽龍川人歸其教邁則英賢侃亦稱選聞達邦家名行素顯志在
兼濟豈伊獨善繩匠弗顧功不獲展劉許履忠竭力致躬出則騁說入獻其功
輶軒一舉橈燕下崇名彰魏世享業亦隆道茂夙成弱冠播名與朋以信行物
以誠怡怡昆弟穆穆家庭發響九皐翰飛紫冥頻煩省闥亦司于京刑以之中
政以之平猗歟彥鑒思參文雅率性任真器成非假靡矜于高莫恥于下乃謝
朱門歸迹林野宗敬延譽號爲四儁華藻雲飛金聲夙振中遇沉痾賦詩以諷
忠顯于辭理出于韻高滄朗達默識該通領新悟異發自心胷質侔和璧文照
雕龍燿姿天邑衣錦舊邦士元先覺介焉不惑振袂來庭始賓王國蹈方履正
好是繩墨淑人君子其儀不忒孔稱游夏漢美卿雲越哉伯度出類踰羣司言

祕閣作牧河汾移風易俗理亂解紛融彼滯義渙此潛文儒道以析九流以分崔宋二賢誕性英偉擢頴閭閻聞名象魏謇謇儀形邈邈風氣達而不矜素而能貴潘符櫛尚杜熙好和清不潔流渾不同波絕怖龍津止分常科幽而逾顯損而逾多張綱柔謙叔術正直道雅治聞弼爲兼識拔萃衡門俱漸鴻翼發憤忘飱豈要斗食率禮從仁罔愆于式失不繫心得不形色郎苗始舉用均已試智足周身言足爲誌性協於時情敏於事與今而同與古而異物以利移人以酒昏侯生潔己唯義是敦日縱醇醪逾敬逾温其在私室如涉公門季才之性柔而執競居彼南秦申威致命誘之以權矯之以正帝道用光邊王內慶羣賢遭世顯名有代志竭其忠才盡其概體襲朱裳腰紉雙佩榮曜當時風高千載君臣相遇理實難階昔因朝命與之克諧披衿散想解帶舒懷此昕猶昨存亡奄乖靜言思之衷心九摧揮毫頌德潸爾增哀皇興中詔允兼太常至兖州祭孔子廟謂允曰此簡德而行勿有辭也後允從獻文北伐大捷而還至武川鎮上北伐頌帝覽而善之帝時有不豫以孝文沖幼欲立京兆王子推集諸大臣

以次召問允進跪上前涕泣曰臣不敢多言以勞神聽願陛下上思宗廟託附之重追念周公抱成王之事帝於是傳位於孝文賜允帛百疋以標忠亮又遷中書監加散騎常侍雖久典史事然不能專勤屬述時與校書郎劉模有所緝綴大較依續崔浩故事準春秋之體而時有刊正自文成迄于獻文軍國書檄多允作也末乃薦高閭以自代以定議之勳進爵咸陽公尋授懷州刺史允秋月巡境問人疾苦至邵縣見邵公廟廢毀不立乃歎曰邵公之德闕而不祀為善者何望乃表修葺之允於時年將九十矣勸人學業風化頗行然儒者優遊不以斷決為事後正光中中書舍人河內常景追思允率郡中故老為允立祠於野王之南樹碑紀德焉太和二年又以老乞還鄉章十餘上卒不聽許遂以疾告歸其年詔以安車徵允勑州郡發遣至都復拜鎮軍大將軍領中祕書事固辭不許扶引就內改定皇誥又被勑論集往世酒之敗德以為酒訓孝文覽而悅之常置左右詔允乘車上殿朝賀不拜明年詔允議定律令雖年漸期頤而志識無損猶心存舊職披考史書又詔曰允年涉危境而家貧養薄可令樂

部絲竹十人五日一詣允以娛其志特賜允蜀牛一頭四望蜀車一乘素几杖各一蜀刀一口又賜珍味每春秋致之尋詔朝哺給御膳朔望致牛酒衣服綿絹每月送給允皆分之親故是時貴臣之門並羅列顯官而允子弟皆無官爵其廉退若此遷尚書散騎常侍時延入備几杖詢以政事十年加光祿大夫金章紫綬朝之大議皆諮訪焉其年四月有事西郊詔御馬車迎允就郊所板殿觀矚馬忽驚奔車覆傷眉三處孝文文明太后遣醫藥護療存問相望司駕將處重坐允啓陳無恙乞免其罪先是命中黄門蘇興壽扶侍允存雪中遇犬驚倒扶者大懼允慰勉之不令聞徹興壽稱共允接事三年未嘗見其忿色恂恂善誘誨人不倦晝夜手常執書吟咏尋覽篤親念故虛己存納雖處貴重志同貧素性好音樂每至伶人弦歌鼓舞常擊節稱善又雅信佛道時設齋講好生惡殺魏初法嚴朝士多見杖罰允歷事五帝出入三省五十餘年初無譴咎始真君中以獄訟留滯始令中書以經義斷諸疑事允據律評刑三十餘載內外稱平允以獄者人命所係常歎曰皐陶至德也其後英蓼先亡劉項之際英布

黥而王經世雖久猶有刑之餘釁況凡人能無咎乎性簡至不妄交遊獻文之
平青齊徙其族望於代時諸士人流移遠至率皆飢寒徙人之中多允姻媾皆
徒步造門允散財竭產以相贍振慰問周至無不感其仁厚又隨其才能表奏
申用時議者皆以新附致異允謂取材任能無宜抑屈先是允被召在方山作
頌志氣猶不多損談說舊事了無所遺十一年正月卒年九十八初允每謂人
曰吾在中書時有陰德濟救人命若陽報不差吾壽應享百年矣先卒旬外微
有不適猶不寢臥呼醫請藥出入行止吟咏如常孝文文明太后聞而遣醫李
修往脉視之告以無恙李修密陳允榮衞有異懼其不久於是遣使備賜御膳
珍羞自酒米至于鹽醢百有餘品皆盡時味及牀帳衣服茵被几杖羅列於庭
王官往還慰問相屬允喜形於色語人曰天恩以我篤老大有所賚得以贍客
矣表謝而已不有他慮如是數日夜中卒家人莫覺詔給絹一千疋布二千疋
綿五百斤錦五十疋雜綵百疋穀千斛以周喪用魏初以來存亡蒙賚者莫及
朝廷榮之將葬贈侍中司空公冀州刺史將軍公如故謚曰文賜命服一襲允

所製詩賦詠頌箴論表讚誄左氏釋公羊釋毛詩拾遺雜解議何鄭膏肓事凡百餘篇別有集行於世允尤明算法爲算術三卷子忱字士和位長安太守爲政寬惠百姓安之後例降爵爲侯卒子貴賓襲忱弟懷字士仁恬淡退靜位太尉東陽王丕諮議參軍子綽字僧裕少孤恭敏自立身長八尺腰帶十圍沉雅有度量博涉經史稍遷洛陽令爲政強直不避豪右京邑憚之延昌初尚書右丞後爲御史中尉元匡奏高聰及綽朋附高肇詔並原罪歷豫幷二州刺史卒諡文簡允弟推字仲讓早有名譽太延中以前後南使不稱妙簡行人游雅薦推應選詔兼散騎常侍使宋南人稱其才辯卒於建業贈臨邑子諡曰恭推弟燮字季和亦有文才太武每詔徵辭疾不應恆笑允屈折久官栖泊京邑常從容於家州辟主簿卒孫市賓永熙中開府從事中郎始神䴥中允與從叔濟族兄毗及同郡李金俱被徵濟位滄水太守浮陽子卒贈冀州刺史諡曰宣子矯襲矯弟遵字世禮賤出其兄矯等常欺侮之及父亡不令在喪位遵遂馳赴平城歸允允爲作計乃爲遵父舉哀以遵爲喪主京邑無不弔集朝貴咸識之徐

歸奔赴免喪後爲營宦路遵感成益之恩事允如諸父涉歷文史頗有筆扎隨都將長廣公侯窮奇等平定三齊以功賜爵高昌男補安定王相撰太和安昌二殿畫圖後與中書令高閭增改律令進中書侍郎假中書令詣長安刊燕宣王廟碑進爵安昌子使濟兗徐三州觀風理訟進中都令及新制衣冠孝文恭薦宗廟遵形貌莊潔音氣雄暢常兼太祝令跪贊禮事爲俯仰之節粗合儀矩由是帝頗識待之後與游明根高閭李沖等入議律令親對御坐時有陳奏出爲齊州刺史建節歷本州宗鄉改觀而矯等彌妬毀之遵性不廉清在中書時每假歸山東必借備騾馬將從百餘屯逼人家不得絲縑滿意則詬詈不去旬月之間縑布千數郡邑苦之既莅方岳本意未弭選召僚吏多所取納又其妻明氏家在齊州母弟舅甥共相憑屬爭取貨利嚴暴非理殺害甚多貪酷之響帝頗聞之及車駕幸鄴遵自州來朝會有赦宥遵臨還州請辭帝於行宮引見誚讓之遵自陳無負帝厲聲曰若無遷都赦必無高遵矣又卿非唯貪惏又虐於刑法謂何如濟陰王猶不免於法卿何人而爲此行自今宜自謹約還州仍

不悛草齊州人孟僧振至洛訟遵詔廷尉少卿鄧述窮鞫皆如所訴先沙門道
登過遵遵以道登荷眷於孝文多奉以貨深託仗之道登屢因言次申啓救遵
帝不省納遂詔述賜遵死時遵子元榮詣洛訟寃猶恃道登不時還赴道登知
事決方乃遣之遵恨其妻不與訣別處沐浴引椒而死元榮學尚有文才長於
几案位兼尚書右丞爲西道行臺至高平鎮遇城翻被害遵弟次文雖無位宦
而貲產巨萬遵每責其財又結憾於遵吉凶不相往反時論責之毗字子翼鄉
邑稱爲長者位征南從事中郎初允所引劉模者長樂信都人頗涉經籍允撰
修國記選爲校書郎與其緝著常令模帶持管籥每日同入史閣接膝對筵屬
述時事允年已九十手目稍衰多遣模執筆而占授裁斷之如此者五六歲允
所成篇卷模預有功太和中除南頴川太守王肅之歸闕路經縣瓠羇旅窮悴
時人莫識模獨經給所須弔待以禮肅深感其意及肅臨豫州模猶在郡徵報
復之由是爲新蔡太守在二郡積十年寬猛相濟頗有聲稱還陳留太守時年
七十餘矣而飾老隱年昧禁自劾遂家於南頴川不復歸其舊鄉矣

祐字子集允之從祖弟也本名禧以與咸陽王同名孝文賜名焉祖展慕容寶黃門郎道武平中山徙京師卒於三都大官父讜從太武滅赫連昌以功賜爵南皮子與崔浩共參著作位中書侍郎給事中冀青二州中正假散騎常侍蓚縣侯使高麗卒贈冀州刺史假滄水公謚曰康祐兄祚襲爵位東青州刺史祐博涉書史好文字雜說性通放不拘小節自中書學生再遷中書侍郎賜爵建康子文成末兗州東郡吏獲一異獸送之京師時無識者詔以問祐祐曰此是三吳所出厥名鮻鯉餘域率無今我獲之吳楚之地其有歸國乎又有人於靈丘得玉印一以獻詔以示祐祐曰印上有籀書二字文曰宋壽壽者命也我獲其命亦是歸我之徵獻文初宋義陽王昶來奔薛安都等以五州降附時謂祐言有驗孝文初拜祕書令後與丞李彪等奏曰尚書者記言之體春秋者錄事之辭尋覽前志斯皆司勳之實錄也惟聖朝創制上古開基長發自始祖以後至於文成其間世數久遠是以史弗能傳臣等疏漏忝當史職披覽國記竊有志焉愚謂自王業始基庶事草創皇始以降光宅中土宜依遷固大體令事類

相從紀傳區別表志殊貫如此修綴事可備書著作郎已下請取有才用者參
造國書如得其人三年有成矣帝從之孝文嘗問祐比水旱不調何以止災而
致豐稔祐曰堯湯之運不能去陽九之會陛下道同前聖其如小旱何但當旌
賢佐政則災消穰至矣又問止盜之方祐曰苟訓之有方寧不易息當須宰守
貞良則盜賊止矣祐又上疏云今選舉不采職政之優劣專簡年勞之多少斯
非盡才之謂宜棄彼朽勞唯才是舉又勳舊之臣年勤可錄而才非撫人者則
可加以爵賞不宜委以方任所謂王者可私人以財不私人以官者也帝皆善
之加給事中冀州大中正時李彪專統著作祐為令時關豫而已出為西兗州
刺史假東光侯鎮滑臺祐以郡國雖有太學縣黨宜有黌序乃縣立講學黨立
教學村立小學又令一家之中自立一碓五家之外共造一井以給行客不聽
婦人寄春取水又設禁賊之方令五五相保若盜發則連其坐初似煩碎後風
化大行寇盜止息轉宋王劉昶傳以參定律令賜帛粟馬等昶以其舊官年耆
雅相祗重拜光祿大夫傳如故昶薨徵為宗正卿而祐留連彭城久不赴僕射

李沖奏祐無事稽命處刑三歲以贖論免卿任復爲光祿卒太常謚曰煬侯詔曰不遵上命曰靈可謚爲靈子和璧字僧壽有學尚位中書博士早卒和璧子顥字門賢學涉有時譽襲爵建康子仕輔國將軍朝散大夫贈滄州刺史謚曰惠子德正襲

德正幼而敏慧有風神儀表初爲齊文宣儀同開府參軍尋知管記事甚相親狎累遷相府掾神武委以腹心徙給事黃門侍郎方雅周慎動見稱述文襄嗣業如晉陽文宣在鄴居守令德正參機密彌見親重文襄之崩勳將等以纘戎事重勸文宣早赴晉陽文宣不決夜中召楊愔杜弼崔季舒及德正等策始定以愔從令德正居守以爲相府司馬專知門下事德正與文宣舊昵愛言無不盡散騎常侍徐之才館客宋景業先爲天文圖讖學又陳山提家客楊子術有所援引並因德政勸文宣行禪代事德正又固請文宣恐愔不決自請赴鄴與愔言乃定還未至而文宣便發晉陽至平城都召諸勳將入告以禪讓事諸將莫敢答者時杜弼爲長史密啓文宣恐關西因此自稱義兵挾天子而東向將

何以待之才云今若先受魏禪關西自應息心縱欲屈強止當逐我稱帝弼無
以答文宣以衆意未叶又先得太后旨云汝父如龍汝兄如猛獸皆以帝王之
重不敢妄據尚以人臣終何欲行舜禹事此正是高德正教汝又說者以爲昔
周武王再駕盟津然始革命於是乃旋晉陽自是居常不悅徐之才宋景業等
每言卜筮雜占陰陽緯候必宜以五月應天命德正亦敦勸不已仍白文宣追
魏收收至令撰禪讓詔冊九錫建臺及勸進文表至五月初文宣發晉陽德正
又錄在鄴諸事條進於文宣文宣令陳山提馳驛齎事條幷密書與楊愔山提
以五月至鄴楊愔即召太常卿邢邵七兵尚書崔㥄度支尚書陸操太子詹事
王昕給事黃門侍郎楊休之中書侍郎裴讓之等議撰儀注六日要魏太傅咸
陽王坦錄尚書事濟陰王暉業等總集引入北宮留于東齋受禪後乃放還宅
文宣發至前亭所乘馬忽倒意甚惡之至平城都便不復肯進德正與徐之才
苦請曰山提先去恐其漏泄不果即命司馬子如杜弼馳驛續入觀察物情七
日子如等至鄴衆人以事勢已決無敢異言九日文宣至城南頓所時既未行

詔勑諸公文書唯云奉約束德正及楊愔宣署而已受禪日堯難宗染赤雀以獻帝尋知之亦弗責也是日即除德正爲侍中又領宗正卿尋遷吏部尙書侍中如故封藍田縣公天保七年遷尙書右僕射兼侍中食勃海郡幹德正與尙書令楊愔綱紀朝政多有弘益文宣末年縱酒酣醉德正屢進忠言帝不悅又謂左右云高德正恆以精神陵逼人德正甚憂懼乃移疾屛居佛寺兼學坐禪爲退身之計帝謂楊愔曰我大憂高德正其疾何似愔知帝內忌之由是答云陛下若用作冀州刺史病即自差帝從之德正見除書而起帝大怒謂曰聞爾病我爲爾針親以刀子刺之血流霑地又使曳下斬去其趾劉桃枝捉刀不敢下帝起臨陛切責桃枝桃枝乃斬足之三指帝怒不解禁德正於門下省其夜開城門以氈輿送還家旦日德正妻出寶物滿四牀欲以寄人帝奄至其宅見而怒曰我府藏猶無此物詰其所從得皆諸元賂之也遂曳出斬之妻出拜謝又斬之并其子司徒既閤祭酒伯堅亦見害後文宣謂羣臣曰高德正常言宜用漢除鮮卑此即合死又教我誅諸元我今殺之爲諸元報讎也帝後悔贈太

保冀州刺史諡曰康嫡孫王臣襲爵藍田縣公給事中通直散騎侍郎德正次
子仲武京畿司馬平原郡守顥弟雅字興賢有風度位定州撫軍府長史天平
中追贈冀州刺史子德範早有令問位任城太守卒雅弟諒字修賢少好學多
識強記居喪以孝聞太和末京兆王愉開府辟召孝文妙簡僚佐諒與隴西李
仲尚趙郡李鳳起等同時應選正光中加驍騎將軍爲徐州行臺至彭城屬元
法僧反逼諒同之不從見害贈滄州刺史又詔以諒臨危受命復贈使持節平
北將軍幽州刺史優授一子出身諡曰忠侯諒造親表譜錄四十餘卷自五世
以下內外曲盡覽者服其博記祐從父弟翼字次同豪俠有風神孝昌末葛榮
作亂朝廷以翼山東豪右即家拜勃海太守翼率合境徙居河濟閒魏朝因置
東冀州以翼爲刺史封樂城縣侯俄除定州刺史以賊亂不行及尒朱兆弑莊
帝翼保境自守卒中興初贈使持節侍中太保錄尚書六州諸軍事冀州刺史
諡曰文宣子乾乾字乾邕性明悟俊偉有智略美音容進止都雅少時輕俠長
而修改輕財重義多所交結起家拜員外散騎侍郎稍遷員外散騎常侍魏孝

莊之居藩也乾潛相託附及尒朱榮入洛乾東奔於翼乾兄弟本有從橫志見榮殺害人士謂天下遂亂乃率河北流人於河濟間受葛榮官爵莊帝遣右僕射元羅巡撫三齊乾兄弟相率出降朝廷以乾爲給事黃門侍郎兼武衞將軍尒朱榮以乾前罪不應復居近要莊帝聽乾解官歸鄉里於是招納驍勇以射獵自娛及榮死乃馳赴洛陽莊帝見之大喜以乾兼侍中加撫軍將軍金紫光祿大夫鎮河北又以弟昂爲通直散騎常侍平北將軍令俱歸招集鄉閭爲表裏形援帝親送於河橋上舉酒指水曰卿兄弟冀部豪傑能令士卒致死京城儻有變可爲朕河上一揚塵乾垂涕受詔昂援劍起舞誓以死繼之及尒朱氏既弒害遣其監軍孫白雞率百餘騎至冀州託言括馬其實欲因乾兄弟送馬收之乾既宿有報復之心而白雞忽至知欲見圖將先發以告前河內太守封隆之隆之父先爲尒朱榮所殺聞之喜曰國恥家怨痛入骨髓乘機而發今正其時謹聞命矣二月乾與昂潛勒壯士夜襲州城執刺史元嶷射白雞殺之於葛榮殿爲莊帝舉哀素服乾升壇誓衆詞氣激揚涕泗交集將士莫不感憤欲

奉次同爲王次同曰和鄉里我不及封皮乃推隆之爲大都督行州事隆之欲逃昂勃然作色拔刀將斫隆之隆之懼乃受命北受幽州刺史劉靈助節度俄而靈助被介朱氏禽屬齊神武出山東揚聲以討乾爲辭衆情惶懼乾謂之曰高晉州雄材蓋世不居人下且介朱氏主肆虐正是英雄効節之時今者之來必有深計勿憂吾將諸君見之乃間行與封隆之子子繪俱迎於滏陽因說神武曰介朱氏酷逆痛結人神凡厥生靈莫不思奮明公威德素著天下傾心若兵以忠亡則屈強之徒不足爲明公敵矣鄗州雖小戶口不減十萬穀秸之稅足濟軍資願公熟詳其計神武大笑曰吾事諧矣遂與乾同帳而寢呼乾爲叔父乾旦日受命而去時神武雖內有遠圖而外迹未見介朱羽生爲殷州刺史神武密遣李元忠於封龍山舉兵逼其城令乾率衆僞往救之乾遂輕騎入見羽生僞爲之計羽生出勞軍彭樂側從馬上禽斬之遂平殷州又共定策推立中興主拜侍中司空公是時軍國草創乾父喪不得終制及孝武立天下初定乾乃表請解職行三年之禮詔聽解侍中司空如故封長樂郡公乾雖求退不

謂便見從許既去內侍朝政空關居常怏怏孝武將貳於神武欲乘此撫之於
華林園宴罷獨留乾謂曰司空弈世忠良今日復建殊效相與雖則君臣實義
同兄弟宜共立盟約勸逼之乾曰臣以身許國何敢有二乾雖有此對然非其
本心事出倉卒又不謂孝武便有異志遂不固辭亦不啓神武帝以乾爲誠己
時禁園養部曲稍至千人驟令元士弼王思政詰賀拔岳計又以岳兄勝爲荊
州刺史乾謂所親曰難將作矣禍必及吾乃密以啓神武神武召乾問之乾因
勸神武受禪神武以袖掩其口曰勿復言今啓叔復爲侍中門下之事一以仰
委及頻請而帝不答乾懼變啓神武求爲徐州乃以乾爲開府儀同三司徐州
刺史將行帝聞其與神武言怒使謂神武曰高乾與朕私盟今復反覆神武聞
其與帝盟亦惡之乃封其前後密啓以聞帝對神武使詰乾乾曰臣以身奉國
義盡忠貞陛下既有異圖更言臣反覆以匹夫加諸尙或難免況人主推惡何
以逃命所謂欲加之罪其無辭乎功大身危自昔然也若死而有知差無負莊
帝詔遂賜死於門下省年三十七臨死時武衞將軍元整監刑謂曰頗有書及

家人乎乾曰吾諸弟分張各在異處今日之事想無全者兒子既小未有所識亦恐巢傾卵破夫欲何言後神武討斛斯椿等謂高昂曰若早用司空策豈有今日之舉天平初贈太師錄尚書事冀州刺史謚曰文昭以長子繼叔襲祖次同樂成縣侯令第二子呂兒襲乾爵乾弟慎字仲密頗涉文史與兄弟志尚不同偏爲父所愛歷位滄州刺史東南道行臺尚書光州刺史加驃騎大將軍儀同三司時天下初定聽慎以本鄉部曲數千自隨爲政嚴酷又縱左右吏人苦之乾死仲密棄州將歸神武武帝勅青州斷其歸路慎間行至晉陽神武以爲大行臺左丞轉尚書當官無所迴避累遷御史中尉選用御史多其親戚鄉閭不稱朝望文襄奏令改選焉慎前妻吏部郎中崔暹妹爲慎棄暹時爲文襄委任乃爲暹高嫁其妹禮夕親臨之慎後妻趙郡李徽伯女也豔且慧兼善書記工騎乘慎之爲滄州甚重沙門顯公夜常語久不寢李氏患之構之於慎遂被拉殺文襄聞其美挑之不從衣盡破裂李以告慎慎由是積憾且謂暹構己遂罕所糾劾多行縱捨神武嫌責之彌不自安出爲北豫州刺史遂據武牢降西

魏愼先入關周文率衆東出敗於芒山愼妻子盡見禽神武以其家勳啓愼一房配沒而已仲密妻逆口行中文襄戲服見之乃從焉西魏以愼爲侍中司徒遷太尉愼弟昂昂字敖曹其母張氏始生一男二歲令婢爲湯將浴之婢置而去養猿繫解以兒投鼎中爛而死張使積薪於村外縛婢及猿焚殺之揚其灰於漳水然後哭之昂性似其母幼時便有壯氣及長俶儻膽力過人龍眉豹頸姿體雄異其父爲求嚴師令加捶撻昂不遵師訓專事馳騁每言男兒當橫行天下自取富貴誰能端坐讀書作老博士也其父曰此兒不滅吾族當大吾門以其昂藏敖曹故以名字之少與兄乾數爲劫掠鄉閭畏之無敢違忤兄乾求博陵崔聖念女爲婚崔氏不許昂與兄往劫之置女村外謂兄曰何不行禮於是野合而歸乾及昂等並劫掠父次同常繫獄中唯遇赦乃出次同語人曰吾四子皆五眼我死後豈有人與我一鍬土邪及次同死昂大起冢對之曰老公子生平畏不得一鍬土今被壓竟知爲人不昂以建義初兄弟共舉兵既而奉魏莊帝旨散衆仍除通直散騎侍郎封武城縣伯與兄乾俱爲尒朱榮所黜免

歸鄉里陰養壯士又行抄掠榮聞惡之密令刺史元仲宗誘執昂即送晉陽及入洛將昂自隨禁於駝牛署既而榮死莊帝即引見勞勉之時尒朱世隆還逼宮闕帝親臨大夏門指麾處分昂既免縲紲被甲橫戈與其從子長命推鋒徑進所向披靡帝及觀者莫不壯之即除直閤將軍賜帛千疋昂以寇難尙繁乃請還本鄉招集部曲仍除通直散騎常侍加北平將軍及聞莊帝見害京師不守遂與父兄據信都起兵尒朱世隆從叔殷州刺史羽生率五千人掩至龍尾坂昂將十餘騎不擐甲而馳之乾城守縋下五百人追救未及而昂已交兵羽生敗走昂馬矟絕世左右無不一當百時人比之項籍神武至信都開門奉迎昂時在外略地聞之以乾爲婦人遺以布裙神武使世子澄以子孫禮見之昂乃與俱來後廢帝立除冀州刺史以終其身仍爲大都督率衆從神武破尒朱兆於廣阿又討四胡於韓陵昂自領鄉人部曲王桃湯東方老等三千人神武將割鮮卑兵千餘人共相參合對曰敖曹所將部曲練習已久不煩更配神武從之及戰神武軍小却兆等方乘之昂與蔡儁以千騎自栗園出橫擊兆軍大

敗是日微昂等神武幾殆太昌初始之冀州尋加侍中開府進爵為侯及兄乾被殺乃將十餘騎奔晉陽神武向洛陽令昂為前驅武帝入關中昂率五百騎倍道兼行至崤陝不及而還尋行豫州刺史天平初除侍中司空公昂以兄乾薨此位固辭不拜轉司徒公好著小帽世因稱司徒帽神武以昂為西南道大都督徑趣商洛昂度河祭河伯曰河伯水中之神高敖曹地上之虎行經君所故相決酹時山道峻阻巴寇守險昂轉鬭而進莫有當鋒遂克上洛獲西魏洛州刺史泉企幷將數十人欲入藍田關會竇泰失利神武召昂昂不忍棄衆力戰全軍而還時昂為流矢所中創甚顧左右曰吾死無恨恨不見季式作刺史耳神武聞之馳驛啓季式為濟州刺史昂還復為軍司大都督統七十六都督與行臺侯景練兵於武牢御史中尉劉貴時亦率衆在焉昂與北豫州刺史鄭嚴祖握槊貴召嚴祖昂不時遣枷其使使者曰枷時易脫時難昂使以刀就枷刎之曰何難之有貴不敢較明日貴與昂坐外白河役夫多溺死貴曰頭錢價漢隨之死昂怒拔刀斫貴貴走出還營昂便鳴鼓會兵攻之侯景與冀州刺史

萬俟受洛解之乃止時鮮卑共輕中華朝士唯憚昂神武每申令三軍常爲鮮卑言昂若在列時則爲華言昂常詣相府欲直入門者不聽昂怒引弓射之神武知而不責性好爲詩言甚陋鄙神武每容之元年進封京兆郡公與侯景等同攻獨孤信於金墉與周文帝戰敗於芒陰死之是役也昂使奴京兆候西軍京兆於傳婢強取昂佩刀以行昂執殺之京兆曰三度救公大急何忍以小事賜殺其夜夢京兆以血塗己瘡而怒使折其二脛時劉桃棒在勃海亦夢京兆言訴得理將公付賊桃棒知昂必死遽奔焉昂心輕敵建旗蓋以陵陣西人盡銳攻之一軍皆沒昂輕騎東走河陽城太守高永洛先與昂隙閉門不受昂仰呼求繩又不得拔刀穿闔未徹而追兵至伏於橋下追者見其從奴持金帶問昂所在奴示之昂奮頭曰來與爾開國公追者斬之以去先是昂夢爲此奴所殺以告盧武將殺之武諫乃止果及難時年四十八桃棒會喪於路神武聞之如喪肝膽杖永洛二百西魏賞斬昂首者布絹萬段歲歲稍與之周亡猶未充贈太師大司馬太尉公錄尚書事冀州刺史諡曰忠武西魏尋歸敖曹首猶可

識先是有鵲巢於庭中地上家人怪之及其首函至置正當巢處葬後其妻張氏常見敖曹夜來旦去有若生平傍人莫見唯犬隨而吠之歲餘乃絕其故吏東方老爲南兗州刺史追慕其恩爲立祠廟靈像旣成頭上坼裂改而更作裂如初見者咸稱神異子突騎嗣早卒文襄復親簡昂諸子以第三子道額嗣皇建初追封昂永昌王以道額襲武平末開皇儀同三司入周爲儀同大將軍隋開皇中卒於黃州刺史

昂弟季式字子通亦有膽氣太昌初累遷尚食典御尋加驃騎大將軍天平中爲濟州刺史季式兄弟貴盛並有勳於時自領部曲千餘人馬八百疋衣甲器仗皆備故能追督境內賊盜多致克捷時濮陽人杜靈椿等又陽平路叔文徒黨各爲亂季式並討平之有客嘗謂季式曰濮陽陽平乃是畿內何忽遣私軍遠戰季氏曰我與國家同安危豈有見賊不討之理若以此獲罪吾亦無恨芒山之敗所親部曲請季式奔梁季式曰吾兄弟受國厚恩與高王共定天下一旦傾危而亡之不義是役也兄昂歿焉與和中行晉州事解州仍鎮永安季式

兄慎以武牢叛遣信報季式季式奔告神武神武待之如初武定中除侍中尋加冀州大中正都督以前後功加儀同三司天保初封乘氏縣子尋遷太常卿仍爲都督隨司徒潘樂征江淮間爲私使樂人於邊境交易還京坐被禁止尋赦之四年夏發疽卒贈侍中開府儀同三司冀州刺史諡曰恭穆季式豪率好酒又恃舉家勳功不拘檢節與光州刺史李元忠生平遊款在濟州夜飲憶元忠開城門令左右乘驛馬持一壺酒往光州勸之朝廷知而容之兄慎叛後少時解職黃門郎司馬消難左僕射子如之子又是神武壻勢盛當時因還食暇尋季式酣歌留宿旦日重門並關消難固請去季式曰君以地勢脅我邪消難拜謝請出終不見許酒至不肯飲季式索車輪括消難頸又更索一車輪自括頸引滿相勸消難不得已笑而從之方俱脫車輪更留一宿及消難出方具言之文襄輔政白魏帝賜消難美酒數石珍羞十舉并令朝士與季式親狎者就季式宅宴集其被優遇如此自昂起兵爲羽翼者有呼延族劉貴珍劉長秋東方老劉士榮成五彪韓願生劉桃棒隨其建義者有李希光劉叔宗劉孟和等

名顯可知者列之後云東方老安德鬲人與昂爲部曲文宣受禪封陽平縣伯位南兗州刺史後與蕭軌等度江沒李希光勃海蓨人初隨高乾起兵後位儀同三司揚州刺史文宣責陳武帝廢蕭明命儀同蕭軌率希光東方老裴英起王敬寶步騎數萬以天保七年三月度江襲克石頭城五將名位相侔英起以侍中爲軍司蕭軌與希光並爲都督軍中抗禮動必乖張頓軍丹楊城下遇霖雨五十餘日故致敗將卒俱死軍士得還者十二三劉叔宗名纂樂陵平昌人歸昂位車騎將軍左光祿大夫劉孟和名協浮陽饒安人聚衆附昂兄弟位終大丞相司馬坐事死其餘並不知所終云神武初起兵范陽盧曹亦以勇力稱爲尒朱氏守據薊神武厚禮召之以昂相擬曰宜來與從叔爲二曹曹愠出將曰舍兒比國士遂率其徒自薊入海島得長人骨以髑髏爲馬皁脛長丈六尺以爲二稍送其一於神武諸將莫能用唯彭樂強舉之未幾曹遇疾恫聲聞於外巫言海神爲祟遂卒其徒五百人皆服斬衰葬畢潛散曹身長九尺鬚面甚雄臂毛逆如豬鬣力能拔樹性弘毅方重常從容雅服北州敬仰之嘗臥疾猶

申足以舉二人蠕蠕寇范陽曹登城射之矢出三百步投弓於外羣虜莫能彎乃去之時有沙門曇讚號爲神力唯曹與之角焉曇讚聞叫聲則勝

論曰高允蹈危禍之機抗雷電之氣處死夷然忘身濟難卒悟明主保己全名自非體隣知命鑒昭窮達亦何能若此宜光寵四世終享百齡有魏以來斯人而已僧裕藝用有聞聿脩之義世禮貪而無道能無及乎子集學業優道知名前世儒俊之風門舊不殞德正受終之際契叶亂臣雖鍾淫虐而名亦茂矣乾邕兄弟不階尺土之資奮臂河朔自致勤王之舉神武因之以成霸業但以非潁川元從異豐沛故人腹心之寄有所未允露其啓疏假手天誅枉濫之極莫或過此昂之膽力氣冠萬夫韓陵之下風飛電擊然則齊氏元功一門而已其餘託而義唱亦足稱云

北史卷三十一考證

高允傳昔堯葬穀林農不易畝○穀監本作槃今從南本

今國家善惡不能面陳而上表顯諫以此豈不彰君之短明己之美○魏書無以字

先盡高門次及中等○等魏書作第

和若瑟琴○魏書作相和琴瑟

時逢嶮艱常一其操○常監本作當

絕㣲龍津○魏書㣲作希又下文言足爲誌句誌作治

未嘗見其忿色○未監本作不今從南本

德正傳以愔從令德正居守○齊書作以愔居守與此有異觀下文云自請赴鄴與愔言則愔實在鄴居守而此處爲訛矣

聞爾病我爲爾針䙽以刀子刺之○針監本訛計今改從齊書

乾傳遣其監軍孫白雞○雞齊書作鷂

勒逼之○齊書作敺勸逼之
啓神武求爲徐州○求監本訛永今改從齊書
昂傳龍眉豹頸○眉監本作犀今從齊書
神武軍小却○却監本誤超今改從南本
是日微昂等神武幾殆○幾監本訛帝今改從南本
以第三道額嗣○嗣監本訛賜今改從齊書

北史卷三十一考證

唐 李延壽 撰

列傳第二十

崔鑒 兄孫伯謙　崔辯 孫士謙 士謙子彭 士謙弟說 說子弘度

崔挺 子孝芬 孫宣猷 曾孫仲方 仲方從叔昂 挺從子季舒 挺族孫暹

崔鑒字神具博陵安平人也六世祖贊魏尚書僕射五世祖洪晉吏部尚書曾祖懿字世茂仕燕位祕書監祖遵字景遇位鉅鹿令父綽少孤學行修明有名於世與范陽盧玄勃海高允趙郡李靈等俱被徵尋以母老固辭後爲郡功曹卒鑒頗有文學自中書博士轉侍郎賜爵桐廬縣子出爲東徐州刺史鑒欲安新附人有年老者表求假以守令詔從之又於州內銅冶爲農具兵人獲利卒贈青州刺史安平侯謚曰康子合字貴和少有時譽襲爵桐廬子位終常山太守合弟秉少有志氣陽平王順之爲定州秉爲衞軍府錄事帶毋極令時甄琛爲長史曾因公事言競之間以拳擊琛墜牀琛以本縣長笑而不論其豪率若

此彭城王勰行壽春秉從行招致壯俠以爲部下勰目之謂左右曰吾當寄膽氣於此人累遷廣平内史大納財貨爲清論所鄙後爲燕州刺史爲杜洛周攻圍堅守歷年朝廷遣都督元譚赴救譚敗秉奔定州坐免官太昌中除驃騎大將軍儀同三司頻以老病求解永熙二年去職薨贈尚書令司徒公謚曰靖穆長子忻字伯悅有世幹以鄭儼之甥累遷兼尚書左丞莊帝初遇害河陰追贈殿中尚書冀州刺史忻弟仲哲早喪所生爲祖母宋氏所養六歲宋亡啼慕不止見者悲之性恢達常以將略自許以軍功賜爵安平縣男及父秉於燕被圍泣訴朝廷遂除别將與都督元譚赴援戰歿子長瑜位至開府中兵參軍長瑜子子樞學涉好文詞強辯有才幹仕齊位考功郎中參議五禮待詔文林館兼散騎常侍聘周使還除通直散騎常侍兼知度支子樞明解世務所居稱職因度支有受納風聞爲御史劾遇赦免仕周位至上士預尉遲迥事被誅子樞次弟子端亦有才幹而文藝爲優歷殿中侍御史卒於通直散騎侍郎子端弟子博武平末爲河陽道行臺郎隋開皇末卒於泗州刺史子博弟子發有文才武

平末祕書郎修起居注仕隋爲秦王文學卒於國子博士長瑜弟叔瓚頗有學識性好直言其妻卽齊昭信皇后姊也文宣擢爲魏尹丞屬蝗蟲爲災帝以問叔瓚對曰案漢書五行志土功不時蝗蟲作厲當今外築長城內興三臺故致此災帝大怒令左右毆之又擢其髮以溷汁沃其頭曳以出由是廢頓久之後卒於陽平太守贈本州刺史仲弟叔彥位撫軍叔彥弟季通位司農少卿季通子德立好學愛屬文預撰御覽位濟州別駕季通弟季良風望閑雅位太學博士以征討功賜爵蒲陰縣子累遷太尉長史及康東還鄉季良亦去職歸養後位中軍將軍光祿大夫先康卒於家贈尙書右僕射謚曰簡康弟習字貴禮有世用卒於河東太守贈幷州刺史鑒兄樹字洛祖行博陵太守樹子文業中書郎鉅鹿太守文業子伯謙

伯謙字士遜貧居養母齊神武召補相府兼功曹稱之曰崔伯謙清直奉公眞良佐也轉七兵殿中左戶三曹郎中弟仲讓爲北豫州司馬與高愼同叛坐免官後歷瀛州別駕京畿司馬文襄將之晉陽勞之曰卿騁足瀛部已著康歌督

府務總是用相授臨別又馬上執手曰執子之手與子偕老卿宜深體此情族弟暹當時寵要伯謙與之舊寮同門非吉凶未嘗造請以雅道自居天保初除濟北太守恩信大行富者禁其奢侈貧者勸課周給縣公田多沃壤伯謙咸易之以給人又改鞭用熟皮爲之不忍見血示恥而已朝貴行過郡境問人太守政何似對曰府君恩化古者所無誦人爲歌曰崔府君能臨政退田易鞭布威德人無爭客曰既稱恩化何因復威對曰長吏憚其威嚴人庶蒙其恩惠故兼言之以相府舊寮例有加授徵赴鄴百姓號泣遮道數日不得前以弟仲讓在關中不復居內任除南鉅鹿太守下車道以禮讓豪族皆改心整肅事無巨細必自親覽在縣有貧弱未理者皆曰我自告白鬚公不慮不決在郡七年獄無停因每有大使巡察恆處上第徵拜銀青光祿大夫伯謙少時讀經史晚年好老莊容止儼然無愠色親賓至則置酒相娛清言不及俗事士大夫以爲儀表卒贈南兗州刺史謚曰懿伯謙弟仲讓仕西魏位至鴻臚少卿

崔辯字神通鑒之從祖弟也祖琨字景龍行本郡太守父經贈兗州刺史辯學

涉經史風儀整峻獻文徵拜中書博士武邑太守政事之餘專以勸學卒贈安南將軍定州刺史諡曰恭長子景儁鯁正有高風好古博涉以經明行修徵拜中書博士歷侍御史主文中散孝文賜名爲逸後爲員外散騎侍郎與著作郎韓興宗參定朝儀雅爲孝文所知重遷國子博士每有公事逸常被詔獨進博士特命自逸始轉通直散騎常侍廷尉少卿卒子巨倫字孝宗幼孤及長歷涉經史有文學武藝叔楷爲殷州巨倫仍爲長史北道別將在州陷賊歛恤存亡爲賊所義葛榮聞其才名欲用爲黃門郎巨倫心惡之至五月五日會集官寮令巨倫贈詩巨倫乃曰五月五日時天氣已大熱狗便呀欲死牛復喘吐舌以此自晦獲免結死士夜中南走逢賊俱恐不濟巨倫曰寧南死一寸豈北死一尺便欺賊曰吾受敕而行賊爇火觀敕火未然巨倫手刃賊十餘人賊乃四潰得馬數匹夜陰失道唯看佛塔戶而行到洛陽持節別將北討初楷喪之始巨倫收殯倉卒事不周固至是遂偷路改殯幷竊家口以歸尋授國子博士莊帝即位除東濮陽太守時河北紛梗人避賊多入郡界歲儉飢乏巨倫傾資贍恤

務相全濟時類高之元顥入洛據郡不從莊帝還宮封漁陽縣男後除光祿大夫卒子子武襲初巨倫有姊明慧有才行因患眇一目內外親族莫有求者其家議欲下嫁之巨倫姑趙國李叔胤之妻聞而悲感曰吾兄盛德不幸早世豈令此女屈事卑族乃爲子翼納之時人歎其義識逸弟模字叔軌身長八尺圍亦如之出後其叔雅有志度蕭寶夤討關隴引爲西征別將屢有戰功封槐里縣伯後行岐州事擊賊歿於陣永熙中贈驃騎大將軍儀同三司都督相州刺史模弟楷楷字季則爲廣平王懷文學正始中以王國官非其人多被戮唯楷與楊昱以數諫諍獲免後爲太子中舍人左中郎將以黨附高肇爲中尉所劾事在高聰傳楷性嚴烈能摧挫豪強時人語曰莫傿郁買反獬孤楷反付崔楷時冀定數州頻遭水害楷上疏導之便宜事遂施行孝昌初置殷州以楷爲刺史加後將軍楷將之州人咸勸單身述職楷曰單身赴任朝廷謂吾有進退之計將士又誰肯固志遂闔家赴州賊勢已逼或勸減小弱以避之乃遣第四女第三男夜出既而曰一朝送免兒女將謂吾心不固遂命追還及賊來攻楷率力拒

抗莫不爭奮咸稱崔公尚不惜百口吾等何愛一身力竭城陷楷執節不屈賊遂害之楷兄弟父子並死王事朝野傷歎焉贈侍中鎭軍將軍定州刺史永熙中又特贈驃騎大將軍儀同三司都督冀州刺史長子士元沉雅有學尚州陷戰沒贈平州刺史子育王少以器幹稱仕齊至起部郎子文豹字蔚少有文才

本州大中正士元弟士謙

士謙孝昌初解褐著作佐郎後賀拔勝出鎭荆州以士謙爲行臺左丞孝武西遷士謙勸勝倍道兼行謁帝闕右勝不能用州人劉誕引侯景軍奄至勝與戰敗績遂奔梁士謙與俱行及至梁每乞師赴援梁武雖不爲出軍而嘉勝等志節並許其還國乃令士謙先且通隣好周文素聞其名甚禮之賜爵千乘縣男及勝至拜太師長史以功進爵爲子拜尚書右丞從周文解洛陽圍經河橋戰加定州大中正瀛州刺史又破柳仲禮於隨郡討李遷哲於魏興並有功進驃騎大將軍開府儀同三司直州刺史賜姓宇文氏恭帝初轉利州刺史士謙性明悟深曉政術吏人畏而愛之周保定二年遷總管安州刺史加大將軍進爵

武康郡公天和中授江陵總管荆州刺史州既統攝遐長俗兼夷夏又南接陳
境東隣齊寇士謙外禦強敵內撫軍人風化大行號稱良牧每年考績常爲天
下之最屢有詔褒美焉士謙隨賀拔勝之在荆州也雖被親遇而名位未顯及
踐其位朝野以爲榮卒於州闔境痛惜之立祠堂四時祭饗子曠嗣士謙性至
孝與弟說特相友愛雖復年位並高資產皆無私焉居家嚴肅曠及說子弘度
並奉其遺訓云曠少溫雅大業末位開府儀同三司大將軍浙州刺史曠弟彭
彭字子彭少孤事母以孝聞性剛毅有武略工騎射善周官尚書並略通大義
仕周累遷門正上士隋文帝爲相周陳王純鎮齊州帝恐其爲變遣彭以兩騎
徵純入朝彭未至齊州三十里因詐病止傳舍遣人召純純疑有變多將從騎
至彭所彭請間因顧騎士執而鏁之乃大言曰陳王有罪詔徵入朝左右不得
輒動左右愕然而去至拜上儀同及踐阼遷監門郎將兼領右衞長史賜爵安
陽縣男再遷驃騎將軍恆典宿衞性謹密在省闥二十餘年當上在仗危坐終
日未嘗有惰容上每謂曰卿當上日我寢處自安又嘗曰卿弓馬固以絕人頗

知學不彭曰臣少愛周禮尚書休沐之暇不敢廢也上曰試爲我言之彭因說君臣戒愼之義上稱善觀者以爲知言後加上開府還備身將軍上嘗宴達頭可汗使者於武德殿有鴿鳴於梁上命彭射之中上大悅賜錢一萬及使者反可汗復遣使請崔將軍一與相見上曰此必善射聞於虜庭遂遣之及至可汗召善射者數十人因擲肉於野以集飛鳶遣其善射者射之多不中彭連發數矢皆應弦而落突厥莫不歎服仁壽末進爵安陽縣公煬帝即位遷左領軍大將軍時漢王諒初平令彭鎭遏山東復領慈州事卒贈大將軍諡曰肅子寶德嗣士謙弟說

說本名士約少有氣概膂力過人尤工騎射賀拔勝攻荆州以爲假節冠軍將軍防城都督又隨奔梁復自梁歸西魏授武衞將軍都督封安昌縣子從周文復弘農戰沙苑皆有功進爵爲侯除京兆郡守累遷都官尚書定州大中正改封安固縣侯賜姓宇文幷賜名說焉進驃騎大將軍開府儀同三司加侍中進爵萬年縣公再還總管涼州刺史說蒞政強毅百姓畏之後除使持節能和忠

三州崇德等十三防諸軍事加授大將軍改封安平縣公建德四年卒贈鄜延等五州刺史謚曰莊子弘度

弘度字摩訶衍膂力絶人儀貌魁岸鬚面甚偉性嚴酷年十七周大冢宰宇文護引爲親信累轉大都督時護子中山公訓爲蒲州刺史令弘度從焉嘗與訓登樓至上層去地四五丈俯臨之訓曰可畏也弘度曰此何足畏欻擲下至地無所損訓大奇之後以戰功授儀同從平齊進上開府鄴縣公尋從汝南公宇文神舉破盧昌期於范陽鄖公韋孝寬經略淮南以前後勳進位上大將軍襲父爵安平縣公及尉遲迥反弘度以行軍總管從韋孝寬討之所當無不披靡弘度妹先適迥子爲妻及破鄴城迥窘迫升樓弘度直上龍尾追之迥將射弘度弘度脫兜鍪謂曰今日各圖國事不得顧私事旣如此早爲身計何所待也迥擲弓於地罵大丞相極口自殺弘度顧弟弘昇使取迥頭進位上柱國時行軍總管例封國公以弘度不時殺迥縱致惡言由是降爵一等爲武鄉郡公開皇初以行軍總管拒突厥於原州還拜華州刺史納妹爲秦孝王妃尋遷襄州

總管弘度素貴御下嚴急所在令行禁止盜賊屏跡梁主蕭琮來朝被旨以弘度爲江陵總管鎮荆州陳人憚之不敢窺境以行軍總管從秦孝王平陳賜物五千段高智慧等作亂復以行軍總管隸楊素弘度與素品同而年長於素素每屈下之一旦隸素意甚不平素亦優容之及還以行軍總管檢校原州事以備胡無虞而還上甚禮之復以其弟弘昇女爲河南王妃仁壽中檢校太府卿自以一門二妃無所降下每誡其寮吏曰人當誠恕無得欺誑皆曰諾後嘗食鼈侍者八九人弘度問之曰鼈美乎人懼之皆曰美弘度大罵曰傭奴何敢誑我汝初未食鼈安知其美俱杖之八十官屬百工見之莫不汗流無敢欺隱時有屈突蓋爲武候車騎亦嚴刻長安爲之語曰寧飲三斗醋不見崔弘度寧灸三斗艾不逢屈突蓋然弘度居家子弟班白動行捶楚閨門整肅爲當世所稱未幾秦王妃以罪誅河南王妃復被廢弘度憂恚謝病於家諸弟乃與之別居彌不得志煬帝即位河南王爲太子帝將復立崔妃遣中使就第宣旨使者詣弘昇家弘度不之知使者反帝曰弘度有何言使者曰弘度稱疾不起帝默然

其事竟寢弘度憂憤未幾卒弘昇字上客在周爲右侍上士從平尉遲迥以功
拜上儀同尋加上開府封黃臺縣侯隋文受禪進爵爲公授驃騎將軍歷慈鄭
二州刺史襄州總管以戚屬故待遇隆重及河南王妃罪廢弘昇亦免官煬帝
即位歷冀州刺史信都太守位金紫光祿大夫轉涿郡太守遼東之役檢校左
武衛大將軍事指平壤與宇文述等同敗奔還發病卒
崔挺字雙根辯之從父弟也父鬱位濮陽太守挺幼孤居喪盡禮少敦學五代
同居後頻年饑家始分析挺與弟振推讓田宅舊資惟守墓田而已家徒壁立
兄弟怡然手不釋卷鄉人有贍遺挺辭而後受仍亦散之舉秀才射策高第拜
中書博士轉侍郎以工書受敕於長安書文明太后父燕宣王碑賜爵泰昌子
轉登聞令遷典屬國下大夫以參議律令賜帛穀馬牛等尚書李沖甚重之孝
文以挺女爲嬪宋王劉昶南鎮彭城詔挺爲長史以疾辭免乃以王肅爲長史
其被遇如此後拜昭武將軍光州刺史風化大行及車駕幸兖州召挺赴行在
所問以臨邊之略因及文章帝甚悅謂曰別卿以來儵焉二載吾所綴文以成

一集今當給卿副本顧謂侍臣曰擁旄者皆如此何憂哉復還州及散騎常侍
張彝巡行風俗謂曰彝受使巡方採察謠訟入境觀政寔愧清使之名州舊掖
城西北數里有斧山峯嶺高峻北臨滄海南望岱岳挺於頂上欲營觀宇故老
曰此嶺上秋夏之際常有暴雨相傳云是龍道恐此觀不可久立挺曰人龍相
去何遠之有蚪龍倏忽豈一路乎遂營之數年間果無風雨之異挺既代卽爲
風雨所毁遂莫能立衆以爲善化所感時以犯罪配邊者多有逃越遂立重制
一人犯罪逋亡闔門充役挺上書以爲周書父子罪不相及以一人犯罪延及
闔門豈不哀哉辭甚雅切帝納之先是州內少鐵器用皆求之他境挺表復鐵
官公私有賴李文將辨天下氏族仍亦訪定乃遙授挺本州大中正掖縣有人
年踰九十板輿造州自稱少曾充使林邑得一美玉方尺四寸甚有光采藏之
海島垂六十歲忻逢明政今願奉之挺曰吾雖德謝古人未能以玉爲寶遣船
隨取光潤果然迄不肯受乃表送都景明初見代老幼泣涕追隨縑帛送贈悉
不納散騎常侍趙修得幸宣武挺雖同州壤未嘗詣門北海王詳爲司徒錄尚

書事以挺爲司馬固辭不免世人皆歎其屈而挺處之夷然詳攝選衆人競稱考第以求遷敘挺終無言詳曰崔光州考級並未加授宜投一牒當爲申請遷伯玉恥獨爲君子亦何故嘿然挺曰階級是聖朝大例考課亦國之恆典至於自衒求進竊以羞之詳大相稱歎其爲司馬詳未曾呼名常稱州號以示優禮卒贈輔國將軍幽州刺史謚曰景光州故吏聞凶問莫不悲感共鑄八尺銅像於城東廣固寺起八關齋追奉冥福初崔光貧賤挺贍遺衣食常親敬焉又識邢巒宋弁於童幼世稱其知人歷官三十餘年家資不益食不重味室無綺羅閨門之內雍雍如也欲諸子恭敬廉讓因以孝爲字及葬親故多有贈賵諸子推挺素志一無所受有子六人長子孝芬

孝芬字恭梓早有才識博學好文章孝文召見甚嗟賞之李彪謂挺曰比見賢子謁帝旨喻殊優今當爲絕羣耳挺曰卿自欲善處人父子之間然斯言吾不敢聞也後襲父爵累遷司空屬定州大中正長於剖判甚有能名府主任城王澄雅重之澄奏地制八條孝芬所參定也遷廷尉少卿孝昌初梁將裴邃等寇

淮南詔行臺酈道元都督河間王榮討之敕孝芬持節催令赴接賊退而還還荆州刺史兼尚書南道行臺領軍司率諸將以援神儁因代焉孝芬遂從恆農道南入敵便奔散人還安堵明帝嘉勞之後以元叉之黨與盧同李奬等並除名徵還又除孝芬爲廷尉章武王融以贓貨被劾孝芬案以重法及融爲都督北討鮮于修禮時孝芬弟孝演率宗從在博陵爲賊攻陷遇害融密啓云孝演入賊爲逆遂見收捕全家投梁遇赦乃還後梁將成景儁逼彭城孝芬兼尚書右丞爲徐州行臺孝芬將發入辭靈太后謂曰卿女今事我兒與卿是親曾何相負而內頭元叉車內稱此嫗須了却孝芬曰臣蒙國厚恩義無斯語假有斯語誰能得聞若有此聞卽此人於元叉親密過臣遠矣乞對之足辨虛實太后乃有愧色孝芬既至景儁等力屈退走以孝芬兼尚書爲徐兗二州行臺建義初太山太守羊侃據郡反引南賊圍兗州行臺除孝芬散騎常侍鎮東將軍金紫光祿大夫仍兼尚書東道行臺與大都督刁宣往救援與行臺于侃時相接至便圍之侃突圍奔梁永安中授西兗州刺史孝芬倦外役固辭不行仍爲太

常卿太昌初兼殿中尚書後加儀同三司兼吏部尚書孝武帝入關齊神武至洛與尚書辛雄劉廞等並被誅沒其家口天平中乃免之孝芬博聞口辨善談論愛好後進終日忻然商榷古今間以嘲謔聽者忘疲文筆數十篇有子八人長子勉字宣祖頗涉史傳普泰中兼尚書右丞勉善附會世論以浮競譏之爲尚書令尒朱世隆所親待而尚書郎魏季景尤爲世隆所知勉與季景內頗不睦季景與世隆求右丞奪勉所兼世隆啓用季景勉遂悵怏自失太昌初除散騎常侍征東將軍金紫光祿大夫定州大中正敕左右廂出入其家被收之際逃免後見齊神武勞撫之天平初遣勉送勳貴妻子赴定州因得還屬母李氏喪亡勉哀號過性遇病卒無子弟宣度以子龍子爲後勉弟猷

猷字宣猷少好學風度閑雅性鯁正有軍國籌略普泰初累遷司徒從事中郎既遭家難遂間行入關及謁魏孝武哀動左右帝爲之改容目送曰忠孝之道萃此一門卽以本官奏門下事大統初兼給事黃門郎平原縣伯二年正黃門行軍禽竇泰復弘農破沙苑猷常以本官從軍典文翰五年除司徒左長史加

驃騎將軍時太廟初成四時祭祀猶設俳優角抵之戲其郊廟祭官多有假兼猷上疏諫書奏並納焉還京兆尹時婚姻禮嫁聚會之辰多舉音樂又廛里富室衣服奢淫乃有織成文繡者猷請禁斷事並施行與盧辯等刱修六官十二年除浙州刺史十四年侯景據河南歸款遣行臺王思政赴之周文與思政書曰崔宣猷智略明贍有應變之才若有所疑宜與量其可不思政初頓兵襄城後於潁川爲行臺幷致書於猷猷書曰襄城控帶京洛實當今之要地如有動靜易相應接潁川既隣寇境又無山川之固賊若潛來徑至城下莫若頓兵襄城爲行臺所潁川置州遣郭賢守則表裏膠固人心易安縱有不虞豈能爲患使人見周文具以啓聞周文令依猷策思政重啓求與朝廷立約賊若水攻乞一周爲斷陸攻請三歲爲期限內有事不煩赴援過此以往惟朝廷所裁乃許之及潁川沒周文深追悔焉以疾去職屬大軍東征周文賜以馬隨軍與之籌略十七年進侍中驃騎大將軍開府儀同三司本州大中正賜姓宇文氏恭帝元年周文欲開梁漢舊路乃命猷督儀同劉道通等五人開通車路鑿山堙谷

五百餘里至于梁州卽以猷爲都督梁州刺史及周文崩始利沙興等諸州阻兵爲逆信合開楚四州亦叛惟梁州境內人無二心利州刺史崔士謙請援猷遣兵六千赴之信州糧盡猷爲送米四千斛於是二鎭獲全猷第二女帝養爲己女封富平公主周明帝卽位徵拜御正中大夫時依周禮稱天王又不建年號猷以爲世有澆淳故帝王因以沿革今天子稱王不足以威天下請遵秦漢稱皇帝建年號朝議從之除司會中大夫御正如故明帝崩遺詔立武帝晉公護謂猷曰今奉遵遺旨君以爲何如對曰殷道尊尊周道親親今朝廷既遵周禮無容輒違此義雖不行時稱其守正及陳將蔡皎來附晉公護議欲南伐公卿莫敢言猷獨進曰前歲東征死傷過半比雖加撫循而創痍未復近者長星爲災乃上玄所以垂鑒誡也豈可窮兵極武而重其譴責哉議不從後水軍果敗而裨將元定等遂沒江南建德六年拜少司徒加上開府儀同大將軍隋文帝受禪以猷前代舊齒授大將軍進爵汲郡公開皇四年卒謚曰明子仲方嗣

仲方字不齊少好讀書有文武才略年十五周文帝見而異之令與諸子同就

學隋文帝亦在其中由是與帝少相款密後以明經爲晉公宇文護參軍轉記室遷司正大夫與斛斯徵柳敏等同修禮律後以軍功授平東將軍銀青光祿大夫賜爵石城縣男時武帝陰有滅齊志仲方獻二十策帝大奇之復與少內史趙芬删定格式尋從帝攻下晉州又令仲方說下翼城等四城授儀同進爵范陽縣侯後以行軍長史從郯國公王軌禽陳將吳明徹於呂梁仲方策居多宣帝嗣位爲少內史會帝崩隋文帝爲丞相與仲方相見握手極歡仲方亦歸心焉其夜上便宜十八事帝並嘉納之又勸帝應天受命從之及受禪上召仲方與高熲議正朔服色事仲方曰晉爲金行後魏爲水周爲木皇家以火承木德之統又聖躬載誕之初有赤光之瑞車服旗牲並宜用赤又勸上除六官依漢魏之舊並從之進位上開府授司農少卿進爵固安縣公令發丁三萬於朔方靈武築長城東至黃河西拒綏州南至勃出嶺綿歷七百里明年復令仲方發丁十萬於朔方已東緣邊險要築數十城以遏胡寇丁父艱去職未期起爲虢州刺史上書論取陳之策曰臣謹案晉太康元年歲在庚子晉武帝平吳至

今開皇六年歲次庚午合三百七載春秋寶乾圖云王者三百年一蠲法今三百之期可謂至矣陳氏草竊起於庚子至今庚午又子午爲衡陰陽之忌昔史趙有言曰陳顓頊之族爲水故歲在鶉火以滅又云周武王克商封胡公滿於陳至魯昭九年陳災裨竈曰歲五及鶉火而後陳亡楚克之楚祝融後也爲火正故復滅陳陳承舜後舜承顓頊太歲左行歲星右轉鶉火之歲陳族再亡戊午之年嬀虞運盡語跡雖殊考事無別皇朝五運相承感火德而國號爲隋隋與楚同分楚是火正午爲鶉火未爲鶉首申爲實沉酉爲大梁既當周秦晉趙之分若當此分發兵將得歲之助以今量古陳滅不疑臣謂午未申酉並其數極蓋聞天時不如地利地利不如人和況主聖臣良兵強國富陳既主昏於上人讟於下險無百二之固衆非九國之師獨此島夷而稽天討伏度朝廷自有宏謨蒭蕘所見冀申螢爝今唯須武昌以下蘄和徐方吳海等州更帖精兵密營渡計益信襄荊基郢等州速造舟檝多張形勢爲水戰之具蜀漢二江是其上流水路衝要必爭之所賊雖於流頭荊門延洲公安巴陵隱磯夏口盆城置

船然終聚漢口峽口以水戰火決若賊必以上流有軍令精兵赴援者下流諸將卽須擇便橫度如擁衆自衞上江水軍鼓行以前雖恃九江五湖之險非德無以爲固徒有三吳百越之兵無恩不能自立上覽大悅轉基州刺史徵入朝仲方因陳經略上善之賜以御袍袴幷羅雜綵五百段進位開府及大舉伐陳以仲方爲行軍總管與秦王會及陳平坐事免未幾復位後數載授會州總管時諸羌猶未賓附詔仲方擊之與賊三十餘戰紫祖四隣望方涉題干碉小鐵圍山白男弱水等諸都諸賊悉平賜奴婢一百二十口黃金三十斤還代州總管後被徵入朝會文帝崩漢王餘黨據呂州不下煬帝遣周羅睺攻之中流矢卒及令仲方代總其衆拔之進位大將軍歷戶部禮部尚書坐事免尋爲國子祭酒轉太常卿朝廷以其衰老出拜上郡太守以母憂去職歲餘起爲信都太守後乞骸骨優詔許之卒於家子壽位定陶令宣猷弟宣度位齊王開府司馬恆農太守宣度弟宣軌頗有才學位尚書考功郎中與弟宣質宣靜宣略並早卒孝芬弟孝偉趙郡太守郡經葛榮離亂後人皆賣鬻兒女夏椹大熟孝偉勸

戶人多收之郡內乃安教其人種殖招撫遺散先恩後威一周之後流戶大至
興立學校親加勸厲百姓賴之卒郡贈瀛州刺史謚曰簡朝議謂爲未申復贈
安北將軍定州刺史一子昻
昻字懷遠七歲而孤事母以孝聞祖父吏部尚書孝芬嘗謂親友曰此兒終當
遠至是吾家千里駒也昻性端直頗綜文詞天平二年文襄引爲記室參軍委
以腹心之任及輔國政召爲開府長史幷攝京畿長史事時勳將親族賓客多
行不軌孫騰司馬子如之門尤劇昻授文襄密旨以法繩之未幾間內外齊肅
尋遷司徒右長史時左府有陽平人吳賓爲妄認繼嗣事披訴經久長史王昕
郎中鄭憑掾盧斐屬王敬寶等窮其獄始末積年鞫掠不獲實司徒婁昭付昻
推問卽日詰根緒獲其眞狀昭歎曰左府都官數人不如右府一長史昕憑甚
以爲愧武定中文襄普令內外極言得失昻上書曰屯田之設其來尚矣曹魏
破蜀業以興師馬晉平吳兵因取給朝廷頃以懷洛兩邑隣接邊境薄屯豐稔
糧儲已贍準此而論龜鏡非遠其幽安二州控帶奚賊蠕蠕徐揚兗豫連接吳

越強隣實藉轉輸之資常勞私糴之費諸道別遣使營之每考其勤惰則人加勸勵倉廩充實供軍濟國實謂在茲其次法獄之重人命所懸頃者官司糾察多不審練乃聞緣淺入深未有雪大爲小咸以畏避嫌疑共相殘劾至如錢絹粟麥其狀難分徑指爲贓罪從此定乞勒羣司務存獲實如此則有息將來必無枉濫文襄納之後除尚書左丞其年兼度支尚書左丞之兼尚書近代未有朝野榮之度支水漕陸運昂設轉輸相入之差付給新陳之法有利於人遂爲常式右僕射崔暹奏請海沂煮鹽有利軍國文襄以問昂昂曰亦既官煑須斷人竈官力雖多不及人廣請準關市薄爲竈稅私館官給彼此有宜朝廷從之武定六年甘露降宮闕文武同賀魏帝問右僕射崔暹尚書楊愔崔悛邢卲散騎常侍魏收御史中丞陸操國子祭酒李渾曰可各言德績感致所由次至昂昂曰吉凶兩門不由符瑞故桑雉之戒實啓中興小烏孕大未聞福感所願陛下雖休勿休允答天意帝爲歛容後攝都官尚書上勸田事七條尋兼太府卿齊受禪改散騎常侍兼大司農卿二寺所掌世號繁劇昂校理有術下無姦僞

又奏上橫市妄費事三十四條其年與太子少師邢邵議定國初禮式仍封華陽縣男又詔刪定律令損益禮樂令尚書右僕射琡等四十三人在領軍府議定帝尋幸晉陽將發敕遞相遵率不者命昂以聞昂部分科條校正今古手所增損十有七八轉廷尉卿昂號深文世論不以平恕相許又與尚書盧斐別典京畿詔獄並有殘刻之聲至於椎繩大事理可明言是非不至寃酷有濮陽子沈子遐齎侯景鐵券告徐州都督府長史畢義緒期舉兵應景又衞尉卿杜弼門生郝子寬告弼誹謗幷與元子雄謀逆帝感怒付昂窮鞫昂皆執正雪免告者引妄獲罪天保三年除度支尚書時有餚藏小吏因內臣投書告事又別有飛書告事者並付昂窮檢昂言笑閒咸得情告者辭窮並引嫌狀於是飛書遂絕轉都官尚書仍兼都官事食濟州北郡幹文宣幸東山謂曰舊人多出爲州當用卿爲令僕勿望刺史卿六十外當與卿本州中閒州不可得也後九卿以上陪集東宮帝指昂及尉瑾司馬子瑞謂皇太子曰此是國家名臣汝宜記之未幾復侍宴金鳳臺歷數諸人咸有罪負至昂曰崔昂直臣魏收才士婦兄妹

夫俱省罪過十年除兼右僕射數日卽拜爲眞未幾還爲兼楊愔少時與昂不平文宣崩後遂免昂右僕射除儀同三司光祿勳皇建元年轉太常卿河清元年兼御史中丞太常如故昂從甥李公統坐高歸彥事誅依律婦人年六十以上免配官時公統母年始五十餘而稱六十公統舅宣寶求吏以免其姊昂弗知錄尚書彭城王浟發其事竟坐除名三年復爲五兵尚書遷祠部天統元年卒贈趙州刺史昂有風調才識奮立堅正剛直之名然好揣上情感激時主或陳便宜蠲省或列陰私罪失深爲文宣所知賞朝之大事多以委之情尚嚴猛每行鞭撻雖苦楚萬端對之自若前則崔暹季舒爲之親援後乃高德正是其中表常有俠恃意色矜高以此不爲名流歸服有五子第二子

泓字君洽頗習文藻有學涉風儀器局爲時論所許以奉朝請待詔文林館隋開皇中爲中書侍郎孝偉弟孝演字則伯出繼伯父性通率美鬚髯姿貌魁傑少無宦情沉浮鄉里位瀛州安西府外兵參軍因罷歸及鮮于修禮起逆遇害無子弟孝直以子士游爲後孝直字叔廣身長八尺眉目疎朗早有志尚稍遷

直閤將軍通直散騎常侍尒朱兆入洛孝直以天下未寧去職歸鄉里太昌中除衞將軍右光祿大夫辭不赴卒於家誡諸子曰吾才疎効薄於國無功若朝廷復加贈諡宜循吾意不得祇受若致干求則非吾意子士順位太府卿孝直弟孝政字季讓十歲挺卒號哭不絕見者爲之悲慘志尚貞立博學經史雅好辭賦喪紀特所留情衣服制度手能執造位太尉汝南王悅行參軍孝芬兄弟孝義慈厚弟孝演孝政先亡孝芬等哭泣哀慟絕肉蔬食容貌毀瘠見者傷之孝偉等奉孝芬盡恭順之禮坐食進退孝芬不命則不敢也鷄鳴而起且温顏色一錢尺帛不入私房吉凶有須聚對分給諸婦亦相親愛有無共之始挺兄弟同居孝芬叔振既亡後孝芬等承奉叔母李氏若事所生旦夕温清出入啓覲家事巨細一以諮決每兄弟出行有獲財物尺寸以上皆入李之庫四時分賚李氏自裁之如此二十餘歲撫從弟宣伯子朗如同氣焉挺弟振

振字延根少有學行居家孝爲宗族所稱爲祕書中散在內謹敕爲孝文所知孝文南討自高陽內史徵兼尚書左丞留京振既才幹被擢當世以爲榮遷太

子庶子景明初除長兼廷尉少卿振有公斷以明察稱河內太守陸琇與咸陽王禧同謀爲逆禧敗事發振窮案之時琇內外親黨及當朝貴要咸爲言之振研覈切至終無縱緩遂斃之於獄其奉法如此除肆州刺史在任有政績卒於河東太守贈南兗州刺史謚曰定振歷官四十餘載考課恆爲稱職議者善之子子朗美容貌涉獵經史少溫厚有風尚位侍御史加平東將軍卒挺從父子瑜字仲璉少孤有學業位鴻臚少卿封高邑男贈瀛州刺史子孟舒字長才襲父爵位廣平太守卒贈殷州刺史鎮東將軍謚曰康孟舒弟仲舒位鄴縣令仲舒弟季舒最知名

季舒字叔正少孤性明敏涉獵經史長於尺牘有當世才具年十七爲州主簿爲大將軍趙郡公琛所器重言之齊神武神武親簡丞郎補季舒大行臺都官郎中文襄輔政轉大將軍中兵參軍甚見親寵以魏帝左右須置腹心擢拜中書侍郎文襄爲中書監移門下機事總歸中書又季舒善音樂故內伎亦回隸焉內伎屬中書自季舒始也文襄每進書魏帝有所諫請或文詞繁雜季舒輒

修飾通之得申勸戒而已靜帝報答霸朝恆與季舒論之云崔中書是我妳母
轉給事黃門侍郎領主衣都統雖迹在魏朝而歸心霸府密謀大計皆得預聞
於是賓客輻湊傾身接禮甚得名譽勢傾崔暹暹嘗於朝堂屏人拜之曰暹若
得僕射皆叔父之恩其權重如此時勳貴多不法文襄無所縱捨外議以季舒
及崔暹等所爲甚被怨嫉及文襄遇難文宣將赴晉陽黃門郎陽休之勸季舒
從曰一日不朝其間容刀季舒性愛聲色心在閑放遂不請行欲恣其行樂司
馬子如緣宿憾及尚食典御陳山提等列其過狀由是季舒及暹各鞭二百徙
北邊天保初文宣知其無罪追爲將作大匠再遷侍中俄兼尚書左僕射儀同
三司大被恩遇乾明初楊愔以文宣遺旨停其僕射遭母喪解任起服除光祿
勳兼中兵尚書出爲齊州刺史坐遣人度淮平市亦有贓賄事爲御史所劾會
赦不問武成居藩曾病文宣令季舒療病備盡心力太寧初追還引入慰勉累
遷度支尚書開府儀同三司營昭陽殿敕令監造以判事式爲胡長仁密言其
短出爲西兗州刺史爲進典籤於史部被責免官又以詣廣寧王宅決韋鞭數

十及武成崩不得預於哭泣久之除膠州刺史遷侍中開府食新安河陰二郡
幹加左光祿大夫待詔文林館監撰御覽加特進監國史季舒素好圖籍暮年
轉更精勤兼推薦人士奬勸文學議聲翕然遠近稱美祖珽受委奏季舒總監
內作珽被出韓長鸞以爲珽黨亦欲出之屬車駕將適晉陽季舒與張雕議以
爲壽春被圍大軍出拒言使往還須稟節度兼道路小人或相驚恐云大駕向
并州畏避南寇若不啓諫必動人情遂與從駕文官連名進諫時貴臣趙彥深
唐邕段孝言等初亦同心臨時疑貳季舒與爭未決長鸞遂奏云漢兒文官連
名總署聲云諫止向并州其實未必不反宜加誅戮帝卽召已署表官人集含
章殿以季舒張雕劉逖封孝琰裴澤郭遵等爲首並斬之殿庭長鸞令棄其屍
於漳水自外同署將加鞭撻趙彥深執諫獲免季舒等家屬男女徙北邊妻女
及子婦配奚官小男下蠶室沒入貲產季舒本好醫術天保中於徙所無事更
銳意研精遂爲名手多所全濟雖位望轉高未曾懈怠縱貧賤厮養亦爲之療
護庶子長君尚書右外兵郎中次鏡玄著作佐郎並流於長城未幾季舒等六

人妻以年老放出後南安王思好更稱朝廷罪惡以季舒等見害爲詞悉召六
人兄弟子姪隨軍趣晉陽事敗長君等並從戮六人之妻又追入官周武帝滅
齊詔斛律光與季舒等六人同被優贈季舒贈開府儀同大將軍定州刺史挺
從祖弟敬邕性長者爲左中郎將以軍功賜爵臨淄男位營州刺史庫莫奚國
有馬數百疋因風入境敬邕悉令送還於是夷人感附卒於太中大夫贈濟州
刺史謚曰恭敬邕從弟接字願賓容貌魁偉放邁自高不拘檢爲中書博士樂
陵內史雅爲任城王澄所禮待及澄爲本部接了無人王敬王忻然容下之後
爲樂陵太守還鄉卒挺族子纂字叔則博學有文才既不爲時知乃著無談子
論尋爲廷尉正每有大獄多所據明有當官之譽時太原王靜自廷尉監遷少
卿纂恥居其下乃與靜書辭氣抑揚無上下禮入啓求解位後爲洛陽令卒賜
司徒左長史纂兄穆字子和雅有度量州辟主簿卒穆子暹
暹字季倫少爲書生避地勃海依高乾以妹妻其弟慎慎後臨滄光二州啓暹
爲長史委以職事趙郡公琛鎮定州辟爲開府諮議隨琛往晉陽神武與語悅

之以兼丞相長史神武舉兵將入洛留暹佐琛凡百後事一以屬暹握手殷勤
至于三四琛後以罪被責暹亦黜免尉景爲幷州起暹爲別駕文襄代景轉暹
爲開府諮議仍行別駕事從文襄鎮撫鄴都加散騎常侍遷左丞吏部郎領定
州大中正主議麟趾格暹親遇日隆好薦人士言邢卲宜親重言論之際卲遂
毀暹文襄不悅謂暹曰卿說子才長子才專言卿短此癡人也暹曰子才言暹
短暹說子才長皆是實事不爲癡也高愼之叛僞與暹隙神武後知之欲發其
事而殺暹文襄苦救得止遷御史中尉選畢義雲盧潛宋欽道李愔崔瞻杜蕤
嵇曄酈伯偉崔子武李廣皆爲御史世稱其知人文襄欲假暹威勢諸公在坐
朝令暹後通名因遇以殊禮暹乃高視徐步兩人擎裾而入文襄分庭對揖暹
不讓席而坐觴再行便辭退文襄曰下官薄有蔬食公少留暹曰適受敕在臺
檢校遂不待食而去文襄降送之旬日後文襄與諸公出之東山遇暹在道前
驅爲赤棒所擊文襄回馬避之暹前後表彈尚書令司馬子如及尚書元羨殷
州刺史慕容獻又彈太師司州牧咸陽王坦幷州刺史尒朱渾道元冀州刺史

韓軌罪與鄴下諸貴極言褒美且誡屬之先是僧尼猥濫暹奏設科條篇沙門法上爲昭玄都以檢約之神武如鄴羣官迎於紫陌神武握暹手勞之曰小兒任重才輕非中尉何有今日榮華富貴直是中尉自取高歡父子無以相報賜暹馬使騎之以從且行且語暹下拜馬驚走神武親爲擁之而受轡魏帝宴華林園謂神武曰自頃所在百司多有貪暴朝廷中有用心公平直言彈劾不避親戚者王可勸酒神武降階跪言唯御史中尉崔暹一人謹奉明旨敢以酒勸幷臣所射賜物千段乞以回賜帝又褒美之於是文襄亦催暹酒神武親爲之抃文襄退謂暹曰我尙畏羨何況餘人神武將還晉陽又以所乘馬加綵物賜暹由是威名日盛內外莫不畏服神武崩未發喪文襄以暹爲度支尙書監國史兼右僕射委以心腹之寄仍爲魏帝侍讀暹憂國如家以天下爲己任文襄感寵王昭儀欲立爲正室暹諫曰天命未改魏室尙存公主無罪不容棄辱文襄意不悅苦請乃從之文襄車服過度誅戮變常言談進止或有虧失暹每厲色極言文襄亦爲之止臨淮王孝友被文襄狎愛數歌舞戲謔於前顧見暹輒

歛容而止有獄囚數百文襄盡欲誅之每催文帳暹故緩之不以時進文襄意釋竟免司州別駕司馬仲粲中從事陸士佩並被文襄毆擊付獄將餓殺暹送食藥爲致言而釋之自出身從官常曰宴乃歸侵曉則與兄弟跪問母之起居暮則嘗食視寢然後至外齊對親賓論事或與沙門辦玄理夜久乃還寢一生不問家產魏梁通和要貴皆遣人隨聘使交易暹唯寄求佛經梁武帝聞之繕寫以幡花寶蓋贊唄送至館焉然好大言調戲無節嘗密令沙門明藏著佛論而署己名傳諸江表子達拏年十三令儒者權會教其解周易兩字乃集朝貴名流命達拏高坐開講同郡眭仲讓陽屈服之暹用仲讓爲司徒中郎鄴下爲之語曰講義兩行得中郎仲讓官至右丞此皆暹之短也文宣初嗣霸業司馬子如韓軌等挾舊怨言暹罪重高隆之亦言宜寬政網去糾察法官黜崔暹則得遠近人意文宣從之及踐阼譖毀者猶不息帝令都督陳山提舍人獨孤永業搜暹家甚貧匱得神武文襄與暹書千餘紙多論軍國大事帝嗟賞之仍不免衆口流暹於馬城晝則負土供役夜則置諸地牢歲餘奴告暹謀反鎖赴晉

陽窮驗無實先是文襄疑文宣佯愚慮其有後變將陰圖之以問暹暹曰嘗與二郎俱在行位試以手板拍其背而不瞋乃將犀手板換暹竹者自揩拭而翫視之以是知其實癡不足慮也帝既鑠暹責其往昔打背暹自陳所對文襄之言明己功以贖死帝悟曰我免禍乃暹之力釋而勞之使行太原郡事還太常卿謂羣臣曰崔暹清正天下無雙卿等不及也初文襄欲以最小妹嫁與暹子達拏會崩遂寢至是讌於宣光殿羣臣多在焉文宣謂暹曰賢子達拏甚有才學亡兄長女樂安公主魏帝外甥勝朕諸妹思成大兄宿志故欲作婚姻乃以主降達拏暹尋遷中書監兼幷省右僕射是時法網已嚴官司難於剖決繫獄者千餘人暹初上省便大録囚旬月間斷雪略盡文襄時欲封暹神武亦欲封之暹並固辭文宣數出游多至暹宅以暹女爲皇太子妃李后不可乃止天保八年遷尙書右僕射儀同三司時調絹以七丈爲匹暹言之乃依舊焉帝謂左右曰崔暹諫我飲酒過多然我飲酒何所廢常山王私謂暹曰至尊威嚴多醉太后尙不能致言吾兄弟杜口僕射獨犯顏內外深相感愧十年卒帝撫靈哭

之贈開府儀同三司尚書左僕射定州刺史謚曰貞節達拏溫良廉謹有識學
位儀同三司司農卿周御府大夫大象中使鄴屬尉遲迥起兵以爲總管司馬
迥平伏誅初文宣嘗問樂安公主達拏於汝何如答云甚相敬唯阿家憎兒文
宣令宮人召達拏母入而殺之投漳水齊滅達拏殺主以復讎暹兄謀開從祖
弟游字延叔少有風概爲東郡太守郡有鹽戶常供州郡爲兵子孫見丁從役
矜其勞苦乃爲表聞請聽更代郡內感之太學舊在城內游移置城南閑敞處
親自說經當時學者莫不勸勉號爲良守正光中除南秦州刺史先是州人楊
松柏洛德兄弟數爲反叛游深加招慰兄弟俱至松柏旣郡之豪帥感恩奬喻
郡賊咸來歸款且以過在前政不復自疑游乃因宴會一時俱斬於是外人以
其不信合境皆反正光五年秦州城人殺刺史李彥爲逆數日後游知必不安
謀欲出外尋爲城人韓祖香等所攻游事窘登樓慨慷悲歎乃推下小女而殺
之義不爲羣小所辱爲祖香等害永安中贈散騎常侍鎮北將軍定州刺史子
伏護

論曰崔鑒以文業應利用之秋世家有業餘慶不已人位繼軌亦為盛哉辯器業著聞位不遠到逸德優官薄仍世恨之模雄壯之烈楷忠貞之操殺身成義臨難如歸非大丈夫亦何能若此矣士謙昆弟非為武毅見重忠公之稱亦足嘉云挺兄弟風操高亮懷文抱質歷事著聞見重朝野繼世承家門族並著市朝可變人焉不絕至若宣猷之立入朝贊務則嘉謀屢陳出撫宣條則威恩具舉仲方之兼資文武雅長謀算伐陳之策信為深遠奕世載德夫豈徒然昂智足立功能足幹事霸朝委遇良有以焉而謝彼仁心安茲苛政晚途遭躓理其宜也季舒蹈龍逢之節季倫受分庭之遇雖遭逢異日得喪不同考其遺迹而榮名一也蓋所謂彼有人焉

北史卷三十二考證

崔鑒傳以拳擊琛墜牀○琛監本訛琛今從上文甄琛改正

崔辯傳孝昌初置殷州以楷爲刺史○監本缺置字以字今從魏書增入

乃遣第四女第三男○弟魏書作第

彭傳因擲肉於野以集飛鳶○鳶魏書作鳶

士謙弟說○說周書作訦

說傳後除使持節能和忠三州○周書能作熊又下文贈廓延等五州刺史諡曰莊二句廓作鄜莊作壯

崔挺傳賜爵秦昌子○秦魏書作泰

挺既代郎爲風雨所毀○雨一本作雹

未能以玉爲寶○寶監本訛實今改從南本

衆人競稱考第以求遷敘○第監本訛弟今改從南本

邃伯玉恥獨爲君子○邃監本訛籩今改正

起八關齊○起監本訛赴今從南本
孝芬傳今當爲絶羣耳○魏書作今當爲羣拜紀應從之
府主任城王澄雅重之○主監本訛三今改從南本
與行臺于侃時相接○侃魏書作暉
仲方傳復令仲方發丁十萬○十萬隋書作十五萬
臣謂午未申酉並其數極○其隋書作是一本作有
以水戰火決○火隋書作大應從之
褚都諸賊悉平○隋書作諸部悉平
昂傳司徒婁昭付昂推問○昭監本訛昭今改從隋書
季舒傳又季舒嘗音樂故內伎亦回隸焉○回齊書作通
坐遣人度淮平市亦有贓賄○平齊書作互
邕從弟接字願寳○願魏書作顯

北史卷三十三

唐 李延壽 撰

列傳第二十一

李靈曾孫元忠 渾 弟子璨 璨曾孫得饒 公緒　李順玄孫元操

李孝伯兄孫謐 謐弟子士謙　李裔子子雄　李義深弟幼廉

李靈字武符趙郡平棘人也父勰字小同恬靜好學有聲趙魏閒道武平中原聞其已亡哀惜之贈宣威將軍蘭陵太守神䴥中太武徵天下才儁靈至拜中書博士再遷淮陽太守以學優選授文成皇帝經加中散內博士賜爵高邑子文成踐阼卒於洛州刺史贈定州刺史鉅鹿公謚曰簡子恢襲以師傅子拜長安鎮副將進爵爲侯假鉅鹿公後東平王道符謀反遇害贈定州刺史鉅鹿公謚曰貞恢弟綜事見於後長子悅祖襲爵高邑侯例降爲伯卒悅祖子瑾字伯瓊襲位大司農卿瑾淳謹好學老而不倦卒贈司空悅祖弟顯甫豪俠知名集諸李數千家於殷州西山開李魚川方五六十里居之顯甫爲其宗主以軍功

賜爵平棘子位河南太守贈安州刺史謚曰安
子元忠少厲志操粗覽書史及陰陽術數有巧思居喪以孝聞襲爵平棘子魏
清河王懌爲營明堂大都督引爲主簿遭母憂去任歸李魚川嘗亡二馬既獲
盜卽以與之在母喪哭泣哀動旁人而飲酒騎射不廢曰禮豈爲我初元忠以
母多患專心醫藥遂善方技性仁恕無貴賤皆爲救療家素富在鄉多有出貸
求利元忠焚契免責鄉人甚敬之孝莊時盜賊蠭起清河有五百人西戍還經
南趙郡以路梗共投元忠奉絹千餘匹元忠唯受一匹殺五牛以食之遣奴爲
導曰若逢賊但道李元忠遣如言賊皆舍避及葛榮起元忠率宗黨作壘以自
保坐於大槲樹下前後斬違命者凡三百人賊至元忠輒却之葛榮曰我自中
山至此連爲趙李所破則何以能成大事乃悉衆攻圍執元忠以隨軍賊平就
拜南趙郡太守好酒無政績及莊帝幽崩元忠棄官潛圖義舉會齊神武東出
元忠便乘露車載素箏濁酒以奉迎神武聞其酒客未卽見之元忠下車獨坐
酌酒擘脯食之謂門者曰本言公招延儁傑今聞國士到門不能吐哺輟洗其

人可知還吾刺勿復通也門者以告神武遽見之引入觴再行元忠車上取箏
鼓之長歌慷慨歌闋謂神武曰天下形勢可見明公猶欲事尒朱乎神武曰富
貴皆由佗安敢不盡節元忠曰非英雄也高乾邕兄弟曾來未是時高乾邕已
見神武因紿曰從叔輩麤何肯來元忠曰雖麤並解事神武曰趙郡醉使人扶
出元忠不肯起孫騰進曰此君天遣來不可違也神武乃復留與言元忠慷慨
流涕神武亦悲不自勝元忠進從横之策深見嘉納又謂神武曰殷州小無糧
仗不足以濟大事冀州大藩若向冀州高乾邕兄弟必爲明公主人殷州便以
賜委冀殷合滄瀛幽定自然弭從唯劉誕黠胡或當乖拒然非明公之敵神武
急握元忠手而謝焉時殷州刺史尒朱羽生阻兵據州元忠聚衆與大軍禽斬
之神武即令行殷州事累遷太常卿殷州大中正後以從兄瑾年長以中正讓
之魏孝武帝納神武女爲后詔元忠致聘於晉陽每宴席論舊事元忠曰昔日
建義轟轟大樂比來寂寥無人問更欲覓建義處神武撫掌笑曰此人逼我起
兵賜白馬一匹元忠戲曰若不與侍中當更覓建義處神武曰建義不慮無止

畏如此老翁不可遇耳元忠曰止爲此翁難遇所以不去因捋神武鬚大笑神武悉其雅意深重之後神武奉送皇后仍田於晉澤元忠馬倒良久乃蘇神武親自撫視封晉陽縣伯後爲光州刺史時州境災儉人皆菜色元忠表求賑貸被報聽用萬石元忠以爲少遂出十五萬石賑之事訖表陳朝廷嘉而不責徵拜侍中元忠雖處要任初不以物務干懷唯以聲酒自娛大率常醉家事大小了不關心園庭羅種果藥親朋尋詣必留連宴賞每挾彈攜壺遨遊里閈每言寧無食不可使我無酒阮步兵吾師也孔少府豈欺我哉後自中書令復求爲太常卿以其有音樂而多美酒故神武欲用爲僕射文襄言其放達常醉不可委以臺閣其子搔聞之請節酒元忠曰我言作僕射不勝飲酒樂爾愛僕射時宜勿飲酒每言於執事云年漸遲暮乞在閑冗以養餘年乃除驃騎大將軍儀同三司曾貢文襄王蒲桃一盤文襄報以百縑其見賞重如此孫騰司馬子如嘗詣元忠逢其方坐樹下葛巾擁被對壺獨酌庭室蕪曠使婢卷兩褥以質酒肉呼妻出衣不曳地二公相視歎息而去大餉米絹受而散之俄復以本官領

衞尉卿卒有米三石酒數斛書籍藥物充滿篋架未及賻至金蟬質絹乃得斂焉贈司徒謚曰敬惠初元忠將仕夢手執炬入其父墓中夜驚起甚惡之旦告其受業師占云大吉可謂光照先人也竟如其占性甚工彈彈桐葉常出一孔擲棗栗而彈之十中七八嘗從文襄入謁魏帝有梟鳴殿上文襄命元忠彈之問得幾丸而落對曰一丸奉至尊威靈一丸承大將軍意氣兩丸足矣如其言而落之子搔嗣搔字德沉少聰敏有才藝曾采諸聲別造一器號曰八絃時人稱有思理武定末自丞相記室除河內太守居數載流人盡復代至將還都父老號泣追送二百餘里生爲立碑終於儀曹郎搔妹曰法行幼好道截指自誓不嫁遂爲尼所居去鄴三百里往來恆步在路或不得食飲水而已逢屠牽牛脫衣求贖泣而隨之雉兎馴狎入其山居房室齊亡後遭時大儉施糜粥於路異母弟宗侶與族人孝衡爭地相毀尼曰我有地二一家欲得者任來取之何爲輕致忿訟宗侶等慚遂讓爲閑田

渾字季初靈之曾孫也祖綜行河間郡早卒父遵字艮軌有業尙爲魏冀州征

東府司馬京兆王愉冀州起逆遇害贈幽州刺史謚曰簡渾以父死王事除給事中後以四方多難求爲青州征東司馬與河閒邢卲北海王昕俱奉老母攜妻子同赴青齊未幾而尒朱榮入洛衣冠殲盡物論以爲知幾時河北流移人聚青土衆踰二十萬共刦河閒邢杲爲主起自北海襲東陽青州刺史元世儁欲謀誅之府人遂猜貳渾乃與長吏崔光韶具陳禍福由是唾血而盟上下還睦普泰中崔社客反於海岱攻圍青州詔渾爲都官尚書東北道行臺赴援社客諸城各自固保渾以社客賊之根本烏合易離若銜枚夜襲便可禽殄如社客就禽諸郡可傳檄而定諸將尚遲疑渾乃決行果禽社客斬首送洛陽海隅清定天平初丁母憂行喪冢側殆將滅性武定初兼散騎常侍聘梁使主梁武謂曰伯陽之後久而彌盛趙李人物今實居多使還爲東郡太守以贓賄徵還齊文襄王使武士提以入置諸庭渾抗言曰將軍今日猶自禮賢邪文襄笑而舍之齊天保初除太子少保時太常邢卲爲少師吏部尚書楊愔爲少傅論者榮之以參禮代儀注賜爵涇陽縣男文宣以魏麟趾格未精詔渾與邢卲崔㥄

魏收王昕李伯倫等脩撰嘗謂魏收曰彫蟲小技我不如卿國典朝章卿不如
我尋除海州刺史後士人共圍州城城中多石無井常食海水賊絕其路城內
先有一池夏旱涸竭渾齊戒朝服而祈焉一朝天雨泉流涌溢賊以爲神應時
駭散渾捕斬渠帥傳首鄴都渾妾郭在州干政納貨坐免卒于鄴子湛字處元
涉獵文史有家風兼通直散騎常侍聘陳使副襲爵涇陽男渾與弟繪緯俱爲
聘使主湛又爲使副是以趙郡人士目爲四使繪字敬文六歲便求入學家人
以偶年俗忌不許遂竊其姊筆牘用之未踰晦朔遂通急就章內外以爲非常
兒及長儀貌端偉神情朗儁第五舅河間邢晏每與言歎其高遠曰若披煙霧
如對珠玉宅相之寄良在此甥後敕撰五禮繪與太原王乂同掌軍禮魏靜帝
於顯揚殿講孝經禮記繪與從弟騫裴伯茂魏收盧元明等俱爲錄議簡舉可
觀歷中書侍郎丞相司馬每霸朝文武總集對揚王庭常令繪先發言端爲羣
僚之首音詞辯正風儀都雅聽者悚然文襄益加敬異又掌儀注武定初兼散
騎常侍爲聘梁使主梁武問高相今在何處黑獺若爲形容高相作何經略繪

敷對明辯梁武稱佳與梁人汎言氏族袁狎曰未若我本出自黃帝姓在十四之限繪曰兄所出雖遠當共車千秋分一字耳一坐皆笑前後行人皆通啓求市繪獨守清尙梁人重其廉潔使還拜高陽內史郡境舊有三猛獸人常患之繪欲修檻遂因鬭俱死於郡西咸以爲化感所致皆勸申上繪曰猛獸因鬭而斃自是偶然貪此爲功人將窺我竟不聽高陽舊多陂淀繪至後淀水皆涸乃置農正專主勸課墾田倍增家給人足瀛州三郡人俱詣州請爲繪立碑于郡街神武東巡郡國在瀛州城西駐馬久立使郎中陳元康喻慰之河閒太守崔諶恃其弟暹勢從繪乞麋角鴿羽繪答書曰鴿有六翮飛則沖天麋有四足走便入海下官膚體疏嬾手足遲鈍不能近追飛走遠事佞人時文襄使暹選司徒左長史暹薦繪既而不果咸謂由此書及文襄嗣業普代山東諸郡其特降書徵者唯繪與清河太守辛術二人而已至補大將軍從事中郎遷司馬文襄以前司徒侯景進賢冠賜繪曰卿但直心事孤當用卿爲三公莫學侯景叛也及文宣嗣事仍爲丞相司馬天保初除司徒右長史繪質性方重未嘗趣事權

門以此久而沉屈卒贈南青州刺史諡曰景子君道有父風繪弟緯字乾經少
聰慧有才學與舅子河閒邢昕少相倫輩晚不逮之位中散大夫聘梁使主侍
中李神儁舉緯尙書南主客郎緯前後接對凡十八人頗爲稱職鄴下爲之語
曰學則渾繪緯口則繪緯渾齊文襄攝選以緯爲司徒諮議參軍謂曰自郎署
至此所謂不次以鄉人才故有此舉耳梁謝藺來聘勞之藺問安平諸崔緯曰
子玉以還彫龍絕矣崔暹聞之怒緯詣門謝之暹上馬不顧緯語人曰雖失要
人意聘梁使不得舍我武定五年兼散騎常侍使梁緯常逸遊放達自號隱君
蕭然有絕塵之意使還除太子家令卒齊初贈北徐州刺史諡曰文
璨字世顯靈弟趙郡太守均之子也身長八尺五寸容貌魁偉受學於梁祚位
中書郎雅爲高允所知初宋徐二州刺史薛安都舉彭城降詔鎭南大將軍博
陵公尉元鎭東將軍城陽公孔伯恭等迎之獻文復以璨參二府軍事安都率
文武出迎元不加禮接安都還城遂不降宋將張永沈攸之等先屯下礚元令
璨與中書郎高閭入彭城說安都卽與俱載赴軍元等入城收管籥其夜永攻

南門不剋退還璨勸元乘永之失據攻永米船大破之於是遂定淮北加璨寧朔將軍與張讜對爲兗州刺史安帖初附以參定徐州功賜爵始豐侯卒謚曰懿子元茂襲爵元茂以寬雅著稱位司徒司馬彭城鎮副將人吏安之卒贈顯武將軍徐州刺史謚曰順子秀之字鳳起襲爵位尚書都官郎秀之弟子雲字鳳昇子雲弟子羽字鳳降子羽弟子岳字鳳跱秀之等並早孤事母孝謹兄弟容貌並魁偉風度審正而皆早卒鳳昇子道宗位直閤將軍道宗弟德林司徒中兵參軍元茂弟宣茂太和初拜中書博士後兼定州大中正受鄉人財貨爲御史所劾除名正始初除太中大夫遷光祿勳與游肇往復肇善之卒於幽州刺史遺令薄葬贈齊州刺史謚曰惠子籍之字修遠性謹正粗涉書史位司徒諮議參軍太中大夫著忠誥一篇文多不載卒贈定州刺史子徹仕齊位尚書左丞徹子純隋開皇中爲介州長史

純子德饒字世文少聰敏好學有至性弱冠仕隋爲校書郎仍直內史省參掌文翰轉監察御史糾正不避權貴大業三年遷司隸從事每巡四方理冤枉褒

孝悌雖位秩未通德行爲當時所重凡與交結皆海內髦彥性至孝父母寢疾輒終日不食十旬不解衣及丁憂水漿不入口五日哀慟歐血數升及送葬會仲冬積雪行四十餘里單縗徒跣號踊幾絕會葬者千餘人莫不爲之流涕後甘露降於庭樹有鳩巢其廬納言楊達巡省河北詣廬弔慰之因改所居村名爲孝敬村里爲和順里後爲金河縣長未之官屬羣盜蠭起賊帥格謙孫宣雅等十餘頭聚衆於勃海有敕許其歸首謙等懼不敢降以德饒信行有聞遣奏曰若德饒來者卽相率歸首帝遣德饒往勃海慰諸賊至冠氏會佗賊攻陷縣城見害其弟德侶性重然諾大業末爲離石郡司法書佐太守楊子崇特禮之及義兵起子崇遇害棄尸城下德侶赴哭盡哀收瘞之至介休詣義師請葬子崇見許因贈子崇官令德侶爲使者往離石禮葬子崇徹弟公緒

公緒字穆叔性聰敏博通經傳魏末爲冀州司馬屬疾去官絕迹贊皇山齊天保初以侍御史徵不就公緒沉冥樂道又不閑時務故誓心不仕尤明天文善圖緯之學嘗謂子弟曰吾觀齊之分野福德不多國家祚終四七及齊亡歲距

天保之元二十八年矣公緒雅好著書撰典言十卷禮質疑五卷喪服章句一卷古今略記二十卷玄子五卷趙記八卷趙語十二卷並行於世公緒既善陰陽之術有祕記傳之子孫而不好焉臨終取以投火子少通有學行公緒弟概字季節少好學然性倨傲每對諸兄弟露髻披服略無少長之禮爲齊文襄大將軍府行參軍進側集題云富春公主撰閑緩不任事每被譏訶除殿中侍御史修國史後爲太子舍人爲副使聘于江南江南多以僧寺停客出入常袒露還坐事解後卒於幷州功曹參軍撰戰國春秋及音譜並行於世又自簡詩賦二十四首謂之達生丈人集其序曰達生丈人者生於戰國之世爵里姓名無聞焉爾時人揆其行已彊爲之號頗好屬文成輒棄藁常持論文云古人有言性情生於慾又曰人之性靜慾實汨之然則性也者所受於天神識是也故爲形骸之主情也者所受於性嗜慾是也故爲形骸之役由此言之情性之辯斷焉殊異故其身泰則均齊死生塵垢名利縱酒恣色所以養情否則屏除愛著擯落枝體收視反聽所以養識是以遇榮樂而無染遭厄窮而不悶或出人間

或栖物表逍遥寄託莫知所終

李順字德正鉅鹿公靈之從父弟也父系慕容垂散騎侍郎東武城令道武定中原以爲平棘令卒贈趙郡太守平棘男順博涉經史有計策神瑞中拜中書博士轉中書侍郎從征蠕蠕以籌略賜爵平棘子太武將討赫連昌謂崔浩曰朕前北征李順獻策數事實合經略大謀今欲使總前驅之事何如浩曰順智足周務實如聖旨但臣與之昏姻深知其行然性果於去就不可專委帝乃止初浩弟娶順女又以弟子娶順女雖昏媾而浩頗輕順順又不伏由是潛相猜忌故浩毀之至統萬大破昌軍順謀功居多後征統萬昌出逆戰順破其左軍及剋統萬帝賜諸將珍寶雜物順固辭唯取書數千卷帝善之還給事黃門侍郎又從擊赫連定於平涼三秦平進爵爲侯遷四部尚書甚見寵待沮渠蒙遜以河西內附帝欲簡行人崔浩曰宜令清德重臣奉詔褒慰尚書順卽其人也帝曰順納言大臣不宜方爲此使若蒙遜身執玉帛而朝於朕復何以加之浩曰邢貞使吳亦魏之太常苟事是宜無嫌於重帝從之以順爲太常策拜蒙遜

爲太傅涼王使還拜使持節都督四州諸軍事長安鎮都大將寧西將軍開府進爵高平公未幾徵爲四部尚書加散騎常侍延和初使涼蒙遜辭疾箕坐隱几無起動狀順正色大言曰不謂此叟無禮乃至於是握節而出蒙遜使中兵校郎楊定歸追順曰太常云朝廷賜不拜之詔是以敢自安耳若曰爾拜爾跽而不承命乃小臣之罪矣順曰齊桓公九合諸侯一匡天下周公賜胙命曰伯舅無拜而桓公降而拜受今朝廷未有不拜之詔而便偃蹇自取此乃速禍之道蒙遜拜伏盡禮順還帝問與蒙遜往復辭及其政教得失順曰蒙遜專威河右三十許年經涉艱難粗識機變雖不能貽厥孫謀猶足以終其一世但前歲表許十月送曇無讖及臣往迎便乖本意不臣不信於是而甚以臣觀之不復周矣帝曰若如卿言則效在無遠襲世之後早晚當滅對曰臣略見其子並非才俊如聞燉煌太守牧犍器性粗立若繼蒙遜必此人也然比之於父僉云不逮殆天所用資聖明也帝曰朕方事于東未暇營西如卿所言三五年間不足爲晚及蒙遜死問至太武謂順曰卿言蒙遜死驗矣又言牧犍立何其妙哉朕

剋涼州亦當不遠於是賜絹千匹廐馬一乘寵待彌厚政無巨細無所不參崔浩惡之順凡使涼州十二回太武稱其能而蒙遜數與順游宴頗有悖言恐順泄之以金寶納順懷中故蒙遜罪釁得不聞又西域沙門曇無讖有方術在涼州詔追之順受蒙遜金聽殺之浩並知之密言於帝帝未之信太延三年順復使涼州及還帝問以將平河右計順以人勞既久不可頻動帝從之五年議征涼州順以涼州乏水草不宜遠征崔浩固以爲宜征帝從浩議及至姑臧甚豐水草帝與景穆書頗嫌順後謂浩曰卿昔所言今果驗矣克涼州後聞受蒙遜金而聽其殺曇無讖益嫌之猶以寵舊未加其罪尚詔順差次羣臣賜以爵位順頗受納品第不平涼州人徐桀發其事浩又毀之帝大怒刑順於城西順死後數年其從父弟孝伯爲太武知重居中用事及浩誅帝怒甚謂孝伯曰卿從兄往雖誤國朕意亦未至此由浩遂殺卿從兄皇與初順子敷等貴寵獻文追贈順侍中鎮西大將軍太尉公高平王謚曰宣王妻邢氏曰孝妃順四子長子敷字景文真君二年選入中書教學以忠謹給侍東宮又爲中散與李訢盧遐

度世等並以聰敏內參機密敷性謙恭加有文學文成寵遇之遷祕書下大夫賜爵平棘子後兼錄南部遷散騎常侍南部尚書中書監領內外祕書襲爵高平公朝政大議事無不關及宋徐州刺史薛安都司州刺史常珍奇等以彭城懸瓠降于時朝議謂未必可信敷乃固執必然乃遣師接援淮海寧輯敷既見待二世兄弟親戚在朝者十餘人弟奕又有寵於文明太后李訢列其隱罪二十餘條獻文大怒皇興四年誅敷兄弟削順位號爲庶人敷從弟顯德妹夫廣平宋叔珍等皆坐關亂公私同時伏法敷兄弟敦崇孝義家門有禮至於居喪法度吉凶書記皆合典則爲北州所稱美既致斯禍時人歎惜之敷弟式字景則學業知名位西兗州刺史濮陽侯式自以家據權要心慮危禍常敕津吏臺有使者必先啓然後度之既而使人卒至始云南過既濟突入執式赴都與兄俱死子憲字仲軌清粹善風儀好學有器度太和初襲爵又降爲伯拜祕書中散雅爲孝文知賞後拜趙郡太守趙脩與其州里脩歸葬父母也牧守以下畏之累跡憲不爲屈時人高之後以黨附高肇爲御史所劾正光五年行雍州刺

史尋除七兵尚書孝昌中除征東將軍揚州刺史淮南大都督及梁平北大將軍元樹等來寇憲力屈而降因求還國既至敕付廷尉憲女婿安樂王鑒據相州反靈太后謂鑒心懷劫脅遂詔賜憲死永熙中贈儀同三司尚書令定州刺史諡曰文靜子希遠字景沖早卒希遠子祖悛襲祖爵希遠弟希宗字景玄性寬和儀貌雅麗有才學位金紫光祿大夫齊神武擢爲中外府長史文宣帝納其第二女爲皇后位上黨太守卒贈司空公殷州刺史諡曰文簡希宗長子祖昇儀容瓌麗垂手過膝文學足以自通位齊州刺史淫於從兵妻見殺祖昇弟祖勳位給事黃門侍郎齊文宣以其女爲濟南王妃除侍中封丹楊郡王尋改封公濟南卽位除趙州刺史濟南廢還除金紫光祿大夫太寧中昭信后有寵於武成除齊州刺史贓賄狼籍坐免官復起爲光州刺史祖勳性貪慢兼其妻崔氏驕豪干政時論鄙之女侍中陸媪母元氏卽祖勳妻姨爲此附會又除西兗州刺史殿中尚書祖勳無才幹自少及長居官無可稱述卒贈尚書右僕射武平中將封后兄君璧等爲王還復祖勳王爵其弟祖欽封竟陵王位光祿卿

祖勳第三弟祖納兄弟中最有識尙以經史被知卒於散騎常侍希宗弟希仁字景山有學識卒於侍中太子詹事子公統仕齊位員外郎高歸彥之反公統爲之謀主歸彥敗伏法其母崔氏當沒官其弟宣寶行賕改籍注老事發武成帝棓殺之肝腦塗地希仁弟騫字希義博涉經史文藻富贍位散騎常侍殷州大中正尙書左丞以本官兼散騎常侍使梁後坐事免論者以爲非罪騫嘗贈親友盧元明魏收詩云監河愛升水蘇子惜餘明益州達友趣廷尉辯交情蓋失職之志云後除給事黃門侍郎卒其文筆別有集錄齊受禪贈儀同三司諡曰文惠騫弟希禮字景節性敦厚容止樞機動遵禮度起家著作佐郎脩起居注歷位大常少卿兼廷尉少卿行魏尹事豫州刺史仍居議曹與邢卲等議定禮律卒於信州刺史

子孝貞字元操好學善屬文仕齊釋褐司徒府參軍事與弟孝基同見吏部郎中陸昂昂戲之曰弟名孝基兄其替矣孝貞對曰禮雖不肖請附子臧昂握手曰士固不妄有名吾賢必當遠至閑靜不妄通接賓客射策甲科拜給事中稍

還兼通直散騎常侍副李翥使陳孝貞從姊則昭信皇后從兄祖勳女爲廢帝濟南王妃祖欽女一爲後主娥英一爲琅邪王儼妃祖勳叔騫女爲安德王延宗妃諸房子女多有才貌又因昭信后所以與帝室姻婣重疊兄弟並以文學自達恥爲外戚家于時黃門侍郎高乾和親要用事求昏於孝貞孝貞拒之由是有隙陰譖之出爲太尉府外兵參軍後歷中書舍人武平中出爲博陵太守不得志尋爲司州別駕後復兼散騎常侍聘周使副還除給事黃門侍郎待詔文林館假儀同三司以美於詞令敕與中書侍郎李若李德林別掌宣傳詔敕周武帝平齊授儀同三司小典祀下大夫宣帝卽位轉吏部下大夫隋文帝爲丞相孝貞從韋孝寬討尉遲迥以功授上儀同三司開皇初拜馮翊太守爲犯廟諱於是稱字元操後數歲還蒙州刺史吏人安之自此不復留意文筆人問其故慨然歎曰五十之年倏焉已過鬢垂素髮筋力已衰宦意文情一時盡矣悲夫然每暇日輒引賓客絃歌對酒終日爲歡後徵拜內史侍郎與內史令李德林參典文翰元操無幹劇之用頗稱不理上譴怒之敕御史劾其事由是出

爲金州刺史卒官所著文集三十卷行於世子元玉元操弟孝基亦有才學風詞甚美以衞尉丞待詔文林館位儀曹郎中孝基弟孝俊太子洗馬孝俊弟孝威字季重涉學有器幹兄弟之中最爲敦篤位太尉外兵參軍修起居注仕隋禮部侍郎大理少卿式弟鑾字景世美容貌有才藝位都官尚書安平侯與兄敷同死太和初文明太后追念鑾兄弟及誅李訢存問憲等一二家歲時賜以布帛鑾弟冏字道度少爲中散逃避得免後歷位度支尚書太和二十一年孝文幸長安冏以咸陽山河險固秦漢舊都勸帝去洛陽都之後孝文引見冏笑謂曰昔婁敬一說漢祖卽日西駕尚書今以西京說朕使朕不廢東轅當是獻可理殊所以今古相反耳冏曰昔漢祖起於布衣欲藉嶮以自固婁敬之言符於本旨今陛下德洽四海事同隆周是以愚臣獻說不能上動帝大悅冏性鯁烈敢直言常面折孝文彈駮公卿無所迴避百寮皆憚之孝文常加優禮每車駕巡幸恆兼尚書右僕射雖才學不及諸兄然公彊當世堪濟過之卒子祐字長禧篤穆友于見稱於世歷位給事中累遷博陵太守所在亦以清幹著順弟

脩基陳留太守卒子探幽高平太守探幽兄子洪鸞河閒太守

李孝伯高平公順從父弟也父曾少以鄭氏禮左氏春秋教授爲業郡三辟功曹並不就曰功曹之職雖曰鄉選高第猶是郡吏耳北面事人亦何容易州辟主簿到官月餘乃歎曰梁敬叔云州郡之職徒勞人耳道之不行身之憂也遂還家講授道武時爲趙郡太守令行禁止幷州丁零數爲山東害知曾能得百姓死力憚不入境賊於常山界得一死鹿賊長謂趙郡地上責之還令送鹿故處郡謠曰詐作趙郡鹿猶勝常山粟其見憚如此卒贈荊州刺史柏仁子諡曰懿孝伯少傳父業博綜羣言美風儀動有法度從兄順言之太武徵爲中散謂曰真卿家千里駒也遷祕書奏事中散轉散騎侍郎光祿大夫賜爵魏昌子以軍國機密甚見親寵謀謨切祕時人莫能知遷北部尙書以頻從征伐規略之功進爵壽光侯真君末宋文帝聞車駕南伐遣其弟太尉江夏王義恭率衆赴彭城太武至彭城登亞父冢以望城內遣送其俘蒯應至小市門宣詔勞問義恭等問應士馬數曰中軍四十餘萬宋徐州刺史武陵王駿遣人獻酒二器甘

蔗百挺弁請駱駝帝明旦復登亞父冢遣孝伯至小市門駿亦使其長史張暢對孝伯曰主上有詔詔太尉安北可暫出門欲與相見今遣賜駱駝及貂裘雜物暢曰有詔之言何得稱之於此孝伯曰卿家太尉安北是人臣不縱爲隣國之君何爲不稱詔於隣國之臣又何至杜門絶橋暢曰二王以魏帝營壘未立此精甲十萬恐輕相陵踐故且閉城待彼休息兵士然後共脩戰場剋日交戲孝伯曰令行禁止主將常事何用廢橋杜門復何以十萬誇大我亦有良馬百萬復可以此相矜既開門暢屏人却仗出受賜物孝伯曰詔以貂裘賜太尉駱駝騾馬賜安北義恭獻皮袴褶一具駿奉酒二器甘蔗百挺帝又遣賜義恭駿等氈各一領鹽各九種幷胡豉孝伯曰有後詔凡此諸鹽各有所宜白鹽食鹽主上自所食黑鹽療腹脹氣滿末之六銖以酒而服胡鹽療目痛戎鹽療諸瘡赤鹽駮鹽臭鹽馬齒鹽四種並非食鹽太尉安北何不遣人來至朕間見朕小大知朕老少觀朕爲人暢曰魏帝爲人久爲往來所具故不復遣信義恭獻蠟燭十挺駿獻錦一匹孝伯風容閑雅應答如流暢及左右甚相嗟歎帝大喜進

爵宣城公爲使持節散騎常侍秦州刺史卒贈征南大將軍定州刺史謚曰文昭公孝伯體度恢雅明達政事朝野貴賤咸推重之景穆曾啓太武廣徵俊秀帝曰朕有一孝伯足理天下何用多爲假復求訪此人輩亦何可得其見貴如此性方慎忠厚每朝廷事有所不足必手自書表切言陳諫或不從者至於再三削滅藁草家人不見公廷論議常引綱紀或有言事者孝伯恣其所陳假有是非終不抑折及見帝言其所長初不隱人姓名以爲己善故衣冠之士服其雅正自崔浩誅後軍國謀謨咸出孝伯太武寵眷有亞於浩亦以宰輔遇之獻替補闕其迹不見時人莫得而知卒之日遠近哀傷焉孝伯美名聞於遐邇李彪使江南齊武帝謂曰北有李孝伯於卿遠近其爲遠人所知若此其妻崔賾女高明婦人生一子元顯崔氏卒後納翟氏不以爲妻憎忌元顯後遇劫元顯見害世云翟氏所爲也元顯志氣甚高爲時人所傷惜翟氏二子安人安上並有風度安人襲爵壽光侯司徒司馬無子爵除安上鉅鹿太守亦早卒安人弟豹子後追理先封卒不得襲孝伯兄祥字元善學傳家業鄉黨宗之位中書博

士時尚書韓元興率衆出青州以祥爲軍司略地至陳汝淮北之人詣軍降者七千餘戶遷之兗豫之南置淮陽郡以撫之拜祥太守流人歸者萬餘家百姓安業遷河間太守有威恩之稱徵拜中書侍郎人有千餘上書乞留數年朝廷不許卒官追贈定州刺史平棘子諡曰憲子安世幼聰悟興安二年文成帝引見侍郎博士子簡其秀儁欲以爲中書學生安世年十一帝見其尚小引問之安世陳說父祖甚有次第卽以爲生帝每幸國學恆獨被引問詔曰汝但守此至大不慮不富貴天安初拜中散以謹愼帝親愛之累遷主客令齊使劉纘朝貢安世奉詔勞之安世美容貌善舉止纘等自相謂曰不有君子其能國乎纘等呼安世爲典客安世曰何以亡秦之官稱於上國纘曰世異之號凡有幾也安世曰周謂掌客秦改典客漢名鴻臚今曰主客君等不欲影響文武而殷勤亡秦纘又指方山曰此山去燕然遠近安世曰亦石頭之與番禺耳時每有江南使至多出藏內珍物令都下富室好容服者貨之令使任情交易使至金玉肆問價纘曰北方金玉大賤當是山川所出安世曰聖朝不貴金玉所以同於

瓦礫又皇上德通神明山不愛寶故川無金山無玉纘初將大市得安世言懈
而罷還主客給事中時人困饑流散豪右多有占奪安世乃上疏陳均量之制
孝文深納之後均田之制起於此矣出爲相州刺史假趙郡公敦農桑斷淫祀
西門豹史起有功於人者爲之脩飾廟堂表薦廣平宋翻陽平路恃慶皆爲朝
廷善士初廣平人李波宗族強盛殘掠不已前刺史薛道摽親往討之大爲波
敗遂爲逋逃之藪公私成患百姓語曰李波小妹字雍容褰裙逐馬如卷蓬左
射右射必疊雙婦女尚如此男子那可逢安世設方略誘波及諸子姪三十餘
人斬于鄴市州內肅然病卒于家安世妻博陵崔氏生一子瑒崔氏以妬悍見
出又尚滄水公主生二子謐郁瑒字琚羅涉歷史傳頗有文才氣尚豪爽公彊
當世太師高陽王雍表薦瑒爲友時人多絕戶爲沙門瑒上言三千之罪莫大
於不孝不孝之大無過於絕祀安得輕縱背禮之情而肆其向法之意缺當世
之禮而求將來之益棄堂堂之政而從鬼教乎沙門都統僧暹等忿瑒鬼教之
言以瑒爲謗毀佛法泣訴靈太后責之瑒自理曰鬼神之名皆是通靈達稱佛

非天非地本出於人名之爲鬼愚謂非謗靈太后雖以瑒言爲允然不免遷等意猶罰瑒金一兩轉尙書郎隨蕭寶夤西征以瑒爲統軍瑒德洽鄉閭招募雄勇其樂從者數百騎瑒傾家賑恤率之西討寶夤見瑒至拊其肩曰子遠來吾事辦矣故其下每有戰功軍中號曰李公騎寶夤啓瑒爲左丞仍爲別將軍機戎政皆與參決寶夤又啓爲中書侍郎還朝除岐州刺史坐辭不赴任免官建義初河陰遇害初贈尙書右僕射殷州刺史後又贈散騎常侍驃騎大將軍儀同三司冀州刺史瑒倜儻有大志好飲酒篤於親知每謂弟郁曰士大夫學問稽博古今而罷何用專經爲老博士也與弟謐特相友愛謐在鄉物故瑒慟哭絕氣久而方蘇不食數日期年形骸毀悴人倫哀歎之

謐字永和少好學周覽百氏初師事小學博士孔璠數年後璠還就謐請業同門生爲之語曰青成藍藍謝青師何常在明經謐以公子徵拜著作佐郎辭以授弟郁詔許之州再舉秀才公府二辟並不就唯以琴書爲業有絕世之心覽考工記大戴禮盛德篇以明堂之制不同遂著明堂制度論曰余謂論事辯物

當取正於經典之真文援證定疑必有驗於周孔之遺訓然後可以稱準的矣今禮文殘缺聖言靡存明堂之制誰使正之是以後人紛糾競與異論五九之說各信其習是非無準得失相半故歷代紛紜靡所取正乃使裴頠云今羣儒紛糾互相掎摭就令其象可得而圖其所以居用之禮莫能通也爲設虛器耳況漢氏所作四維之个復不能令各處其辰愚以爲尊祖配天其義明著廟宇之制理據未分直可爲殿屋以崇嚴父之祀其餘雜碎一皆除之斯豈不以羣儒舛互並乖其實據義求衷莫適可從哉但恨典文殘滅求之靡據而已矣乃復遂去室牖諸制施之於教未知其所隆政求之於情未可喻其所以必須惜哉言乎仲尼有言曰賜也爾愛其羊我愛其禮余以爲隆政必須其禮豈彼一羊哉推此而論則聖人之於禮殷勤而重之裴頠之於禮任意而忽之是則頠賢於仲尼矣以斯觀之裴氏子以不達失禮之旨也余竊不自量頗有鄙意據理尋義以求其真貴合雅衷不苟偏信乃藉之以禮傳考之以訓注博採先賢之言廣搜通儒之說量其當否參其同異棄其所短收其所長推義察圖以折

厥衷豈敢必善聊亦合其言志矣凡論明堂之制者雖衆然校其大略則一途而已言五室者則據周禮考工之記以爲本是康成之徒所執言九室者則案大戴盛德之篇以爲源是伯喈之倫所持此二書雖非聖言然是先賢之中博見洽通者也但各記所聞未能全正可謂既盡美矣未盡善也而先儒不能考其當否便各是所習卒相非毀豈達士之確論哉小戴氏傳禮事四十九篇號曰禮記雖未能全當然多得其衷方之前賢亦無愧矣而月令玉藻明堂三篇頗有明堂之義余故採掇二家參之月令以爲明堂五室古今通則其室居中者謂之太廟太室之東者謂之青陽當太室之南者謂之明堂太室之西者謂之總章當太室之北者謂之玄堂四面之室各有夾房謂之左右个三十六戶七十二牖矣室个之形今之殿前是其遺像耳个者卽寢之房也但明堂與寢施用既殊故房个之名亦隨事而遷耳今粗書其像以見鄙意案圖察義略可驗矣故檢之五室則義明於考工校之戶牖則數協於盛德考之施用則事著於月令求之閏也合周禮與玉藻既同夏殷又符周秦雖乖衆儒儻或在斯矣

考工記曰周人明堂度以九尺之筵東西九筵南北七筵堂崇一筵五室凡室二筵室中度以几堂上度以筵余謂記得之於五室而謬於堂之脩廣何者當以理推之令愜古今之情也夫明堂者蓋所以告月朔布時令宗文王祀五帝者也然營構之範自當因宜捄制耳故五室者合於五帝各居一室之義且四時之祀皆據其方之正又聽朔布令咸得其月之辰可謂施政及俱二三但允求之古義竊爲當矣鄭康成漢末之通儒後學所取正釋五室之位謂土居中木火金水各居四維然四維之室既乖其正施令聽朔各失厥衷左右之个棄而不顧乃反文之以美說飾之以巧辭言水木用事交於東北木火用事交於東南火土用事交於西南金水用事交於西北既依五行當從其用事之交出何經典可謂工於異端言非而博疑誤後學非所望於先儒也禮記玉藻曰天子聽朔於南門之外閏月則闔門左扉立於其中鄭玄注曰天子之廟及路寢皆如明堂制明堂在國之陽每月就其時之堂而聽朔焉卒事反宿路寢亦如之閏月非常月聽其朔於明堂門下還處路寢門終月也而考工記周人明堂

玄注曰或舉王寢或舉明堂互言之以明其制同也其同制之言皆出鄭注然則明堂與寢不得異矣而尚書顧命篇曰迎子釗南門之外延入翼室此之翼室卽路寢矣其下曰大貝賁鼓在西房垂之竹矢在東房此則路寢有左右房見於經史者也禮記喪服大記曰君夫人卒於路寢小斂婦人髽帶麻於房中鄭玄注曰此蓋諸侯禮帶麻於房中則西南天子諸侯左右房見於注者也論路寢則明其左右言明堂則闕其左右个同制之說還相矛楯通儒之注何其然乎使九室之徒奮筆而爭鋒者豈不由處室之不當哉記云東西九筵南北七筵五室凡室二筵置五室於斯堂雖使班倕構思王爾營度則不能令三室不居其南北也然則三室之間便居六筵之地而室壁之外裁有四尺五寸之堂焉豈有天子布政施令之所宗祀文王以配上帝之堂周公負扆以朝諸侯之處而室戶之外僅餘四尺而已哉假在儉約爲陋過矣論其堂宇則偏而非制求之道理則未愜人情其不然一也余恐爲鄭學者苟求必勝競生異端以相訾抑云二筵者乃室之東西耳南北則狹焉余故備論之曰若東西二筵則

室戶之外爲丈三尺五寸矣南北戶外復如此則三室之中南北裁各丈二尺耳記云四旁兩夾窗若爲三尺之戶二尺窗窗戶之閒裁盈一尺繩樞甕牖之室篳門圭窬之堂尚不然矣假令復欲小廣之則四面之外闊狹不齊東西既深南北更淺屋宇之制不爲通矣驗之衆塗略無筭焉且凡室二筵丈八地耳然則戶牖之閒不踰二尺也禮記明堂天子負斧展南向而立鄭玄注曰設斧於戶牖之閒而鄭氏禮圖說展制曰從廣八尺畫斧文於其上今之屏風也以八尺展置二尺之閒此之叵通不待智者較然可見矣且若二筵之室爲四尺之戶則戶之兩頰裁各七尺耳全以置之猶自不容矧復戶牖之閒哉其不然二也又復以世代驗之即虞夏尚朴殷周稍文制造之差每加崇飾而夏后世室堂修二七周人之制反更促狹豈是夏禹卑宮之意周監郁郁之美哉以斯察之其不然三也又云堂崇一筵便基高九尺而壁戶之外裁四尺五寸於營制之法自不相稱其不然四也又云室中度以几堂上度以筵而復云凡室二筵而不以几還自相違其不然五也以此驗之記者之謬抑可見矣戴德篇云

明堂凡九室三十六戶七十二牖上員下方東西九仞南北十筵堂高三尺也
余謂盛德篇得之於戶牖失之於九室何者五室之制傍有夾房面各有戶戶
有兩牖此乃因事立則非拘異術戶牖之數固自然矣九室者論之五帝事既
不合施之時令又失其辰左右之个重置一隅兩辰同處參差出入斯乃義無
所據未足稱也且又堂之修廣裁六十三尺耳假使四尺五寸爲外之基其中
五十四尺便是五室之地計其一室之中僅可一丈置其戶牖則於何容之哉
若必小而爲之以容其數則令帝王側身出入斯爲怪矣此匪直不合典制抑
亦可哂之甚也余謂其九室之言誠亦有由然竊以爲戴氏聞三十六戶七十
二牖弗見其制靡知所置便謂一室有四戶之窗計其戶牖之數卽以爲九室
耳或未之思也蔡伯喈漢末之時學士而見重於當時卽識其脩廣之不當而
必未思其九室之爲謬更脩而廣之假其法象可謂因僞飾辭順非而澤諒可
歎矣余今省彼衆家委心從善庶探其衷不爲苟異但是古非今俗間之常情
愛遠惡近世中之恆事而千載之下獨論古制驚俗之談固延多誚脫有深賞

君子者覽而揣之儻或存焉謐不飲酒好音律愛樂山水高尚之情長而彌固
一遇其賞悠爾忘歸乃作神士賦延昌四年卒年三十二遐邇悼惜之其年四
門小學博士孔璠等學官四十五人上書曰竊見故處士趙郡李謐十歲喪父
哀號罷隣人之相幼事兄瑒恭順盡友于之誠十三通孝經論語毛詩尙書歷
數之術尤盡其長州閭鄉黨有神童之號年十八詣學受業時博士郞孔璠也
覽始要終論端究緖授者無不欣其言矣於是鳩集諸經廣校同異比三傳事
例名春秋叢林十有二卷爲璠等判析隱伏垂盈百條滯無常滯纖豪必舉通
不長通有枉斯屈不苟言以違經弗飾辭而背理辭氣磊落觀者忘疲每曰丈
夫擁書萬卷何假南面百城遂絕跡下帷杜門却掃棄產營書手自刪削卷無
重複者四千有餘矣猶括次專家搜比黨議隆冬達曙盛暑通宵雖仲舒不闚
園君伯之閉戶高氏之遺漂張生之忘食方之斯人未足爲喩謐嘗詣故太常
卿劉芳推問音義語及中代興廢之由芳乃歎曰君若遇高祖侍中太常非僕
有也前河南尹黃門侍郞甄琛內贊近機朝野傾目于時親識有求官者答云

趙郡李謐耽學守道不悶于時常欲致言但未有次耳諸君何爲輕自媒衒謂其子曰昔鄭玄盧植不遠數千里詣扶風馬融今汝明師甚邇何不就業也又謂朝士曰甄琛行不媿時但未薦李謐以此負朝廷耳又結宇依巖憑崖鑿室方欲訓彼青衿宣揚墳典冀西河之教重興北海之風不墜而祐善空聞暴疾而卒邦國銜殄悴之哀儒生結摧梁之慕況璠等或服議下風或親承音旨師儒之義其可默乎事奏詔曰謐屢辭徵辟志守沖素儒隱之操深可嘉美可遠傍惠康近準玄晏謚曰貞靜處士幷表其門閭以旌高節於是表其門曰文德里曰孝義云

郁字永穆好學沉靖博通經史爲廣平王懷友深見禮遇時學士徐遵明教授山東生徒甚盛懷徵遵明在館令郁問其五經義例十餘條遵明所答數條而已稍遷國子博士自國學之建諸博士率不講說其朝夕教授唯郁而已謙虛寬雅甚有儒者之風再遷通直散騎常侍建義中以兄瑒卒遂撫育孤姪歸於鄉里永熙初除散騎常侍衞大將軍左光祿大夫兼都官尚書尋領給事黃門

侍郎三年於顯陽殿講禮記詔郁執經郁解說不窮羣難鋒起無廢談笑孝武及諸王凡預聽者莫不嗟善尋病卒贈散騎常侍驃騎大將軍尚書左僕射儀同三司都督定州刺史

謐子士謙字子約一名容郎髫齔喪父事母以孝聞母曾歐吐疑中毒因跪嘗之伯父瑒深所嗟尙每稱此兒吾家顏子也年十二魏廣平王贊辟開府參軍事後丁母憂居喪骨立有姊適宋氏不勝哀而死士謙服闋捨宅爲伽藍脫身而出詣學請業研精不倦遂博覽羣籍善天文術數齊吏部尚書辛術召署員外郎趙郡王叡舉德行皆稱疾不就和士開亦重其名將諷朝廷擢爲國子祭酒固辭得免刺史高元海以禮再致之稱爲菩薩隋有天下畢志不仕自以少孤未嘗飲酒食肉口無殺害之言親賓至輒陳罇俎對之危坐終日不倦李氏宗黨豪盛每春秋二社必高會極宴無不沉醉諠亂嘗集士謙所盛饌盈前而先爲設黍謂羣從曰孔子稱黍爲五穀之長荀卿亦云食先黍稷古人所尙寧可違乎少長肅然無敢弛惰退而相謂曰旣見君子方覺吾徒之不德也士謙

聞而自責曰何乃爲人疎頓至於此家富於財躬處節儉每以振施爲務州里有喪事不均至相鬩訟士謙聞而出財補其少者令與多者相埒兄弟媿懼更相推讓卒爲善士有牛犯其田者士謙牽置涼處飼之過於本主望見盜刈禾黍者默而避之其家僮嘗執盜粟者士謙慰喻之曰窮困所致義無相責遽令放之其奴嘗與鄉人董震因醉角力震扼其喉斃於手下震懼請罪士謙謂曰卿本無殺心何爲相謝然可速去無爲吏拘性寛厚皆此類也後出粟萬石以貸鄉人屬年穀不登責家無以償皆來致謝士謙曰吾家餘粟本圖賑贍豈求利哉於是悉召責家爲設酒食對之燔契曰責了矣幸勿爲念也各令罷去明年大熟責家爭來償士謙拒之一無所受他年饑多有死者士謙罄家資爲之糜粥賴以全活者萬計收埋骸骨所見無遺至春又出田糧種子分給貧乏趙郡農人德之撫其子孫曰此李參軍遺惠也仁心感物羣犬生子交共相乳凶年散穀至萬餘石合諸藥以救疾癘如此積三十年或謂士謙子多陰德士謙曰夫言陰德其猶耳鳴己獨知之人無知者今吾所作吾子皆知何陰德之有

士謙善談玄理嘗有客坐不信佛家應報義士謙喻之曰積善餘慶積惡餘殃
豈非休咎邪佛經云轉輪五道無復窮已此則賈誼所言千變萬化未始有極
忽然爲人之謂也佛道未來而賢者已知其然矣至若鮌爲黃熊杜宇爲鶗鴂
褒君爲龍牛哀爲猛獸君子爲鵠小人爲猨彭生爲豕如意爲犬黃母爲黿宣
武爲鼈鄧艾爲牛徐伯爲魚鈴下爲烏書生爲蛇羊祜前身李氏之子此非佛
家變受異形之謂邪客曰邢子才云豈有松柏後身化爲樗櫟僕以爲然士謙
曰此不類之談也變化皆由心作木豈有心乎客又問三教優劣士謙曰佛日
也道月也儒五星也客亦不能難而止士謙平生時時爲詠懷詩輒毀其本不
示人又嘗論刑罰遺文不具其略曰帝王制法沿革不同自可損益無爲頓改
今之贓重者死是酷而不懲也語曰人不畏死不可以死恐之愚謂此罪宜從
肉刑刖其一趾再犯者斷其左腕流刑刖去右手三指又犯者下其腕小盜宜
黥又犯刖落其所用三指又不悛則下其腕無不止也無賴之人竄之邊裔職
爲亂階適所以召戎矣非求安之道也博奕淫遊盜之萌也禁而不止黥之則

可有識者頗以爲得政體隋開皇八年終於家趙州之士女聞之莫不流淚曰我曹不死而令李參軍死乎會葬者萬餘人李景伯等以士謙道著丘園條其行狀詣尚書省請先生之謚事寢不行遂相與樹碑於墓其妻范陽盧氏亦有婦德及夫終所有賻贈一無所受謂州里父老曰參軍平生好施今雖殞殁安可奪其志哉乃散粟五百石以賑窮乏免奴婢六十人案趙郡李氏出自趙將武安君牧當楚漢之際廣武軍左車則其先也左車十四世孫恢字仲興漢桓靈閒高尚不仕號有道大夫恢生定字文義仕魏位漁陽太守有子四人並仕晉平字伯括爲樂平太守機字仲括位國子博士隱字叔括保字季括位並尚書郎兄弟皆以儒素著名時謂之四括機子楷字雄方位書侍御史家于平棘南有男子五人輯晃芬勁叡輯字護宗晃字仲黃芬字季黃勁字少黃叡字幼黃並以友悌著美爲當世所宗時所謂四黃者也輯位高密郡守二子慎敦晃位鎮南府長史一子義勁位書侍御史四子盛敏隆喜叡位高平太守二子勗充其後慎敦居柏仁子孫甚微義南徙故壘世謂之南祖勗兄弟居巷東盛兄

第居巷西世人指其所居因以爲目蓋自此也義字敬仲位司空長史生東宮
舍人吉字彥同吉生尙書郎聰字小時聰生眞字義深事列于後勗字景賢位
頓丘太守勗生趙郡太守頤字彥祖頤生繇系曾各有令子事並列于前臧位
中書郎三子纘襲閣纘字緯業位太尉祭酒生四子誕休重苞誕字紹元假趙
郡太守生四子建追確龜字神龜位州主簿生二子鳳林秀林
李裔字伯徽伯父秀林小名棖性溫直太和中中書博士爲頓丘相豪右畏之
景明初試守博陵郡抑彊扶弱政以嚴威爲名以母憂去職後爲司徒司馬定
州大中正太中大夫卒贈齊州刺史裔出後伯父鳳林孝昌中爲定州鎮軍長
史帶博陵太守于時逆賊杜洛周侵亂州界裔潛引洛周州遂陷沒洛周特無
綱紀至于市令驛帥咸以爲王呼曰市王驛王乃封裔定州王洛周尋爲葛榮
所滅裔仍事榮尒朱榮禽葛榮遂縶裔及高昂薛脩義李無爲等於晉陽從榮
至洛榮死乃免天平初以齊神武大丞相諮議參軍參定策功封固安縣伯爲
候衞大將軍陝州刺史及周文帝攻剋州城見害東魏贈尙書令司徒定州刺

史子子旦襲子旦弟子雄
子雄少慷慨有大志陝州破因隨周軍入長安家世並以學業自通子雄獨習騎射其兄子旦讓之曰棄文尚武非士大夫素業子雄曰自古誠臣貴仕文武不備而能濟功業者鮮矣既文且武兄何病焉子旦無以應仕周累遷小賓部後從達奚武與齊人戰於芒山諸軍大破子雄所領獨全累遷涼州總管長史從滕王逌破吐谷渾於青海以功加上儀同宣帝即位行軍總管韋孝寬略定淮南拜亳州刺史隋文帝總百揆徵爲司會中大夫以淮南功加位上開府及受禪拜鴻臚卿進爵高都郡公及晉王廣出鎮并州以子雄爲河北行臺兵部尚書上謂曰吾兒既少卿兼文武之才今者推誠相委吾無北顧憂矣子雄頓首流涕誓以效命子雄當官正直侃然有不可犯色王甚敬憚吏人稱焉歲餘卒官子公挺嗣裔從祖詵字令世誕弟休之子也休字紹則散騎常侍詵與族兄靈族弟熙等俱被徵事在高允徵士頌詵位中書侍郎京兆太守詵從祖弟善見位趙郡太守善見子顯進位州主簿濮陽太守顯進子暎字暉道位相州

中從事步兵校尉贈殷州刺史暎子普濟學涉有名性和韻位濟北太守時人語曰入麤入細李普濟武定中位北海太守暎弟育字仲遠位相州防城別將以拒葛榮之勳賜爵趙郡公後除金紫光祿大夫卒贈都官尚書謚曰貞子愔襲與從父兄普濟並應秀才舉時人謂其所居爲秀才村愔位太子舍人愔族叔肅字彥邕位員外常侍初詔附侍中元暉後以左道事侍中穆紹常裸身被髮晝腹銜刀於隱屏處爲紹求福故紹愛之薦爲黃門郎性酒狂從靈太后幸江陽王繼第侍飲頗醉言辭不遜抗辱太傅清河王懌爲有司彈劾太后恕之卒於夏州刺史肅從弟曒字景林有學識位廷尉少卿贈齊州刺史謚曰宣子愼武定中位東平太守曒從弟仲旋司徒左長史恆農太守先是宮牛二姓阻險爲害仲旋示以威惠卽並歸伏累遷右光祿大夫天平初遷都於鄴以仲旋爲營構將進號衞大將軍出爲兗州刺史還除將作大匠所歷並著聲績卒贈驃騎大將軍儀同三司青州刺史子希良侍御史煥字仲文小字醜瓌中書侍郎威弟隆之後也隆字太彝位阜城令隆生幕縣令謀謀生始平太守景名犯

太祖元皇帝諱景生東郡太守伯應伯應生煥煥有幹用與酈道元俱爲李彪所知恆州刺史穆泰據代都謀反煥以書侍御史與任城王澄推究之煥先驅至州宣旨曉喻乃執泰等景明初齊豫州刺史裴叔業以壽春歸附煥以司空從事中郎爲軍司馬與楊大眼奚康生等迎接仍行揚州事賜爵容城伯及荊蠻擾動敕煥兼通直散騎常侍慰勞之降者萬餘家除梁州刺史時武興氐楊集起舉兵作逆敕假煥平西將軍督別將大破集起軍又破秦州賊呂苟兒及斬氏王楊定還朝遇患卒贈幽州刺史諡曰昭子密字希邕少有節操母患積年名醫療之不愈乃精習經方洞閑針藥母疾得除由是以醫術知名屬尒朱兆弑逆與勃海高昂爲報復計後從神武封容城縣侯位襄州刺史

李義深趙郡高邑人也祖真字令才位中書侍郎父紹字嗣宗殷州別駕義深有當世才用而心胸險峭時人語曰劍戟森森李義深初以殷州別駕歸齊神武再遷鴻臚少卿見尒朱兆兵盛叛歸之兆平神武恕其罪還齊州刺史好利多所受納轉行梁州刺史爲陽夏太守段業告其在州聚歛被禁止卒於禁所

子騊駼有才辯位兼通直散騎常侍聘陳陳人稱之後爲書陽道行臺左丞與
王琳同陷陳周末逃歸隋開皇中爲汞安郡太守絳州長史卒子政藻明敏有
才幹騊駼沒陳政藻時爲開府行參軍判集書省事便謝病解職居處若在喪
禮人士稱之開皇中歷尙書工部員外郎卒於宜州長史騊駼弟文師歷中書
舍人齊郡太守義深弟同軌體貌魁岸腰帶十圍學綜諸經兼該釋氏又好醫
術年二十舉秀才再遷著作郎典儀注脩國子博士與和中兼通直散騎常侍
使梁梁武深耽釋學遂集名僧於其愛敬同泰二寺講涅槃大品經引同軌豫
席兼遣其朝士議共觀聽同軌論難久之道俗咸以爲善盧景裕卒齊神武引
同軌在館教諸公子甚嘉禮之每旦入授日暮始歸緇素請業者同軌夜爲解
說四時恆爾不以爲倦卒時人傷惜之神武亦嗟悼之贈瀛州刺史謚曰康同
軌弟幼舉安德太守以貪汙棄市幼舉弟之良有幹用位金部郎中
之良弟幼廉少寡欲爲兒童時初不從人家有所求請嘗故以金寶授之終不
取彊付輒擲之地州牧以其蒙幼而廉故以名焉性聰敏累遷齊文襄驃騎府

長史文襄薦爲濟州儀同府長史又遷瀛州長史齊神武行經冀部總合河北六州文籍商榷戶口增損親自部分多在馬上徵責文簿指影取備事非一緒幼廉應機立成恆先期會爲諸州準的神武深加慰勉仍責諸人曰碎卿等諸人作得李長史一脚指不是時諸人並謝罪幼廉獨前拜恩觀者咸歎美之神武還并州以告文襄文襄喜謂人曰吾是知人矣文襄嗣事除霸府掾時以并州王政所基求好長史舉者多不見納後因大集謂陳元康曰我教你好長史處李幼廉即其人也遂命爲并州長史常在文襄第內與隴西辛術等六人號爲館客天保初除太原郡太守文宣嘗與語及楊愔誤稱爲楊公以應對失宜除濟陰郡守累遷太僕大司農二卿趙州大中正大理卿所在稱職後主時和士開權重百寮盡傾幼廉高揖而已由是出爲南青州刺史主簿徐乾富而暴橫歷政不能禁幼廉初至因其有犯收繫之乾密通疏奉黃金百挺妓婢二十人幼廉不受遂殺之罷還鄴祖孝徵執政求紫石英於幼廉以其南青州所出幼廉辭無好者固請乃與二兩孝徵有不平之言或以告幼廉幼廉抗聲曰李

幼廉結髮從宦誓不曲意求人天生德于予孝徵其如予何假欲挫頓不過遣向并州耳時已授并省都官尚書辭而未報遂發敕遣之齊末官至三品已上悉加儀同獨不霑此例語人曰我不作儀同更覺爲榮卒贈吏部尚書義深族弟神威幼有風裁家業禮學又善音樂撰集樂書近百卷卒於尚書左丞又有李蕤字彥鴻世居柏仁弱冠以文章知仕齊位東平太守後待詔文林館除通直散騎常侍聘于梁晚節頗以貪酒爲累貧無居宅寄止佛寺中常著巾帔終日對酒招致賓客風調詳雅蕤從兄子朗才辭蕤之亞兼有吏能位中書舍人

論曰古人云燕趙多奇士觀夫李靈兄弟並有焉靈則首應弓旌道光師傅順則器標棟幹一時推重孝伯風範鑒略蓋亦過人各能充廣門業道風不殞餘慶之美豈非此之謂乎至如元忠之倜儻從橫功名自卒季初之家風素業昆季兼舉有齊之日雅道方振憲之子弟特感衣纓豈唯戚里是憑固亦文雅所得安世識具通雅時幹之良瑒以豪俊達郁則儒博顯謚之高逸固可謂世有人焉義深弟兄人位兼美子雄才官不替門緒茂矣

北史卷三十三

北史卷三十三考證

李渾傳繪弟緯字乾經○緯魏書作系誤

除太子家令卒○各本卒字上有闕字魏書有七年八月四字本書例應删去

本無闕字也

璨傳璨勸元乘汆之失據攻汆米船○之監本訛汆今改從魏書

李順傳順納言大臣不宜方爲此使○方魏書作先

今朝廷未有不拜之詔而便偃蹇自取○取魏書作大

騫嘗贈親友盧元明魏收詩云監河愛升水○升一本作斗

李孝伯傳真君末宋文帝聞車駕南伐○車駕二字亦訛仍魏史之舊也

謐傳設斧扵戶牖之間○牖監本訛牗今改正

隆冬達曙盛暑通宵○宵監本訛霄今改正

謐子士謙傳謐子士謙○本書本卷目錄俱作謐弟子士謙魏書亦作謐弟郁

之子此誤也

李裔傳裔字伯徽○伯徽魏書作徽伯

子雄傳詵從祖弟䇿見○從祖弟魏書作從子與此異

李義深傳典儀注修國子博士○齊書典儀注修國史遷國子博士此脫三字

之扆弟幼廉傳和士開權重百寮盡傾幼廉高揖而已○高監本誤爲今從齊書改正

北史卷三十三考證

北史卷三十四

唐　李延壽　撰

列傳第二十二

游雅字伯度小名黃頭廣平任人也太武時與勃海高允等俱知名徵拜中書博士後使宋授散騎侍郎賜爵廣平子稍遷太子少傅領禁兵進爵爲侯受詔與中書侍郎胡方回等改定律制出爲東雍州刺史假梁郡公在任廉白甚有惠政徵爲祕書監委以國史之任竟無所成雅性剛戇好自矜誕凌獵人物高允重雅文學而雅輕允才允性柔寬不以爲恨允將婚于邢氏雅勸允娶其族允不從雅曰人貴河間邢不勝廣平游人自棄伯度我自敬黃頭其貴己賤人

皆此類也允著徵士頌殊重雅雅因議論長短忿儒者陳奇遂陷奇至族議者

深責之卒贈相州刺史謚曰宣侯

明根字志遠雅從祖弟也祖鱓慕容熙樂浪太守父幼馮跋假廣平太守明根

幼年遭亂爲櫟陽王氏奴主使牧羊明根以掇壺倩人書字路邊書地學之長

安鎭將竇瑾見之呼問知其姓名乃告游雅雅使人贖之教書年十六辭雅歸

鄉里於白渠坎爲窟讀書積歲雅稱薦之太武擢爲中書學生性寡欲綜習經

史文成踐阼爲都曹主書帝以其敬愼每嗟美之假員外散騎常侍安樂侯使

宋宋孝武稱其長者迎送禮加常使獻文時累遷東兗州刺史封新泰侯爲政

清平孝文時爲儀曹長清約恭謹號爲稱職歷儀曹尙書加散騎常侍遷大鴻

臚卿河南王幹師尙書如故隨例降侯爲伯又參定律令屢進讜言明根以年

踰七十表求致仕優詔許之引入陳謝悲不自勝帝言別殷勤仍爲流涕賜青

紗單衣委貌冠被褥錦袍等物其年以司徒尉元爲三老明根爲五更行禮辟

雍賜步挽一乘給上卿祿供食之味太官就第月送以定律令賜布帛等歸本

郡又賜安車兩馬幄帳被褥車駕幸鄴明根朝于行宮優詔賜以穀帛敕太官
備送珍羞爲造甲第國有大事恆璽書訪之舊疾發動手詔問疾太醫送藥卒
於家宣武弔祭贈賵甚厚贈光祿大夫金章紫綬諡靖侯明根歷官內外五十
餘年處身以仁和接物以禮讓時論貴之孝文初明根與高閭以儒老學業特
被禮遇公私出入每相追隨而閭以才筆時侮明根世號高游焉子肇龔字伯
始孝文賜名焉博綜經史孝文初爲內祕書侍御中散稍遷典命中大夫車駕
南伐肇表諫不納尋遷太子中庶子肇謙素敦重文雅見任以父老求解官扶
侍孝文欲令祿養出爲本州南安王楨鎮北府長史帶魏郡太守王薨復爲高
陽王雍鎮北府長史太守如故爲政清簡加以匡贊歷佐二王甚有聲績以父
憂解任復授黃門侍郎兼侍中爲畿內大使黜陟善惡賞罰分明歷太府廷尉
卿兼御史中尉黃門如故肇儒者動存名教直繩所舉莫非傷風敗俗持法仁
平斷獄務於矜恕尚書令高肇宣武之舅百寮懾憚以肇名與己同欲令改易
肇以孝文所賜執志不許高肇甚銜之宣武嘉其剛梗廬昶之在朐山也肇諫

曰朐山蕞爾僻在海濱於我非急於賊爲利如聞賊將屢以宿豫求易朐山持
此無用之地復彼舊有之疆兵役時解其利爲大帝將從之尋而昶敗還侍中
梁軍主徐玄明斬其青冀二州刺史張稷首以郁州內附朝議遣兵赴援肇表
以爲不宜勞師爭海島之地帝不納及大將軍高肇伐蜀肇又陳願俟後圖又
不納明帝卽位還中書令相州刺史有惠政再遷尙書右僕射肇於吏事斷決
不速主者諮呈反覆至於再三必窮其理然後下筆雖寵勢干請終無迴撓方
正之操時人服之及元乂廢靈太后將害太傅清河王懌乃集公卿會議其事
於時羣官莫不失色順旨肇獨抗言以爲不可終不下署卒謚文貞公肇外寬
柔內剛直耽好經傳手不釋書善周易毛詩尤精三禮爲易集解撰冠婚儀白
珪論詩賦表啓凡七十五篇謙廉不競曾撰儒碁以表其志淸貧寡欲資仰俸
祿而已爲廷尉時宣武嘗敕肇有所降恕執而不從曰陛下自能恕之豈可令
臣曲筆也其執意如此及明帝初近侍羣官預在奉迎者自侍中崔光以下並
加封封肇文安縣侯肇獨曰子襲父位今古之常因此獲封何以自處固辭不

應論者高之子祥字宗良頗有才學襲爵新泰伯位國子博士領尚書郎中明
帝以肇昔辭文安之封復欲封祥祥守其父志卒不受又追論肇前議清河守
正不屈乃封祥高邑縣侯卒贈給事黃門侍郎幽州刺史謚曰文
高閭字閻士漁陽雍奴人也五世祖原晉安北將軍上谷太守關中侯有碑在
薊中祖雅少有令名位州別駕父洪字季願位陳留王從事中郎閭貴乃贈幽
州刺史固安貞子閭早孤少好學博綜經史下筆成章少爲車子送租至平城
脩刺詣崔浩浩與語奇之使爲謝中書監表明日浩歷租車過駐馬呼閭諸車
子皆驚閭本名驢浩乃改爲閭而字焉由是知名和平末爲中書侍郎文成崩
乙渾擅權內外危懼文明太后臨朝誅渾引閭與中書令高允入禁中參決大
政賜爵安樂子與鎮南大將軍尉元南赴徐州以功進爵爲侯獻文卽位徙崇
光宮閭表上至德頌高允以閭文章富逸舉以自代遂爲獻文所知參論政事
承明初爲中書令給事中委以機密文明太后甚重閭詔令書檄碑銘贊頌皆
其文也太和三年出師討淮北閭表諫陳四疑請時速返旆文明太后曰六軍

霆發有若摧朽何慮四難也遷尙書中書監淮南王他奏求依舊斷祿闓表以爲若不班祿則貪者肆其姦情清者不能自保詔從闓議孝文又引見王公以下於皇信堂令辯忠佞闓曰佞者飾知以行事忠者發心以附道譬如玉石皦然可知帝曰玉石同體而異名忠佞異名而同理求之於同則得其所以異尋之於異則失其所以同出處同異之閒交換忠佞之境豈是皦然易明哉或有託佞以成忠或有假忠以飾佞如楚之子綦後事雖忠初非佞也闓曰子綦諫楚初雖隨述終致忠言此適欲幾諫非爲佞也子綦若不設初權後忠無由得顯帝善闓對後上表曰臣聞爲國之道其要有五一曰文德二曰武功三曰法度四曰防固五曰刑賞故遠人不服則脩文德以來之荒狡放命則播武功以威之人未知戰則制法度以齊之暴敵輕侵則設防固以禦之臨事制勝則明賞罰以勸之用能闢國寧方征伐四剋北狄悍愚同於禽獸所長者野戰所短者攻城若以狄之所短奪其所長則雖衆不能成患雖來不能內逼又狄散居野澤隨逐水草戰則與室家並至奔則與畜牧俱逃是以古人伐北方攘其侵

掠而已歷代爲邊患者良以倏忽無常故也六鎭勢分倍衆不鬬互相圍逼難以制之昔周命南仲城彼朔方趙靈秦始長城是築漢之孝武踵其前事此四代之君皆帝王之雄傑所以同此役者非智術之不長兵衆之不足乃防狄之要事理宜然也今故宜於六鎭之北築長城以禦北虜雖有暫勞之勤乃有永逸之益即於要害往往開門造小城於其側因施却敵多置弓弩狄來有城可守有兵可捍既不攻城野掠無獲草盡則走終始必懲又宜發近州武勇四萬人及京師二萬人合六萬人爲武士於苑內立征北大將軍府選忠勇有志幹者以充其選下置官屬分爲三軍二萬人專習弓射二萬人專習刀楯二萬人專習騎矟修立戰場十日一習採諸葛亮八陣之法爲平地禦敵之方使其解兵革之宜識旌旗之節兵器精堅必堪禦寇使將有定兵兵有常主上下相信晝夜如一七月發六郡兵萬人各備戎作之具敕臺北諸屯倉庫隨近往來俱送北鎭至八月征北部率所鎭與六鎭之兵直至磧南揚威漠北狄若來拒與決戰若其不來然後散分其地以築長城計六鎭東西不過千里若一夫一月

之功當二步之地三百人三里三千人三十里三萬人三百里則千里之地強弱相兼計十萬人一月必就軍糧一月不足爲多人懷永逸勞而無怨計築長城其利有五罷遊防之苦其利一也北部放牧無抄掠之患其利二也發城觀敵以逸待勞其利三也省境防之虞息無時之備其利四也歲常遊運永得不遺其利五也孝文詔曰比當與卿面論又詔閭爲書問蠕蠕時蠕蠕國有喪而書不敘凶事帝曰卿職典文辭不論彼之凶事若知而不作罪在灼然若情思不至應謝所任對曰昔蠕蠕主敦崇和親其子屢犯邊境如臣愚見謂不宜弔帝曰敬其父則子悅敬其君則臣悅卿云不合弔慰是何言歟閭遂免冠謝罪帝曰蠕蠕使牟提小心恭慎同行疾其敦厚恐其還北必被謗誣昔劉準使殷靈誕每禁下人不爲非禮事及還果被譖愬以致極刑今書可明牟提忠於其國使蠕蠕主知之是年冬至大饗羣官孝文親舞於太后前羣臣皆舞帝乃長歌仍率羣臣再拜上壽閭進曰臣聞大夫行孝行合一家諸侯行孝聲著一國天子行孝德被四海今陛下敦行孝道臣等不勝慶踊謹上千萬歲壽帝大悅

又議政於皇信堂閭曰伏思太皇太后十八條之令及仰尋聖朝所行事周於百揆願終成其事帝曰刑法者王道所用何者爲法何者爲刑施行之日何先何後對曰刑制之會軌物齊衆謂之法犯違制約致之於憲謂之刑然則法必先施刑必後著帝曰論語稱冉子退朝孔子曰何晏也曰有政子曰其事也如其有政雖不吾以吾其與聞之何者爲政何者爲事對曰政者上之所行事者下之所綜後詔閭與太常採雅樂以營金石又領廣陵王師出除鎮南將軍相州刺史以參定律令之勤賜布帛粟牛馬等還都洛陽閭表諫言遷有十損必不獲已請遷於鄴帝頗嫌之雍州刺史曹武據襄陽請降車駕親幸懸瓠閭表諫洛陽草創武既不遣質任必非誠心帝不納武果虛詐諸將皆無功而還車駕還幸石濟閭朝於行宮帝謂曰朕往年之意不欲決征但兵士已集恐爲幽王之失不容中止遂至淮南而彼諸將並列州鎮至無所獲實由晚一月日故耳閭曰古攻戰法倍則攻之十則圍之聖駕親征誠應大捷所以無大獲良由兵少故也今京邑甫爾庶事造㓄願陛下當從容伊瀍使德被四海帝曰願從

容伊邏實亦不少但未獲耳閭曰司馬相如臨終恨不封禪今雖江介不賓然
中州地略以盡平豈可聖明之辰而闕盛禮帝曰荆揚未一豈得如卿言也閭
以江南非中國且三代之境亦不能遠帝曰淮海惟揚州荆及衡陽惟荆州此
非近中國乎及車駕至鄴孝文頻幸其州館下詔褒揚之閭每請本州以自效
詔曰閭以懸車之年方求衣錦知進忘退有塵謙德可降號平北將軍朝之老
成宜遂情願徙授幽州刺史令存勸兼行恩法並舉閭以諸州罷從事依府置
參軍於政體不便表宜復舊帝不悅歲餘表求致仕優答不許徵爲太常卿頻
表陳遜不聽又車駕南討漢陽閭上表諫求迴師帝不納漢陽平賜閭璽書閭
上表陳謝宣武踐阼閭累表遜位優詔授光祿大夫金章紫綬使吏部尚書邢
巒就家拜授及辭引見東堂賜以肴羞訪之大政以其先朝儒舊告老求歸帝
爲之流涕優詔賜安車几杖輿馬繒綵衣服布帛事從豐厚百僚餞之猶羣公
之祖二疎也閭進陟北芒上望闕表以示戀慕之誠卒於家謚文貞閭好爲文
章集四十卷其文亦高允之流後稱二高爲當時所服閭強果敢直諫其在私

室言裁聞耳及於朝廷廣衆之中則談論鋒起人莫能敵孝文以其文雅之美每優禮之然貪褊矜慢初在中書好詈辱諸博士學生百餘人有所干求者無不受其賄及老爲二州乃更廉儉自謹有良牧之譽子元昌襲爵位遼西博陵二郡太守閭弟悅篤志好學有美於閭早卒

趙逸字思羣天水人也父昌石勒黃門郎逸好學夙成仕姚興歷中書侍郎後爲赫連屈丏所虜拜著作郎太武平統萬見逸所著曰此豎無道安得爲此言乎作者誰也速推之司徒崔浩進曰彼之謬述亦子雲美新固宜容之帝乃止歷中書侍郎赤城鎮將頻表乞免久乃見許性好墳典白首彌勤年踰七十手不釋卷凡所著述詩賦銘頌五十餘篇

逸兄温字思恭博學有高名爲姚泓天水太守劉裕滅泓遂歿於氐氐王楊難當稱藩太武以温爲難當府司馬卒于仇池令温子琰字叔起初苻氏亂琰爲乳母攜奔壽春年十四乃歸孝心色養飦熟之節必親調之皇輿中京師儉婢餉粟糶之琰遇見切責敕留輕粃嘗送子應冀州娉室從者於路遇得一羊行

三十里而琰知之令送於本處又過路旁主人設羊羹琰訪知盜殺辭不食遣人買耜刃得剩六耜卽命送還刃主刃主高之義而不受琰命委之而去初爲兗州司馬轉團城鎮副將還京爲淮南王他府長史時禁制甚嚴不聽越關葬於舊兆琰積四十餘年不得葬二親及蒸嘗拜獻未曾不嬰慕卒事每於時節不受子孫慶賀年餘耳順而孝思彌篤慨歲月推移遷窆無冀乃絕鹽粟斷諸餚味食麥而已年八十卒還都洛陽子應等乃還鄉葬焉應弟煦字賓育好音律以善歌聞於世位秦州刺史

胡叟字倫許安定臨涇人也世爲西夏著姓叟少聰慧年十三辯疑釋理鮮有屈焉學不師受披讀羣籍再閱於目皆誦焉好屬文旣善典雅之詞又工鄙俗之句以姚氏將衰遂入長安觀風化隱匿名行懼人見知時京兆韋祖思少閱典墳多蔑時彥待叟不足叟拂衣而出祖思固留之曰當與君論天人之際何遽返乎叟曰論天人者其亡久矣與君相知何夸言若是遂歸主人賦常杜二族一宿而成時年十八矣其述前載無違舊美敘中世有協時事而末及鄙黷

人皆奇其才畏其筆叟孤飄坎壈未有仕路遂入漢中宋梁秦二州刺史馮翊吉翰頗相禮接授叟末佐不稱其懷未幾翰還益州叟隨入蜀時蜀沙門法成率僧數千人鑄丈六金像宋文帝惡其聚衆將加大辟叟聞之即赴丹楊啓申其美遂免復還蜀法成遺其珍物價直千餘匹叟一無所受後入沮渠牧犍牧犍遇之不重叟乃爲詩示所知廣平程伯達其略曰羣犬吠新客佞暗排䟽賓直途既已塞曲路非所遵望衞惋祝鮀眄楚悼靈均何用宣憂懷託翰寄輔仁伯達見詩謂曰涼州雖地居戎域然自張氏以來號有華風今則憲章無虧何祝鮀之有叟曰貴主奉正朔而弗淳慕仁義而未允吾之擇木夙在大魏與子暫違非久闊也歲餘牧犍破降叟既先歸魏朝廷以其識機賜爵始復男家於密雲蓬室草筵唯以酒自適謂友人金城宗舒曰我此生活似勝焦先志意所栖謝其高矣文成時召叟及舒並使作檄檄宋蠕蠕舒文劣於叟尋歸家不事產業常苦飢貧然不以爲恥養子字螟蛉以自給養每至貴勝門恆乘一牸牛弊韋袴褶而已作布囊容三四斛飲噉醉飽盛餘肉餅以付螟蛉見車馬榮華

者視之蔑如也尚書李敷嘗遺以財都無所取初叟一見高允曰吳鄭之交以紵縞爲美談吾之於子以弦韋爲幽贄以此言之彼可無愧也於允館見中書侍郎趙郡李璨被服華靡叟貧老衣褐璨頗忽之叟謂曰李子今若相脫體上袴褶衣帽君欲作何許也譏其唯假成服璨惕然失色叟少孤每言及父母則淚下若孺子號春秋當祭之前則先求旨酒美膳將其所知廣甯常順陽馮翊田文宗上谷侯法儁提壺執俎至郭外空靜處設坐奠拜盡孝思之敬時燉煌氾潛家善釀酒每節送一壺與叟著作佐郎博陵許赤武河東裴定宗等謂潛曰再三之惠以爲過厚子惠於叟何其恆也潛曰我恆給祭者以其恆於孝思也論者以潛爲君子矣順陽等數子稟叟獎示頗涉文流高閭曾造其家遇叟短褐曳柴從田歸舍爲閭設濁酒蔬食皆手自辦然案其館宇卑陋園疇褊局而飯菜精潔醯醬調美見其二妾並年衰跛眇衣布穿弊閭見其貧以衣物直十餘匹贈之亦無辭免閭作宣命賦叟爲之序密雲左右皆祇仰其德歲時奉以布麻穀麥叟隨分散之家無餘財卒無子無家人營主凶事胡始昌迎殯之

于家葬於墓次即令弟繼之襲其爵復始男武威將軍叟與始昌雖宗室性氣殊詭不相附其存往來乃觽及亡而收恤至厚議者以爲非必敦戾踈宗或緣求利品秩也

胡方回安定臨涇人也父義周姚泓黃門侍郎方回仕赫連屈丐爲中書侍郎涉獵史籍辭彩可觀爲屈丐統萬城銘蛇祠碑諸文頗行於世太武破赫連昌方回入魏未爲時知後爲北鎮司馬爲鎮脩表有所稱薦帝覽之嗟美問知方回召爲中書博士賜爵臨涇子遷侍郎與太子少傅游雅等改定律制司徒崔浩及當時朝賢並愛重之淸貧守道以壽終

張湛字子然一字仲玄燉煌深泉人也魏執金吾恭九葉孫爲河西著姓祖質仕涼位金城太守父顯有遠量武昭王據有西夏引爲功曹甚器異之嘗稱曰吾之臧子原也位酒泉太守湛弱冠知名涼土好學能屬文冲素有大志仕沮渠蒙遜位兵部尚書涼州平拜寧遠將軍賜爵南浦男司徒崔浩識而禮之浩注易敘曰燉煌張湛金城宗欽武威段承根三人皆儒者並有儁才見稱西州

每與余論易余以左氏傳卦解之遂相勸爲解注故爲之解其見稱如此湛至京師家貧不立操尚無虧浩常給其衣食薦爲中書侍郎湛知浩必敗固辭每贈浩詩頌多箴規之言浩亦欽敬其志每常報答極推崇之美浩誅湛懼悉燒之閉門却掃慶弔皆絶以壽終兄銑字懷義閑粹有才幹仕沮渠蒙遜位建昌令性至孝母憂哀毀過人服制雖除而蔬糲弗改崔浩禮之與湛等卒於征西參軍懷義孫通字彥綽博通經史沉冥不預時事頓丘李彪欽其學行與之遊款及彪用事言於中書令李沖沖召見甚器重之太和中徵中書博士中書侍郎永平中又徵汾州刺史皆不赴終於家通四子徹麟儉鳳皆傳家業知名於世徹字方明位侍中衞尉卿封西平縣公子敢之襲位太中大夫樂陵郡守麟字嘉應位廣平太守儉字元愼位涼州刺史鳳字孔鸞位國子博士散騎常侍著五經異同評十卷爲儒者所稱

段承根武威姑臧人自云漢太尉熲九世孫也父暉字長祚身八尺餘師事歐陽湯湯甚器愛之有一童子與暉同志後二年童子辭歸從暉請馬暉戲作木

馬與童子甚悅謝暉曰吾太山府君子奉敕遊學今將歸損子厚贈無以報德子後至常伯封侯非報也且以爲好言終乘馬騰虛而去暉乃自知必將貴仕乞伏熾盤爲輔國大將軍涼州刺史御史大夫西海侯熾盤子慕末襲位政亂暉父子奔吐谷渾慕容璝內附暉與承根歸魏太武至長安人告暉欲南奔云置金於馬韉中帝密遣視之果如告者言斬之於市暴尸數日時有儒生京兆林白奴欽暉德音夜竊其尸置之枯井女爲燉煌張氏婦聞之乃向長安收葬承根好學機辯有文思而性行疎薄有始無終司徒崔浩見而奇之與同郡陰仲達俱被浩引以爲俱涼土文華才堪注述言之太武並請爲著作郎引與同事世咸重承根文而薄其行甚爲燉煌公李寶所敬待浩誅承根與宗欽等俱死

宗欽字景若金城人少好學有儒者風仕沮渠蒙遜爲中書郎世子洗馬上東宮侍臣箴太武平涼州入魏賜爵臥樹男拜著作郎與高允書贈詩允答書幷詩甚相褒美在河西撰蒙遜記十卷無足可稱

闞駰字玄陰燉煌人也祖倞父玟並有名於西土玟位會稽令駰博通經傳聰敏過人三史羣言經目則誦時人謂之宿讀注王朗易傳撰十三州志沮渠蒙遜甚重之常侍左右訪以政事損益拜祕書考課郎中給文吏三十人典校經籍刊定諸子三千餘卷牧犍待之彌重拜大行臺還尚書及姑臧平樂安王丕鎮涼州引爲從事中郎王薨還京師家甚貧不免饑寒性能多食一飯至三升乃飽卒無後

劉延明燉煌人也父寶字子玉以儒學稱延明年十四就博士郭瑀瑀弟子五百餘人通經業者八十餘人瑀有女始笄妙選良偶有心於延明遂別設一席謂弟子曰吾有一女欲覓一快女壻誰坐此席者吾當婚焉延明遂奮衣坐神志湛然曰延明其人也瑀遂以女妻之延明後隱居酒泉不應州郡命弟子受業者五百餘人涼武昭王徵爲儒林祭酒從事中郎昭王好尚文典書史穿落者親自補葺延明時侍側請代其事王曰躬自執者欲人重此典籍吾與卿相遇何異孔明之會玄德遷撫夷護軍雖有政務手不釋卷昭王曰卿注記篇籍

以燭繼書白日且然夜可休息延明曰朝聞道夕死可矣不知老之將至孔聖稱焉延明何人斯敢不如此延明以三史文繁著略記百三十篇八十四卷燉煌實錄二十卷方言三卷靖恭堂銘一卷注周易韓子人物志黃石公三略行於世蒙遜平酒泉拜祕書郎專管注記築陸沉觀於西苑躬往禮焉號玄處先生學徒數百月致羊酒牧犍尊爲國師親自致拜命官屬以下皆北面受業時同郡索敞陰興爲助教並以文學見稱每巾衣而入太武平涼州士庶東還夙聞其名拜樂平王從事中郎太武詔諸年七十以上聽留本鄉一子扶養延明時老矣在姑臧歲餘思鄉而返至涼州西四百里韮谷窟疾卒太和十四年尚書李沖奏延明河右碩儒今子孫沉屈未有祿潤賢者子孫宜蒙顯異於是除其一子爲郢州雲陽令正光三年太保崔光奏曰故樂平王從事中郎燉煌劉延明著業涼城遺文在茲如或愆釁當蒙數世之宥況乃維祖遠孫相去未遠而令久淪皁隸不獲收異儒學之士所爲竊歎乞敕尚書推檢所屬甄免碎役敦化厲俗於是乎在詔曰太保啓陳深合勸善其孫等三家特可聽免河西人

以爲榮

趙柔字元順金城人也少以德行才學知名河右沮渠牧犍時爲金部郎太武平涼州內徙京師歷著作郎河內太守甚著信惠柔嘗在路得人所遺金珠一貫價直數百縑柔呼主還之後有人遺柔鏵數百枚者柔與子善明鬻之市有人從柔買柔索絹二十疋有商人知其賤與柔三十匹善明欲取之柔曰與人交易一言便定豈可以利動心遂與之搢紳之流聞而敬服隴西王源賀采佛經幽旨作祇洹精舍圖偈六卷柔爲之注解爲當時俊僧所欽味又憑立銘讚頗行於世子默字冲明武威太守

索敞字巨振燉煌人也爲劉延明助教專心經籍盡能傳延明業涼州平入魏以儒學爲中書博士京師貴遊之子皆敬憚威嚴多所成益前後顯達位至尙書牧守者數十人皆受業於敞敞以喪服散在衆篇遂撰比爲喪服要記出補扶風太守在位清貧卒官時舊同學生等爲請諡詔贈涼州刺史諡曰獻初敞之在涼州與鄉人陰世隆文才相友世隆至京師被罪徙和龍居上谷困不前

達士人徐能抑掠爲奴敞因行至上谷遇見世隆對泣而別敞爲訴理得免世隆子孟貴性至孝每向田芸耨早朝拜父來亦如之鄉人欽焉

宋繇字體業燉煌人也世仕張氏父僚張玄靚武興太守繇生而僚爲張邕所誅五歲喪母事伯母張氏以孝聞八歲而張氏卒居喪過禮喟然謂妹夫張彥曰門戶傾覆負荷在繇不銜膽自厲何以繼承先業遂隨彥至酒泉追師就學閉室讀書晝夜不倦博通經史呂光時舉秀才除郎中後奔段業爲中散騎常侍以業無遠略西奔涼武昭王歷位通顯家無餘財雖兵革間講誦不廢每聞儒士在門常倒屣出迎引談經籍尤明斷決時事亦無滯也沮渠蒙遜平酒泉於繇室得書數千卷鹽米數十斛而已蒙遜歎曰孤不喜克李氏欣得宋繇耳拜尚書吏部郎中委以銓衡蒙遜將死以子牧犍託之牧犍以爲左丞送其妹興平公主於京師太武拜繇河西王右丞相錫爵清水公及平涼州從牧犍至京師卒諡恭公長子巖襲爵改爲西平侯巖子蔭中書議郎樂安王範從事中郎卒贈咸陽太守蔭子季預性清嚴居家如官位勃海太守子遊道遊道弱冠

隨父在郡父亡吏人贈遺一無所受事母以孝聞與叔父別居叔父爲奴誣以
構逆遊道誘令返雪而殺之魏廣陽王深北伐請爲鎧曹及爲定州刺史又以
爲府佐廣陽爲葛榮所殺元徽誣其降賊收錄妻子遊道爲訴得釋與廣陽子
迎喪返葬中尉酈善長嘉其氣節引爲殿中侍御史臺中語曰見惡能討宋遊
道孝莊卽位除左兵中軍爲尚書令臨淮王彧譴責遊道乃執版長揖曰下官
謝王瞋不謝王理卽日詣闕上書曰徐州刺史元孚頻有表云僞梁廣發士卒
圖彭城乞增羽林二千以孚宗室重臣告請應實所以量奏給武官千人孚今
代下以路阻自防遂納在防羽林八百人辭云疆境無事乞將還家臣忝局司
深知不可尚書令臨淮王彧卽孚之兄子遣省事謝遠三日之中八度逼迫云
宜依判許臣不敢附下罔上孤負聖明但孚身在任乞師相繼及其代下便請
放還進退爲身無憂國之意所請不合其罪下科彧乃召臣於尚書都堂云卿
一小郎憂國之心豈厚於我醜罵溢口不顧朝章右僕射臣世隆吏部郎中臣
薛琡已下百餘人並皆聞見臣實獻直言云忠臣奉國事在其心亦復何簡貴

賤比自北海入洛王不能致身死難方清宮以迎篡賊鄭先護立義廣州王復建旗往討趣惡如流伐善何速今得冠冕百寮乃欲爲私害政爲臣此言或賜怒更甚臣既不佞干犯貴臣乞解郎中帝召見遊道嘉勞之或亦奏言臣忝冠百寮遂使一郎攘袂高聲肆言頓挫乞解尚書令帝乃下敕聽解臺郎後除司州中從事時將還鄴會霖雨行旅擁於河橋遊道於幕下朝夕宴歌行者曰何時節作此聲也固大癡遊道應曰何時節而不作此聲也亦大癡後齊神武自太原來朝見之曰此人是遊道邪常聞其名今日始識其面遷遊道別駕後日神武之司州饗朝士舉觴屬遊道曰飲高歡手中酒者大丈夫卿之爲人合飲此酒及還晉陽百官辭於紫陌神武執遊道手曰甚知朝貴中有憎忌卿者但用心莫懷畏慮當使卿位與之相似於是啓以遊道爲中尉文襄執請乃以吏部郎中崔暹爲御史中尉以遊道爲尚書左丞文襄謂暹遊道曰卿一人處南臺一人處北省當使天下肅然遊道入省劾太師咸陽王坦太保孫騰司徒高隆之司空侯景錄尚書元弼尚書令司馬子如官貸金銀催徵酬價雖非指事

贓賄終是不避權豪又奏駮尚書違失數百條省中豪吏王儒之徒並鞭斥之
始依故事於尚書省立門名以記出入早晚令僕已下皆側目魏安平王坐事
亡章武二王及諸王妃太妃是其近親者皆被徵責都官郎中畢義雲主其事
有奏而禁有不奏輒禁者遊道判下廷尉科罪高隆之不同於是反誣遊道厲
色挫辱己遂枉梏羣令史證成之與左僕射襄城王旭尚書鄭述祖等上言曰
飾僞亂真國法所必去附下罔上王政所不容謹案尚書左丞宋遊道名望本
闕功績何紀屬永安之始朝士亡散乏人之際叨竊臺郎躁行諂言肆其姦詐
空識名義不顧典文人鄙其心衆畏其口出州入省歷忝清資而長惡不悛曾
無忌諱毀譽由己憎惡任情比因安平王事遂肆其褊心因公報隙與郎中畢
義雲遞相糾舉又左外兵郎中魏叔道牒云局內降人左澤等爲京畿送省令
取保放出大將軍在省日判聽遊道發怒曰往日官府成何物官府將此爲例
又云乘前旨格成何物旨格依事請問遊道並皆承引案律對捍詔使無人臣
之禮大不敬者死對捍使者尚得死坐況遊道吐不臣之言犯慢上之罪口稱

夷齊心懷盜跖欺公賣法受納苞苴產隨官厚財與位積雖贓汙未露而姦詐如是舉此一隅餘詐可驗今依禮據律處遊道死罪是時朝士皆忿爲遊道不濟而文襄聞其與隆之相抗之言謂楊遵彥曰此眞是鯁直大剛惡人遵彥曰譬之畜狗本取其吠今以數吠殺之恐將來無復吠狗詔付廷尉遊道坐除名文襄使元景康謂曰卿早逐我向幷州他經略不忍殺卿遊道從至晉陽以爲大行臺吏部又以爲太原公開府諮議及平陽公爲中尉遊道以諮議領書侍御史尋以本官兼司徒左長史及文襄疑黃門郎溫子昇知元瑾之謀繫諸獄而餓之食獘襦而死棄屍路隅遊道收而葬之文襄謂曰吾近書與京師諸貴論及朝士云卿僻於朋黨將爲一病今卿眞是重舊節義人此情不可奪子昇吾本不殺之卿葬之何所憚天下人代卿怖者是不知吾心也尋除御史中尉東萊王道習參御史選限外投狀道習與遊道有舊使令史受之文襄怒收遊道辯而判之曰遊道稟性獷悍是非肆己吹毛洗垢創疵人物往與郎中蘭景雲忿競列事十條及加推窮便是虛妄方共道習陵侮朝典法官而犯特是難

原宜付省科游道被禁獄吏欲爲脫枷游道不肯曰此令公命所著不可輒脫
文襄聞而免之游道抗志不改天保元年以游道兼太府卿乃於少府覆檢主
司盜截得鉅萬計姦吏反誣奏之下獄尋得出不歸家徑之府理事卒遺令薄
葬不立碑表不求贈謚贈瓜州刺史武平中以子士素久典機密重贈儀同三
司謚曰真惠游道剛直疾惡如讎見人犯罪皆欲致之極法彈糾見事又好察
陰私問獄察情捶撻嚴酷兗州刺史李子真在州貪暴游道案之文襄以子真
預建義勳意將含忍游道疑陳元康爲其內助密啓云子真元康交游恐其別
有請屬文襄怒於尙書都堂集百寮撲殺子真又兗州人爲游道生立祠堂像
題曰忠清君游道別劾吉寧等五人同死有欣悅色朝士甚鄙之然重交游存
然諾之分歷官嚴整而時大納賄分及親故之艱匱者其男女孤弱爲嫁娶之
臨喪必哀躬親營視爲司州綱紀與牧樂昌西河二王乖忤及二王薨每事經
恤之與頓丘李獎一面便定死交獎曰我年位已高會用弟爲佐史令弟北面
於我足矣游道曰不能既而獎爲河南尹辟游道爲中正使者相屬以衣帢待

之握手歡謔元顥入洛奨受其命出使徐州都督元孚與城人趙紹兵殺之游道爲奨訟寃得雪又表爲請贈回已考一汎階以益之又與劉廞結交託廞弟粹於徐州殺趙紹後劉廞伏法於洛陽粹以徐州叛官軍討平之梟粹首於鄴市孫騰使客告市司得五百匹後聽收游道時爲司州中從事令家人作劉粹所親於州陳訴依律判許而奏之敕至市司猶不許游道杖市司勒使速付騰聞大怒游道立理以抗之旣收粹尸厚加贈遺李奨二子構訓居貧游道後令其求三富人死事判免之凡得錢百五十萬盡以入構訓其使氣黨俠如此時人語曰遊道獮猴面陸操科斗形意識不關見何謂醜者必無情構嘗因遊道會客因戲之曰賢從在門外大好人宜自迎接爲通名稱族弟游山游道出見之乃獮猴而衣帽也將與構絕構謝之豁然如舊游道死後構爲定州長史游道第三子士遜爲墨曹博陵王管記與典籤共誣奏構構於禁所祭游道而訴焉士遜晝臥如夢者見游道怒己曰我與構恩義汝豈不知何共小人謀陷清直之士士遜驚跪曰不敢不敢旬日而卒游道每戒其子士素士約士慎等曰

吾執法大剛數遭屯蹇性自如此子孫不足以師之諸子奉父言柔和謙遜士
素沉密少言有才識稍遷中書舍人趙彥深引入內省參典機密歷中書黃門
侍郎遷儀同三司散騎常侍恆領黃門侍郎自處機要近二十年周慎溫恭甚
爲彥深所重初祖珽知朝政出彥深爲刺史珽奏以士素爲東郡守中書侍郎
李德林白珽留之由是還除黃門侍郎共典機密士約亦爲善士官尚書左丞
江式字法安陳留濟陽人也六世祖瓊字孟琚晉馮翊太守善蟲篆詁訓永嘉
大亂瓊棄官投張軌子孫因居涼土世傳家業祖強字文威涼州平內徙代京
上書三十餘法各有體例又獻經史諸子千餘卷由是拜中書博士卒贈敦煌
太守父紹興高允奏爲祕書郎掌國史二十餘年以謹厚稱卒於趙郡太守式
少專家學數年中常夢兩人時相教授及寤每有記識初拜司徒長史兼行參
軍檢校御史尋除符節令以書文昭太后尊號諡冊除奉朝請仍符節令篆體
尤工洛京宮殿諸門板題皆式書也延昌三年三月式表曰臣聞伏犧氏作而
八卦形其畫軒轅氏興而靈龜彰其彩古史倉頡覽二象之爻觀鳥獸之迹別

刱文字以代結繩用書契以維事宣之王迹則百工以敘載之方冊則萬品以明迄於三代厥體頗異雖依類取制未能殊蒼氏矣故周禮八歲入小學保氏教國子以六書一曰指事二曰象形三曰諧聲四曰會意五曰轉注六曰假借蓋是史頡之遺法及宣王太史史籀著大篆十五篇與古文或同或異時人即謂之籀書孔子脩六經左丘明述春秋皆以古文厥意可得而言其後七國殊軌文字乖別暨秦兼天下丞相李斯乃奏蠲罷不合秦文者斯作倉頡篇車府令趙高作爰歷篇太史令胡毋敬作博學篇皆取史籀式頗有省改所謂小篆者也於是秦燒經書滌除舊典官獄繁多以趣約易始用隸書古文由此息矣隸書者始皇使下杜人程邈附於小篆所作也世人以邈徒隸即謂之隸書故秦有八體一曰大篆二曰小篆三曰符書四曰蟲書五曰摹印六曰署書七曰殳書八曰隸書漢興有尉律學復教以籀書又習八體試之課最以爲尚書史書省字不正輒舉劾焉又有草書莫知誰始其形書雖無厥誼亦是一時之變通也孝宣時召通蒼頡讀者獨張敞從受之涼州刺史杜業沛人爰禮講學大

夫秦近亦能言之孝平時徵禮等百餘人說文字於未央宮中以禮爲小學元士黃門侍郎揚雄採以作訓纂篇及亡新居攝自以運應制作大司馬甄豐校文字之部頗改定古文時有六書一曰古文孔子壁中書也二曰奇字卽古文而異者三曰篆書云小篆也四曰佐書秦隸書也五曰繆篆所以摹印也六曰鳥蟲所以幡信也壁中書者魯恭王壞孔子宅而得尚書春秋論語孝經也又北平侯張倉獻春秋左氏傳書體與孔氏相類卽前代之古文矣後漢郎中扶風曹喜號曰工篆小異斯法而甚精巧自是後學皆其法也又詔侍中賈逵脩理舊文殊藝異術王教一端苟有可以加於國者靡不悉集逵郎汝南許慎古學之師也後慎嗟時人之好奇歎俗儒之穿鑿故撰說文解字十五篇首一終亥各有部屬可謂類聚羣分雜而不越文質彬彬最可得而論也左中郎將陳留蔡邕採李斯曹喜之法爲古今雜形詔於太學立石碑刊載五經題書楷法多是邕書也後開鴻都書畫奇能莫不雲集時諸方獻篆無出邕者魏初博士清河張揖著埤倉廣雅古今字詁究諸埤廣綴拾遺漏增長事類抑亦於文爲

益者然其字詁方之許篇古今體用或得或失陳留邯鄲淳亦與揖同博開古
藝特善倉雅許氏字指八體六書精究閑理有名於揖以書教諸皇子又建三
字石經於漢碑西其文蔚煥三體復宣校之說文篆隸大同而古字少異又有
京兆韋誕河東衞覬二家並號能篆當時臺觀牓題寶器之銘悉是誕書咸傳
之子孫世稱其妙晉世義陽王典祠令任城呂忱表上字林六卷尋其況趣附
託許慎說文而按偶章句隱別古籀奇惑之字文得正隸不差篆意也忱弟靜
別放故左校令李登聲類之法作韻集五卷使宮商龣徵羽各爲一篇而文字
與兄便是魯衞音讀楚夏時有不同皇魏承百王之季紹五運之緒世易風移
文字改變篆形謬錯隸體失真俗學鄙習復加虛造巧談辯士以意爲疑炫惑
於時難以釐改乃曰追來爲歸巧言爲辯小免爲䨲神蟲爲蠶如斯甚衆皆不
合孔氏古書史籀大篆許氏說文石經三字也凡所關古莫不惆悵焉嗟夫文
字者六籍之宗王教之始前人所以垂今今人所以識古臣六世祖瓊家世陳
留往晉之初與從父兄俱受學於衞覬古篆之法倉雅方言說文之誼當時並

收善譽而祖遇洛陽之亂避地河西數世傳習斯業所以不墜也世祖太延中牧犍內附臣亡祖文威杖策歸國奉獻五世傳掌之書古篆八體之法時蒙褒錄敘列於儒林官班文省家號世業暨臣闇短識學庸薄漸漬家風有忝無顯是籍六世之資奉遵祖考之訓竊慕古人之軌企踐儒門之轍求撰集古來文字以許愼說文爲主及孔氏尙書五經音注籀篇爾雅三倉凡將方言通俗文祖文宗埤倉廣雅古今字詁三字石經字林韻集諸賦文字有六書之誼者以類編聯文無復重統爲一部其古籀奇惑俗隸諸體咸使班於篆下各有區別詁訓假借之誼僉隨文而解音讀楚夏之聲並逐字而注其所不知者則闕如也脫蒙遂許冀省百氏之觀而同文字之域典書祕書所須之書乞垂敕給并學士五人嘗習文字者助臣披覽書生各五人專令抄寫侍中黃門國子祭酒一月一監誣議疑隱庶無紕繆所撰名目伏聽明旨詔曰可如所請併就太常冀兼教八書史也其有所須依請給之名目待書成重聞式於是撰集字書號曰古今文字凡四十卷大體依許氏說文爲本上篆下隸正光中兼著作郎卒

官贈巴州刺史其書竟未能成式兄子征虜將軍順和亦工篆書先是太和中兗州人沈法會能隸書宣武之在東宮敕法會侍書後以隸迹見知於閭里者甚衆未有如崔浩之妙

論曰游雅才業亦高允之亞至於陷族陳奇斯所以絕世而莫祀明根雅道儒風終受非常之遇以太和之盛有乞言之重抑乃曠世一時肇既聿脩克隆堂構正清梗概顛沛不渝辭爵主幼之年抗節臣權之日顧視羣公其風固已遠矣高閭發言有章句下筆富文詞故能受遇累朝見重明主挂冠謝事禮備懸輿美矣趙逸文雅自業琰加之孝義可謂世有人焉胡叟顯晦之間優遊無悶亦一代之異人歟胡方回張湛段承根闞駰劉延明趙柔索敞皆通涉經史才志不羣價重西州有聞東國故流播之中自拔泥滓人之不可以無能信也宋繇處屈能申終致顯達遊道剛直自立任使爲累江式能世其業亦足稱云

北史卷三十四

北史卷三十四考證

游明根傳肇又陳願俟後圖○圖監本誤圓今改從魏書

高閭傳引閭與中書令高允入禁中參決大政○決大二字監本訛大夫今改正

劉延明傳延明年十四就博士郭瑀瑀弟子五百餘人○郭瑀下魏書有學字

索敞傳土人徐能抑掠爲奴○土監本訛士今改從南本

宋繇傳西奔涼武昭王○涼監本訛梁今改從晉書

江式傳一曰古文孔子壁中書也○壁監本訛璧今改正

逵郎汝南許慎古學之師也○魏書學字上有文字

冀省百氏之觀○氏一本作代

北史卷三十四考證

北史卷三十五

唐　李延壽　撰

列傳第二十三

王慧龍 玄孫松年 五世孫劭　鄭羲 孫述祖 從曾孫道邕 道邕子譯 譯叔祖儼 儼族孫偉

王慧龍太原晉陽人晉尚書僕射愉之孫散騎常侍郎緝之子也幼聰慧愉以爲諸孫之龍故名焉初宋武微時愉不爲之禮及得志愉合家見誅慧龍年十四爲沙門僧彬所匿因將過江津人見其行意怱怱疑爲王氏子孫彬稱爲受業者乃免既濟遂西上江陵依叔祖忱故吏荊州前中從事習辟彊時刺史魏詠之卒辟彊與江陵令羅修前別駕劉期公士人王騰等謀舉兵推慧龍爲盟主剋日襲州城而宋武聞詠之卒亦懼江陵有變遣其弟道規爲荊州衆遂不果羅修等將慧龍又與僧彬北詣襄陽晉雍州刺史魯宗之資給慧龍送度江遂奔姚興自言也如此姚泓滅慧龍歸魏明元引見與言慧龍請効力南討言終俯而流涕天子爲之動容謂曰朕方混一車書席卷吳會卿情計如此豈不

能相資以衆乎然亦未之用後拜洛城鎮將鎮金墉會明元崩太武初卽位咸謂南人不宜委以師旅之任遂停前授初崔浩弟恬聞慧龍王氏子以女妻之浩既昏姻及見慧龍曰信王家兒也王氏世齇鼻江東謂之齇王慧龍鼻漸大浩曰真貴種矣數向諸公稱其美司徒長孫嵩聞之不悅言於太武以其嗟服南人則有訕鄙國化之意太武怒召浩責之浩免冠陳謝得釋慧龍由是不調久之除樂安王範傅領并荊揚三州大中正慧龍抗表願得南垂自效崔浩固言之乃授南蠻校尉安南大將軍左長史及宋荊州刺史謝晦起兵江陵引慧龍爲援慧龍督司馬靈壽等一萬人拔其思陵戍進圍項城晦敗乃班師後宋將王玄謨寇滑臺詔假慧龍楚兵將軍與安頡等同討之相持五十餘日諸將以賊盛莫敢先慧龍設奇兵大破之太武賜以劍馬錢帛授龍驤將軍賜爵長社侯拜榮陽太守仍領長史在任十年農戰並修大著聲績招攜邊遠歸附者萬餘家號爲善政其後宋將到彥之檀道濟頻頓淮潁大相侵掠慧龍力戰屢摧其鋒彥之與友人蕭斌書曰魯軌頑鈍馬楚麤狂亡人之中唯王慧龍及韓

延之可爲深憚不意儒生懦夫乃令老子訝之宋文縱反間云慧龍自以功高
而位不至欲引寇入邊因執安南大將軍司馬楚之以叛太武聞曰此必不然
是齊人忌樂毅耳乃賜慧龍璽書曰義隆畏將軍如虎欲相中害朕自知之風
塵之言想不足介意也宋文計既不行復遣刺客呂玄伯購慧龍首二百戶男
絹一千匹玄伯爲反間來屏人有所論慧龍疑之使人探其懷有尺刀玄伯叩
頭請死慧龍曰各爲其主也吾不忍害此人左右皆言義隆賊心未已不殺玄
伯無以創將來慧龍曰死生有命彼亦安能害我且吾方以仁義爲干鹵又何
憂于刺客遂捨之時人服其寬恕慧龍自以遭難流離常懷憂悴乃作祭伍子
胥文以寄意焉生一男一女遂絕房室布衣蔬食不參吉事舉動必以禮太子
少傅游雅言於朝曰慧龍古之遺孝也撰帝王制度十八篇號曰國典真君元
年拜使持節寧南將軍武牢鎮都副將未至鎮而卒臨沒謂功曹鄭曄曰吾羈
旅南人恩非舊結蒙聖朝殊特之慈得在壃埸效命誓願鞭屍吳市戮墳江陰
不謂嬰此重疾有心莫遂非唯仰愧國靈實亦俯慚后土修短命也夫復何言

身歿後乞葬河內州縣之東鄉依古墓而不墳足藏髮齒而已庶其魂而有知猶希結草之報時制南人入國者皆葬桑乾暐等申遺意詔許之贈安南將軍荊州刺史謚穆侯吏人及將士共於墓所起佛寺圖慧龍及僧彬像而讚之呂玄伯感全宥之恩留守墓側終身不去子寶興襲爵寶興少孤事母至孝尚書盧遐妻崔浩女也初寶興母及遐妻俱孕浩謂曰汝等將來所生皆我之自出可指腹爲親及昏浩爲撰儀躬自監視謂諸客曰此家禮事宜盡其美及浩被誅盧遐後妻寶興從母也緣坐沒官寶興亦逃避未幾得出盧遐妻時官賜度斤鎮高車滑骨寶興盡賣貨產自出塞贖之以歸州辟中從事別駕舉秀才皆不就閉門不交人事襲爵封長社侯龍驤將軍卒子瓊襲爵瓊字世珍孝文賜名焉太和九年爲典寺令六十年降侯爲伯帝納其長女爲嬪拜前將軍幷州大中正正始中爲光州刺史有受納響爲中尉王顯所劾終得雪免神龜中除左將軍兗州刺史去州歸京多年沉滯所居在司空劉騰宅西騰雖勢傾朝野初不候之騰既權重吞幷鄰宅增廣舊居唯瓊終不肯與以此久見屈抑瓊女

適范陽盧道亮不聽歸其夫家女卒哀慟無已瓊仍葬之别所冢不即塞常於壙內哭泣久之乃掩當時深怪之加以聾疾每見道俗乞丐無已造次見之令人笑愕道逢太保廣平王懷據鞍抗禮自言馬瘦懷即以誕馬并乘具與之嘗詣尚書令李崇騎馬至其黃閤見崇子世哲直問繼伯在否崇趨出瓊乃下崇儉而好以紙帖衣領瓊哂而掣去之崇小子青肫嘗盛服就瓊之崇亦不恨領軍元乂使奴遺瓊馬瓊并留奴王誦聞之笑曰東海之風於茲墜矣孝昌三年除鎮東將軍金紫光祿大夫中書令時瓊子遵業爲黃門郎故有此授卒贈征北將軍中書監幷州刺史自慧龍入國三世一身至瓊始有四子長子遵業風儀清秀涉歷經史位著作佐郎與司徒左長史崔鴻同撰起居注遷右軍將軍兼散騎常侍慰勞蠕蠕乃詣代京采拾遺文以補起居所闕與崔光安豐王延明等參定服章及光爲孝明講孝經遵業預講延業錄義並應詔作釋奠侍宴詩時人語曰英英濟濟王家兄弟轉司徒左長史黃門郎監典儀注遵業有譽當時與中書令陳郡袁翻尚書琅邪王誦並領黃門郎號曰三哲時政歸門下

世謂侍中黃門爲小宰相而遵業從容恬素若處丘園嘗着穿角履好事者多毀新履以學之以胡太后臨朝天下方亂謀避地自求徐州太后曰王誦罷幽州始作黃門卿何乃欲徐州也更待一二年當有好處分遵業兄弟並交游時俊乃爲當時所美及尒朱榮入洛兄弟在父喪中以於莊帝有從姨兄弟之親相率奉迎俱見害河陰議者惜其人才而譏其躁競贈幷州刺史著三晉記十卷子松年少知名齊文襄臨幷州辟爲主簿累遷通直散騎常侍副李緯使梁使還歷位尚書郎中魏收撰魏書成松年有謗言文宣怒禁止之仍加杖罰歲餘得免除臨漳令遷司馬別駕本州大中正孝昭擢拜給事黃門侍郎帝每賜坐與論政事甚善之孝昭崩松年馳驛至鄴都宣遺詔發言涕泗迄於宣罷容色無改辭吐諧韻宣訖號慟自絕於地百官莫不感慟還晉陽兼侍中護梓宮還鄴諸舊臣避形迹無敢盡哀唯松年哭必流涕朝士咸恐武成雖忿松年戀舊情切亦雅重之以本官加散騎常侍食高邑縣幹參定律令前後大獄多委焉兼御史中丞發晉陽之鄴在道遇疾卒贈吏部尚書幷州刺史謚曰平弟二

子劭最知名

劭字君懋少沉默好讀書仕齊累遷太子舍人待詔文林館時祖孝徵魏收陽休之等嘗論古事有所遺忘討閱不能得問劭劭具論所出取書驗之一無舛誤自是大爲時人所許稱其博物後遷中書舍人齊滅入周不得調隋文帝受禪授著作佐郎以母憂去職在家著齊書時制禁私撰史爲內史侍郎李元操所奏上怒遣收其書覽而悅之於是起爲員外散騎侍郎修起居注劭以上古有鑽燧改火之義近代廢絕於是上表請變火曰臣謹案周官四時變火以救時疾明火不數變時疾必興聖人作法豈徒然也在晉時有人以洛陽火度江者世世事之相續不滅火色變青昔師曠食飯云是勞薪所爨晉平公使視之果然車輞今温酒及炙肉用石炭木炭火竹火草火麻荄火氣味各不同以此推之新火舊火理應有異伏願遠遵先聖於五時取五木以變火用功甚少救益方大縱使百姓習久未能頓同尚食內廚及東宮諸王食廚不可不依古法上從之劭又言上有龍顏戴干之表指示羣臣上大悅賜物數百段拜著作郎

上表言符命曰昔周保定二年歲在壬午五月五日青州黃河變清十里鏡澈
齊氏以爲已瑞改元年曰河清是月至尊以大興公始作隨州刺史歷年二十
隋果大興臣謹案易坤靈圖曰聖人受命瑞必先見於河河者最濁未能清也
竊以靈貺休祥理無虛發河清啓聖實屬大隋午爲鶉火以明火德仲夏火王
亦明火德月五日五合天地數既得受命之辰允當先見之兆開皇初邵州人
楊令悊近河得青石圖一紫石圖一皆隱起成文有至尊名下云八方天心永
州又得石圖剖爲兩段有楊樹之形黃根青葉汝水得神龜腹下有文曰天下
楊興安邑掘地得古鐵板文曰皇始天年賚楊鐵券王興同州得石龜文曰天
子延千年大吉臣以前之三石不異龍圖何以用石石體久固義與上名符合
龜腹七字何以著龜龜亦久固兼是神靈之物孔子歎河不出圖洛不出書今
於大隋聖世圖書屢出建德六年亳州大周村有龍鬭白者勝黑者死大象元
年夏滎陽汴水北有龍鬭初見白氣屬天自東方歷陽武而來及至白龍也長
十許丈有黑龍乘雲而至雲雨相薄乍合乍離自午至申白龍昇天黑龍墜地

謹案龍君象也前鬭於亳州周村者蓋象至尊以龍鬭之歲爲亳州總管遂代周有天下後鬭於滎陽者滎字三火明火德之盛也白龍從東方來歷陽武者蓋象至尊將登帝位從東第入自崇陽門也西北昇天者當乾位天門坤靈圖曰聖人殺龍龍不可得而殺皆感氣也又曰泰姓商名宮黃色長八尺六十世河龍以正月辰見白龍與五黑龍鬭白龍陵故泰人有命謹案此言皆爲大隋而發也聖人殺龍者前後龍死是也姓商者皇家於五姓爲商也名宮者武元皇帝諱於五聲爲宮黃色者隋色尚黃長八尺者武元皇帝身長八尺河龍以正月辰見者泰正月卦龍見之所於京師爲辰地白龍與黑龍鬭者亳州滎陽龍鬭是也勝龍所以白者楊姓納音爲商至尊又辛酉歲生位皆在西方西方白色也死龍所以黑者周色黑所以稱五者周閔明武宣靖凡五帝趙陳代越滕五王一時伏法亦當五數白龍陵者陵猶勝也鄭玄說陵當爲除凡鬭能去敵曰除臣以泰人有命者泰之爲言通也大也明其人道通德大有天命也乾鑿度曰泰表戴干鄭玄注云表者人形體之彰識也干盾也泰人之表戴干臣

伏見至尊有戴干之表益知泰人之表不爽毫釐坤靈圖所云字字皆驗緯書又稱漢四百年終如其言則知六十世亦必然矣昔宗周卜世三十今則倍之稽覽圖曰太平時陰陽和合風雨會同海內不偏地有阻險故風有遲疾雖太平之政猶有不能均惟平均乃不鳴條故欲風於亳亳者陳留也謹案此言蓋明至尊昔爲陳留公世子亳州總管遂受天命海內均同不偏不黨以成太平之風化也在大統十六年武元皇帝改封陳留公是時齊國有祕記云天王陳留入幷州齊主高洋爲是誅陳留王彭樂其後武元皇帝果將兵入幷州周武帝時望氣者云亳州有天子氣於是殺亳州刺史紇豆陵恭至尊代爲之又陳留老子祠有枯柏世傳云老子將度世云待枯柏生東南枝迴指當有聖人出吾道復行至齊枯柏從下生枝東南上指夜有三童子相與歌曰老子廟前古枯樹東南枝如繖聖主從此去及至尊牧亳州親至祠樹之下自是柏枝回抱其枯枝漸指西北道教果行考校衆事太平主出於亳州陳留之地皆如所言稽覽圖又云政道得則陰物變爲陽物鄭玄注云葱變爲韭亦是謹案自六年

以來遠近山石多變爲玉石爲陰玉爲陽又左衞園中葱皆變爲韭上覽之大
悅賜物五百段未幾劭復上書曰易乾鑿度曰隨上六拘係之乃從維之王用
亨于西山隨者二月卦陽德施行蕃決難解萬物隨陽而出故上六欲九五拘
係之維持之明被陽化而欲陰隨從之也易稽覽圖坤六月有子女任政一年
傳爲復五月貧之從東北來立大起土邑西北地動星墜陽衞屯十一月神人
從中山出趙地動北方三十日千里馬數至謹案凡此易緯所言皆是大隋符
命隨者二月之卦明大隋以二月卽皇帝位也陽德施行者明楊氏之德教施
行於天下也蕃決難解者明當時蕃彰皆通決險難皆解散也萬物隨陽而出
者明天地間萬物盡隨楊氏而出見也上六欲九五拘係之者五爲王六爲宗
廟明宗廟神靈欲命登九五之位帝王拘人以禮係人以義也拘人以禮係人
以義此二句亦是乾鑿度之言維持之者明能以綱維持正天下也被陽化而
欲陰隨從之者明諸陰類被服楊氏之風化莫不隨從陰謂臣下也王用亨于
西山者蓋明至尊常以歲二月幸西山仁壽宮也凡四稱隨三稱陽欲美隨楊

丁寧之至也坤六月者坤位在未六月建未言至尊以六月生也有子女任政者言樂平公主是皇帝子女而爲周后任理內政也一年傳爲復者復是坤之一世卦陽氣初起言周宣帝崩後一年傳位與楊氏也五月貧之從東北來立貧之當爲真人字之誤也言周宣帝以五月崩真人革命當在此時至尊謙讓而逆天意故踰年乃立昔爲定州總管在京師東北本而言之故曰真人從東北來立大起土邑者大起卽大興城邑也西北地動星墜者蓋天意去周授隋故變動也陽衞者言楊氏得天衞助也屯十一月神人從中山出者此卦動而大亨作故至尊以十一月被授亳州總管將從中山而出也趙地動者中山爲趙地以神人將去故變動也北方三十日者蓋至尊從北方將往亳州之時停留三十日也千里馬者蓋至尊舊所乘騧騮馬也屯卦震下坎上震於馬爲作足坎於馬爲美脊是故騧馬脊有肉鞍行則先作弄四足也數至者言歷數至也河圖帝通紀曰形瑞出變矩衡赤應隨叶靈皇河圖皇參持曰皇辟出承元訖道無爲安率被遂矩戲作術開皇色握神日投輔提象不絕立皇後翼不格

道終始德優劣帝任政河典出叶輔嬉爛可述謹案凡此河圖所言亦是大隋
符命行瑞出變矩衡者矩法也衡北斗星名所謂璿璣玉衡者也大隋受命形
兆之瑞始出天象則爲之變動北斗主天之法度故曰矩衡易緯伏戲矩衡神
鄭玄注以爲法玉衡之神與此河圖矩衡義同赤應隨者言赤帝降精感應而
生隋也故隋以火德爲赤帝天子叶靈皇者叶合也言大隋德合上靈天皇大
帝也又年號開皇與靈寶經之開皇年相合故曰叶靈皇皇辟出者皇大也辟
君也大君出蓋謂至尊受命出爲天子也承元訖者言承周天元終訖之運也
道無爲安率者安下脫一字言大道無爲安定天下率從被遂矩戲作術者矩
法也昔遂皇握機矩伏戲作八卦之術言大隋被服彼二皇之法術也遂皇機
矩語見易緯開皇色者言開皇年易服色也握神日者言握持羣神明照如日
也又開皇以來日漸長亦其義也投輔提者言投授政事於輔佐使之提挈也
象不絕者法象不廢絕也立皇後翼不格者格至也言本立太子以爲皇家後
嗣而其輔翼之人不能至於善也道終始德優劣者言前東宮道終而德劣今

皇太子道始而德優也帝任政河典出者言皇帝親任政事而邵州河濱得石圖也叶輔嬉爛可述者叶合也嬉與也言羣臣合心輔佐以興政教爛然可紀述也所以於皇參持帝通紀二篇大陳符命者明皇道帝德盡在於隋也上大悅以劭至誠寵錫日隆時有人於黃鳳泉浴得二白石頗有文理遂附其文以爲字復言有諸物象而上奏曰其大玉有日月星辰八卦五岳及二麟雙鳳青龍朱雀騶虞玄武各當其方位又有五行十日十二辰之名凡二十七字又有天門地戶人門鬼門閉九字又有却非及二鳥其鳥皆人面則抱朴子所謂千秋萬歲者也其小玉亦有五岳却非虬犀之象二玉俱有仙人玉女乘雲控鶴之象別有異狀諸神不可盡識蓋是風伯雨師山精海若之類又有天皇大帝皇帝及四帝坐鉤陳北斗三公天將軍土司空老人天倉南河北河五星二十八宿凡四十五官諸字本無行伍皆往往偶對於大玉則有皇帝曰名並臨南面與日字正鼎足復有老人星蓋明南面象日而長壽也皇后二字在西上有月形蓋明象月也於次玉則皇帝名與九千字次比兩楊字與萬年字次比隋

與吉字正並蓋明長久吉慶也劭復迴互其字作詩二百八十篇奏之上以爲
誠賜帛千匹劭於是採人閒歌謠引圖書讖緯依約符命捃摭佛經撰爲皇隋
靈感誌合三十卷奏之上令宣示天下劭集諸州朝集使洗手焚香閉目讀之
曲折其聲有如歌詠經涉旬朔徧而後罷上益喜賞賜優洽及文獻皇后崩劭
復上言佛經說人應生天上及上品上生無量壽國之時天佛放大光明以香
花妓樂來迎之如來以明星出時入涅盤伏惟大行皇后聖德仁慈福善禎符
備諸祕記皆云是妙善菩薩臣謹案八月二十二日仁壽宮內再雨金銀之花
二十三日大寶殿後夜有神光二十四日卯時永安宮北有自然種種音樂震
滿虛空至五更中奄然如寐便卽升遐與經文所說事皆符驗臣又以愚意思
之皇后遷化不在仁壽大興宮者蓋避至尊常居正處也在永安宮者象京師
永安門平生所出入也后升遐後二日苑內夜有鐘聲二百餘響者則生天之
應顯然也上覽之且悲且喜時蜀王秀以罪廢上謂劭曰嗟乎吾有五子三子
不才劭進曰自古聖帝明王皆不能移不肖之子黃帝二十五子同姓者二餘

各異德堯十子舜九子皆不肖夏有五觀周有三監上然其言後上夢欲上高山而不能得崔彭捧脚李盛扶肘乃得上因謂彭曰死生當與爾俱劭曰此夢大吉上高山者明高崇大安永如山也彭猶彭祖李猶李老二人扶侍實爲長壽之徵上聞之喜見容色其年上崩未幾崔彭亦卒煬帝嗣位漢王諒作亂帝不忍誅劭上書曰臣聞黃帝滅炎蓋曰母弟周公誅管信亦天倫叔向戮叔魚仲尼謂之遺直石蜡殺石厚丘明以爲大義此皆經籍明文帝王常法今陛下置此逆賊度越前聖謹案賊諒毒被生靈者也古者同德則同姓德不同則異姓故黃帝有二十五子其得姓者十有四人唯青陽夷鼓與黃帝同爲姬姓諒既自絕請改其氏劭以此求媚帝依違不從後遷秘書少監卒於官劭在著作將二十年專典國史撰隋書八十卷多錄口敕又採迂怪不經之語及委巷之言以類相從爲其題目詞義繁雜無足稱者遂使隋代文武名臣善惡之迹堙滅無聞初撰齊志爲編年體二十卷復爲齊書紀傳一百卷及平賊記三卷或文詞鄙野或不軌不物駭人視聽大爲有識嗤鄙然其指摘經史謬誤爲讀書

記三十卷時人服其精博爰自志學暨于暮齒篤好經史遺略世事用思既專性頗恍忽每至對食閉目凝思盤中之肉輒爲僕從所噉劭弗之覺唯責肉少數罰廚人廚人以情白劭劭依前閉目伺而獲之廚人方免笞辱其專固如此

遵業弟廣業性沉雅涉歷書傳位太尉祭酒遷屬卒於太中大夫贈徐州刺史子乂有儀望以幹用見稱卒於南鉅鹿太守廣業弟延業博學多聞頗有才藻位中書郎河陰之役遂亡骸骨乂無子贈齊州刺史延業弟季和位書侍御史并州大中正贈華州刺史

鄭羲字幼麟滎陽開封人魏將作大匠渾之八世孫也曾祖豁慕容垂太常卿父曄不仕娶長樂潘氏生六子粗有志氣而羲第六文學爲優弱冠舉秀才尚書李孝伯以女妻之文成末拜中書博士天安初宋司州刺史常珍奇據汝南來降獻文詔殿中尚書元石爲都將赴之遣羲參石軍事到上蔡珍奇率文武三百人來迎既相見議欲頓軍汝北未即入城羲謂石曰機事尚速今珍奇雖來意未可量不如直入其城奪其管籥據有府庫雖出珍奇非意要以全制爲

勝石從義言遂策馬徑入其城城中尚有珍奇親兵數百人在珍奇宅內石既克城意益憍怠置酒嬉戲無警防之虞義勸嚴兵設備以待非常其夜珍奇果使人燒府欲因救火作難以石有備乃止明旦義齎白武幡安慰郭邑衆心乃定明年又引軍東討汝陰宋汝陰太守張超城守不下石攻之不克議欲還軍長社待秋擊之義曰今超驅市人命不延月宜安心守之超食已盡不降當走而欲棄還長社超必修城深壍多積薪穀將來恐難圖矣石不納遂旋師長社至冬復往攻超超果設備無功而還歷年超死楊文長代戍食盡城潰乃克之竟如義策淮北平遷中書侍郎延興初陽武人田智度年十五妖惑動衆擾亂京索以義河南人望爲州郡所信遣乘傳慰喻義到宣示禍福衆皆散智度尋見禽斬以功賜爵泰昌男孝文初兼員外散騎常侍寧朔將軍陽武子使於宋中山王叡寵幸當世並置王官義爲其傅是後歷年不轉資產亦乏因請假歸遂盤桓不返及李沖貴寵與義昏姻乃就家徵爲中書令文明太后爲父燕宣王立廟於長安初成以義兼太常卿假滎陽侯具官屬詣長安拜廟建碑於廟

門還以使功仍賜侯爵出爲西兗州刺史假南陽公羲多所受納政以賄成性
又嗇恡人有禮餉者不與杯酒臠肉而西門受羊酒東門沽賣之以李沖之親
法官不之糾也酸棗令鄭伯孫鄄城令董騰別駕賈懷德中從事申靈度並在
任廉貞勤恤百姓義皆申表稱薦時論多之文明太后爲孝文納其女爲嬪徵
爲祕書監太和十六年卒尙書奏諡曰宣詔曰蓋棺定諡先典成式激揚清濁
政道明範羲雖宿有文業而政闕廉清尙書何乃情遺至公愆違明典依諡法
博聞多見曰文不勤成名曰靈可贈以本官加諡文靈長子懿字景伯涉歷經
史位太子中庶子襲爵滎陽伯懿閑雅有政事才爲孝文所器遇拜長兼給事
黃門侍郎司徒左長史宣武初以從弟思和同咸陽王禧逆與弟通直常侍道
昭俱坐緦親出禁拜太常少卿出爲齊州刺史懿好勸課善斷決雖不清潔義
然後取百姓猶思之卒贈兗州刺史諡曰穆子恭業襲爵武定三年坐與房子
遠謀害齊神武伏誅懿弟道昭字僖伯少好學綜覽羣言兼中書侍郎從征沔
北孝文饗侍臣於縣瓠方丈竹堂道昭與兄懿俱侍坐樂作酒酣孝文歌曰白

日光天兮無不曜江左一隅獨未照彭城王勰續曰願從聖明兮登衡會萬國
馳誠混日外鄭懿歌曰雲雷大振兮天門闢率土來賓一正歷邢巒歌曰舜舞
干戚兮天下歸文德遠被莫不思道昭歌曰皇風一鼓兮九地匝戴日依天清
六合孝文又歌曰遵彼汝墳兮昔化貞未若今日道風明宋弁歌曰文王政教
兮暉江沼寧如大化光四表孝文謂道昭曰自比遷豫雖猥與諸才雋不廢詠
綴未若今日遂命邢巒總集敘記當爾之年卿頻丁艱私每眷文席常用慨然
尋正除中書郎累遷國子祭酒廣平王懷爲司州牧以道昭與宗正卿元匡爲
州都督道昭上表曰臣聞唐虞啓運以文德爲本殷周創業以道藝爲先然則
禮樂者爲國之基不可斯須廢也伏惟大魏定鼎伊瀍惟新寶歷九服感至德
之和四垠懷擊壤之慶而蠢爾閩吳阻化江湫先帝爰震武怒戎車不息而停
鑾駐蹕留心典墳命故御史中尉臣李彪與吏部尚書任城王臣澄等妙選英
儒以崇學斅澄等依旨置四門博士四十人其國子博士太學博士及國子助
教宿已簡置伏尋先旨意在速就但軍國多事未遑營立自爾迄今垂將一紀

學官彫落四術寢廢遂使碩儒耆德卷經而不談俗學後生遺本而逐末進競之風實由於此矣伏惟陛下欽明文思玄鑒洞遠垂心經素優柔墳籍屢發中旨敦營學館房宇既修生徒未立臣往年刪定律令謬預議筵謹依準前修尋訪舊事參定學令事訖封呈請早敕施行使選授有依生徒可準詔褒美之而尚未允遂道昭又表曰臣自往年以來頻請學令並置生員前後累上未蒙一報當以臣識淺濫官無能有所感悟者也館宇既修生房粗構博士見員足可講習雖新令未班請依舊權置國子學生漸開訓業使播教有章儒風不墜至若孔廟既成釋奠告始揖讓之容請俟令出不報還祕書監滎陽邑中正出歷光青二州刺史復入爲祕書監卒諡曰文恭道昭好爲詩賦凡數十篇其在二州政務寬厚不任威刑爲吏人所愛子嚴祖頗有風儀粗觀文史輕躁薄行不修士業孝武時御史中尉綦儁劾嚴祖與宋氏從姊姦通人士咸恥言之而嚴祖聊無愧色孝靜初除驃騎將軍左光祿大夫鴻臚卿出爲北豫州刺史還除鴻臚卿卒贈司空公庶子仲禮少輕險有膂力齊神武嬖寵其姊火車以親戚

被昵擢爲帳內都督掌神武弓矢出入隨從與任胄俱好酒不憂公事神武責之胄懼潛通西魏爲人糾告懼遂謀逆事發火車欲乞哀神武避不見賴武明皇后及文襄爭爲言故仲禮死而不及其家嚴祖更無子弟敬祖以子紹元嗣紹元小字安都位太尉諮議趙郡太守卒子子翻字靈雀少有器識學涉好文章齊武平末位司徒記室參軍尋遇齊亡歷周隋遂不仕隱居滎陽三窟山傲誕不自羈束或有所之造乘驢衣韉破弊而往遠近欽其高名皆謂有異狀觀者如堵及見形乃短陋不副所聞然風神俊發無貴賤並敬服之納言楊素聞其名因使過滎陽迎與相見言談彌日深加禮重及歸言之朝廷累徵不至終於家子翻二弟子騰天壽俱仕隋子騰位豫州司馬天壽開府參軍並以雅素稱嚴祖弟敬祖起家著作郎鄭儼之敗也爲鄉人所害子元禮字文規少好學愛文藻有名望齊文襄引爲館客歷兼中書舍人南主客郎中太尉諮議參軍長廣樂陵二郡守待詔文林館太子中舍人崔昂後妻元禮姊也魏收又昂之妹夫昂嘗持元禮數篇詩示盧思道乃曰看元禮比來詩詠亦曾不減魏收思

道答云未覺元禮賢於魏收且知妹夫疎於婦弟元禮大象中卒於始州別駕敬祖弟述祖字恭文少聰敏好屬文有風檢爲先達所稱譽歷位司徒左長史尚書侍中太常卿丞相右長史齊天保中歷太子少保左光祿大夫儀同三司兗州刺史時穆子容爲巡省使歎曰古人有言聞伯夷之風貪夫廉懦夫有立志今於鄭兗州見之矣遷光州刺史初述祖父爲兗州於鄭城南小山起齋亭刻石爲記述祖時年九歲及爲刺史往尋舊迹得一破石有銘云中岳先生鄭道昭之白雲堂述祖對之嗚咽悲動羣寮有人入市盜布其父怒曰何負吾君執之以歸首述祖特原之自是境內無盜百姓歌曰大鄭公小鄭公相去五十載風教猶相同述祖能鼓琴自造龍吟十弄云嘗夢人彈琴寤而寫得當時以爲絕妙所在好爲山池松竹交植盛饌以待賓客將迎不倦少時在鄉單馬出行忽有騎者數百見述祖皆下馬曰公在此行列而拜述祖顧問從人皆不見心甚異之未幾被徵終歷顯位及病篤乃自言之且曰吾老矣一生富貴足矣以清白之名遺子孫死無所恨前後行瀛殷冀滄趙定六州事正除懷兗光

三州刺史又重行殷懷趙三州刺史所在皆有惠政天統元年卒年八十一贈開府中書監北豫州刺史謚曰平簡公述祖女爲趙郡王叡妃述祖常坐受王拜命坐王乃坐妃薨後王更娶鄭道蔭女王坐受道蔭拜王命坐乃敢坐王謂道蔭曰鄭尚書風德如此又貴重宿舊君不得並之述祖子元德多藝術官琅邪太守述祖弟遵祖祕書郎贈光州刺史遵祖弟順祖卒於太常丞自靈太后豫政淫風稍行及元乂擅權公爲奸穢自此素族名家遂多亂雜法官不加糾正昏宦無貶於時有識咸以歎息矣羲長兄白驎次小白次洞林次叔夜次連山並恃豪門多行無禮鄉黨之内疾之若讎小白位中書博士子胤伯有當世器幹孝文納其女爲嬪位東徐州刺史卒於鴻臚少卿謚曰簡子希儁未官而卒子道育武定中開封太守希儁弟幼儒好學修謹丞相高陽王雍以女妻之位司州別駕有當官稱卒贈散騎常侍兗州刺史謚曰肅幼儒亡後妻淫蕩兇悖肆行無禮幼儒時望甚優其從兄伯猷每謂所親曰從弟人才足爲令德不幸得如此婦今死復重死可爲悲歎幼儒子敬道敬德俱仕西魏敬道位巴開

新三州刺史敬道子正則仕周復州刺史胤伯弟平城廣陵王羽納其女爲妃位東平原太守性猜狂使酒爲政貪殘卒贈南青州刺史長子伯猷博學有文才早知名舉司州秀才歷太學博士領殿中御史與當時名勝咸申遊款明帝釋奠詔伯猷錄義後爲尚書外兵郎中典起居注以軍功賜爵陽武子節閔帝初以舅氏超授征東將軍金紫光祿大夫領國子祭酒轉護軍將軍賜爵武城子元象初以本官兼散騎常侍使梁前後使人梁武令其侯王於馬射之日宴對申禮伯猷之行梁武令其領軍將軍臧盾與之接議者以此貶之使還除南青州刺史在官貪惏妻安豐王元延明女專爲聚斂貨賄公行潤及親戚戶口逃散邑落空虛乃誣陷良善云欲反叛籍其資財盡以入己誅其丈夫婦女配沒百姓寃苦聲聞四方爲御史糾劾死罪數十條遇赦免因以頓廢齊文襄作相每誡厲朝士常以伯猷及崔叔仁爲喻武定七年除太常卿卒贈驃騎大將軍中書監兗州刺史子蘊太子舍人陽夏太守伯猷弟仲衡武定中儀同開府中郎仲衡弟輯之司徒諮議齊大寧中以軍功賜爵成皋男位金紫光祿大夫

東濟北太守肥城戍主卒贈度支尚書北豫州刺史輯之弟懷孝司徒諮議齊
大寧中仁州刺史洞林子敬叔滎陽邑中正濮陽太守坐貪穢除名子籍字承
宗徐州平東府長史籍弟瓊字祖珍有強幹稱位范陽太守頗有聲卒孝昌中
弟儼寵要重贈青州刺史瓊兄弟雍睦其諸姊姒亦咸相親愛閨門之內有無
相通爲時人所稱美子道邕

道邕字孝穆幼謹厚以清約自居年未弱冠涉歷經史父叔四人並早歿昆季
之中道邕居長撫訓諸弟有如同生閨庭之中怡怡如也魏孝昌初解褐太尉
行參軍累以戰功進至左光祿大夫太師咸陽王長史及孝武西遷從入關除
司徒左長史領臨洮王友賜爵永寧縣侯大統中行岐州刺史在任未幾有能
名王羆時爲雍州刺史欽其善政貽書盛相稱述先是所部百姓久遭離亂逃
散殆盡道邕下車之日戸止三千留情綏撫遠近咸至數年之內有四萬家歲
考績爲天下最周文帝賜書歎美之徵拜京兆尹及梁岳陽王蕭詧稱藩乃假
道邕散騎常侍持節拜詧爲梁王使還稱旨進儀同三司加散騎常侍時周文

東討除大丞相府右長史封金鄉縣男軍次潼關命道邕與左長史孫儉司馬楊寬尙書蘇亮諮議劉孟良等分掌衆務仍令道邕引接關東歸附人士幷品藻才行而任用之撫納銓敘咸得其宜後拜中書令賜姓宇文氏尋以疾免周孝閔帝踐阼加驃騎大將軍開府儀同三司進爵爲子歷御伯中大夫御正宜華虞陝四州刺史頻歷數州皆有政績入爲少司空卒贈本官加鄭梁北豫三州刺史謚曰貞子詡嗣歷位納言爲聘陳使後至開府儀同大將軍邵州刺史詡弟譯於隋文帝有詡贊功開皇初又追贈道邕大將軍徐兗等六州刺史改謚曰文

譯字正義幼聰敏涉獵羣書工騎射尤善音樂有名於世譯從祖文寬尙周文帝元后妹魏平陽公主無子周文命譯後之由是譯少爲周文所親恆令與諸子遊集年十餘歲嘗詣府司錄李長宗長宗於衆中戲之譯斂容謂曰明公位望不輕瞻仰斯屬輒相翫狎無乃喪德也長宗甚異之文寬後誕二子譯復歸本生周明帝時詔令事輔城公是爲武帝及帝卽位爲左侍上士與儀同劉昉

恆侍帝側譯時喪妻帝令譯尚梁安固公主及帝親總萬機以爲御正下大夫頗被顧遇東宮建轉太子宮尹下大夫特被太子親待時太子多失德內史中大夫烏丸軌每勸帝廢太子立秦王由是太子恆不自安建德二年爲聘齊使副後詔太子西征吐谷渾太子陰謂譯曰秦王上愛子也烏丸軌上信臣也今吾此行得無扶蘇之事乎譯曰願殿下勉著仁孝無失子道而已太子然之既破賊譯以功最賜爵開國子後坐褻狎皇太子烏丸軌宇文孝伯等以聞帝大怒除譯名宮臣親幸者咸被譴太子復召譯戲狎如初因曰殿下何時可得據天下太子悅而益昵之例復官仍拜吏部下大夫及武帝崩宣帝嗣位超拜開府儀同大將軍內史中大夫封歸昌縣公既以恩舊任遇甚重委以朝政遷內史上大夫進封沛國公上大夫之官自譯始也以其子善願爲歸昌公元琮爲永安縣男又監國史譯頗專權時帝幸東京譯擅取官材自營私第坐除名劉昉數言於帝帝復召之顧待如初詔領內史事初隋文帝與譯有同學之舊譯又素知隋文相表有奇傾心相結至是隋文爲宣帝所忌情不自安嘗在永巷

私於譯曰久願出藩公所悉也敢布心腹少留意焉譯曰以公德望天下歸心欲求多福豈敢忘也謹卽言之時將遣譯南征譯曰若定江東自非懿戚重臣無以鎭撫可令隋公行且爲壽陽總管以督軍事帝從之乃下詔以隋文爲揚州總管譯發兵俱會壽陽以伐陳行有日矣帝不悆譯遂與御正下大夫劉昉謀引隋文入受顧託旣而譯宣詔文武百官皆受隋文節度時御正中大夫顏之儀與宦者謀引大將軍宇文仲輔政仲已至御坐譯知之遽率開府楊惠及劉昉皇甫績柳裘俱入仲與之儀見譯等愕然逡巡欲出隋文因執之於是矯詔復以譯爲內史上大夫明日隋文爲丞相拜譯柱國府長史行內史上大夫事及隋文爲大冢宰總百揆以譯兼領天官都府司會總六府事出入臥內言無不從賞賜玉帛不可勝計每出入以甲士從拜其子元璹爲儀同時尉遲迥王謙司馬消難等作亂隋文逾加親禮進上柱國恕以十死譯性輕險不親職務而贓貨狼籍隋文陰疏之然以其有定冊功不忍廢放陰敕官屬不得白事於譯譯猶坐聽事無所關預懼頓首求解職隋文寬喻之接以恩禮及帝受禪

譯以上柱國歸第賞賜豐厚進子元璹成皐郡公元珣永安男追贈其父及亡兄二人並爲刺史譯自以被疎陰呼道士章醮以祈福助其婢奏譯厭蠱左道帝謂譯曰我不負公此何意也譯無以對譯又與母別居爲憲司所劾由是除名下詔云譯嘉謀良策寂爾無聞鬻獄賣官沸騰盈耳若留之於世在人爲不道之臣戮之於朝入地爲不孝之鬼有累幽顯無以置之宜賜以孝經令其熟讀仍遣與母共居未幾詔譯參撰律令復授開府隆州刺史請還療疾有詔徵之見於醴泉宮賜宴甚歡因謂譯曰貶退已久情相矜愍於是顧謂侍臣曰鄭譯與朕同生共死閒關危難與言念此何日忘之譯因奉觴上壽帝令內史李德林立作詔書復爵沛國公位上柱國高熲戲謂譯曰筆乾答曰出爲方岳杖策言歸不得一錢何以潤筆上大笑未幾詔譯參議樂事譯以周代七聲廢缺自大隋受命禮樂宜新更修七始之議名曰樂府聲調凡八篇奏之帝嘉美焉俄拜岐州刺史歲餘復奉詔定樂於太常帝勞譯曰律令則公定之音樂則公正之禮樂律令公居其三良足美也尋還岐州開皇十一年卒年五十二謚曰

達子元璹嗣煬帝初立五等悉除以譯佐命元功詔追改封譯莘公以元璹襲元璹歷位右光祿大夫右衞將軍大業末爲文城太守以城歸國瓊弟儼儼字季然容貌壯麗初爲司徒胡國珍行參軍因爲靈太后所幸時人未知之後太后廢蕭寶夤西征以儼爲友及太后反政儼請使還朝復見寵待拜諫議大夫中書舍人領尙食典御晝夜禁中寵愛尤甚儼每休沐太后常遣閹童隨侍儼見其妻唯得言家事而已與徐紇俱爲舍人儼以紇有智數仗爲謀主紇以儼寵幸旣盛傾身承接共相表裏勢傾內外城陽王徽亦與之合當時政令歸於儼等還散騎常侍車騎將軍舍人常侍如故明帝崩事出倉卒天下咸言儼計尒朱榮舉兵向洛陽以儼紇爲辭榮逼京師儼走歸鄉里儼從兄仲明欲據郡起衆尋爲其部下所殺與仲明俱傳首洛陽子文寬從武帝入關西敬叔弟子恭燕郡太守孝昌中因儼勢除衞尉少卿還衞將軍左光祿大夫卒後贈尙書右僕射諡曰貞叔夜子伯夏位東萊太守卒贈靑州刺史伯夏弟謹字仲恭琅邪太守連山性嚴暴捶撻僮僕酷過人理父子一時爲奴所害斷首投馬槽下

乘馬北逃其第二子思明驍勇善騎射被髮率材義馳追之及河奴乘馬投水
思明止將從自射之一發而中落馬墮流禽至家斵殺之思明弟思和並以武
力自效思明位直閤將軍坐弟思和同元禧逆徙邊會赦免卒後贈濟州刺史
子先護少有武幹莊帝居藩也先護得自結託及尒朱榮稱兵向洛靈太后令
先護與鄭季明等守河梁先護聞莊帝即位於河北遂開門納榮以功封平昌
縣侯廣州刺史元顥入洛莊帝北巡先護據州起義兵不受命莊帝還京進爵
郡公歷東雍豫二州刺史兼尚書右僕射及尒朱榮死徐州刺史尒朱仲遠擁
兵向洛詔先護與都督賀拔勝行臺陽昱同討之聞京師不守先護部衆逃散
因奔梁尋歸爲仲遠所害孝武初贈使持節都督四州刺史子偉偉字子直少
倜儻有大志每以功名自許善騎射膽力過人尒朱氏滅後自梁歸魏及武帝
西遷偉亦歸鄉里不求仕進大統三年河內公獨孤信既復洛陽偉乃與宗人
榮業糾合州里舉兵於陳留信宿間衆有萬人遂拔梁州禽東魏刺史鹿永及
鎮城守將令狐德弁護陳留郡守趙季和乃率衆西附因是梁陳間相次降款

偉馳入關西周文帝與語歎美之拜北徐州刺史封武陽縣伯從戰河橋及解
玉壁圍偉常先鋒陷陣侯景歸款周文命偉率所部應接及景叛偉亦全軍而
還除滎陽郡守進爵襄城郡公侍中驃騎大將軍開府儀同三司魏恭帝二年
進位大將軍江陵防主都督十五州諸軍事偉性麤獷不遵法度睚眦之間便
行殺戮朝廷以其有立義之效每優容之及在江陵乃專戮副防主杞賓王坐
除名保定元年詔復官爵天保六年爲華州刺史偉前後莅職皆以威猛爲政
吏人莫敢犯禁盜賊亦爲之休止雖非仁政然頗以此見稱卒於州贈本官加
少傅都督司州刺史謚曰肅偉性吃少時嘗逐鹿於野失之遇牧豎問焉牧豎
答之其言亦吃偉怒謂其效己遂射殺之其忍暴如此子大士嗣述祖族子雛
有識尚操行清整仕至滕州刺史初齊文宣爲皇太子納其女爲良娣雛時爲
尚書郎趙郡李祖昇兄弟微相敬憚楊愔奏授雛趙郡太守祖昇兄弟具服至
雛門投刺拜謁文宣聞之喜笑曰足得殺李家兒矣

論曰王慧龍拔難自歸間關夷嶮撫人督衆見憚嚴敵世珍實有令子克播家

聲松年之送終戀舊有古人風矣劭爰自幼童訖于白首好學不倦究極羣書縉紳洽聞之士無不推其博物雅好著述久在史官既撰齊書兼修隋典好詭怪之說尚委曲之談文詞鄙穢體統煩雜直愧南董才無遷固徒煩翰墨不足觀采經營符瑞雜以妖訛爲河朔清流而乾沒榮利得不以道而顛其家聲惜矣鄭羲機識明悟爲時所許懿兄弟風尚俱有可觀故能並當榮遇共濟其美述祖德業足嗣家聲嚴祖仲禮大虧門素幼儒令聞促年伯猷以賄敗德道邕撫寧離散仁惠克舉譯寶受顧託適足爲敗及帝還明德義非節在鹽梅之寄固有攸歸言追昔款內懷觖望恥居吳耿之末羞與絳灌爲伍事君盡禮既闕於夙心不愛其親遽彰於物議格之名教君子所深尤也儼名編恩倖取辱前載偉飄然豹變蓋知機之士乎

北史卷三十五考證

王慧龍傳慧龍鼻𪖇大渴曰真貴種矣○魏書無𪖇字

領幷荊揚三州大中正○三監本訛二今改正

懷卽以誕馬幷乘具與之○誕南本訛改乘蓋未知諸王儀衛之有誕馬也

崇小子青肫嘗戚服就𧝹之崇亦不恨○就𧝹之崇亦不恨監本訛作寵勢亦

不足恨今改從南本

劭傳河者最濁未能清也○最監本訛取今改從隋書

大象元年夏熒陽汴水北有龍鬬○熒南本訛榮今從隋書

皆是大隋符命○隋監本訛隨今改從南本

蓋明南面象日而長壽也○日監本訛月今改從南本

臣又以愚意思之○以監本訛有今改從南本

子乂有儀望以幹用見稱○乂一本訛又今從南本及下文改正

鄭羲傳邢巒歌曰○巒監本訛蠻今改從南本

敬祖弟述祖傳洞林子敬叔〇子魏書作字誤

譯傳譯從祖文寬〇據上文瓊子道邕道邕子譯下文文瓊弟儼儼子文寬則文寬乃譯從父也祖字誤

瓊弟儼〇瓊各本俱誤璹 臣人龍按以上下文考之璹爲道邕之孫道邕爲祖珍之子祖珍既以弟儼重贈而此以儼爲璹弟直誤以從曾祖爲兄弟行矣今改正

敬叔弟子恭〇子魏書作士

子先護〇魏書先護亦連山子也今上文於連山下敘其第二子思明思明弟思和事乃接云子先護殊欠分明矣

北史卷三十六

唐　李延壽　撰

列傳第二十四

薛辯字允白河東汾陰人也曾祖興晉尚書右僕射冀州刺史安邑公諡曰莊祖濤襲爵位梁州刺史諡曰忠惠京都傾覆皆以義烈著聞父強字威明幼有大志懷軍國籌略與北海王猛同志友善及桓溫入關中猛以巾褐謁之溫曰江東無卿比也秦國定多奇士如生輩尙有幾人吾欲與之俱南猛曰公求可與撥亂濟時者友人薛威明其人也溫曰聞之久矣方致朝命強聞之自商山來謁與猛皆署軍謀祭酒強察溫有大志而無成功乃勸猛止俄而溫敗及符堅立猛見委任其平陽公融爲書將以車馬聘強猛以爲不可屈乃止及堅如河東伐張平自與數百騎馳至強壘下求與相見強使主簿責之因慷慨宣言

曰此城終無生降之臣但有死節之將耳堅諸將請攻之堅曰須吾平晉自當面縛捨之以勸事君者後堅伐晉軍敗強遂總宗室強兵威振河輔破慕容永於陳川姚興聞而憚之遣使重加禮命徵拜右光祿大夫七兵尚書封馮翊郡公轉左戶尚書年九十八卒贈輔國大將軍司徒公謚曰宣辯幼而儁爽倜儻多大略由是豪傑多歸慕之強卒復襲統其營仕姚興歷太子中庶子河北太守辯知姚氏運衰遂棄歸家保鄉邑及晉將劉裕平姚泓即署相國掾尋除平陽太守委以北道鎮捍及長安失守辯遂歸魏仍立功於河際位平西將軍東雍州刺史賜爵汾陰侯其年詣闕明元深加器重明年方得旋鎮帝謂之曰朕委卿西蕃志在關右卿宜克終良算與朕爲長安主人辯既還任務農教戰恆以數千之衆摧抗赫連氏帝甚褒奬之又除幷州刺史徵授大羽真泰常七年卒於官帝以所圖未遂深悼惜之贈幷雍二州刺史子謹字法順容貌魁偉高才博學隨劉裕度江位府記室參軍辯將歸魏密報謹謹遂亦來奔授河東太守後襲爵汾陰侯始光三年與宜都王奚斤共討赫連昌禽其東平公乙兜剋

蒲坂遂以新舊百姓并爲一郡除平西將軍復爲太守神䴥三年除使持節秦州刺史山胡白龍憑險作逆太武詔南陽公奚眷與謹並爲都將討平之封涪陵郡公太延初征吐沒骨平之謹自郡遷州威恩兼被風化大行時兵荒之後儒雅道息謹命立庠序教以詩書三農之暇悉令受業躬巡邑里親加考試河汾之地儒道更興真君元年徵授內都坐大官輔政深見賞重每訪以政道車駕臨幸者前後數四後從駕北討與中山王辰等後期見殺尋贈鎮西將軍秦雍二州刺史諡曰元公長子初古拔一曰車轂拔本名洪祚太武賜名焉沉毅有器識弱冠司徒崔浩見而奇之真君中蓋吳擾動關右薛永宗屯據河側太武親討之詔拔糾合宗鄉壁於河際斷二寇往來之路事平除中散賜爵永康侯太武南討以拔爲都將從駕臨江而還又共陸真討反氐仇傉檀強免生平之皇與三年除散騎常侍尚文成女西河長公主拜駙馬都尉其年拔族叔徐州刺史安都據城歸順敕拔詣彭城勞迎除南豫州刺史延興二年除鎮西大將軍開府儀同進爵平陽公三年拔與南兗州刺史游明根南平太守許含等

以善政徵詣京師獻文親自勞勉復令還州太和六年改爵河東公卒贈左光
祿大夫諡曰康長子胤字寧宗少有父風弱冠拜中散襲爵鎮西大將軍河東
公除懸瓠鎮將尋授持節義陽道都將後除立忠將軍河北太守郡帶山河俗
多盜賊有韓馬兩姓各二千餘家恃強憑險最爲狡害劫掠道路侵暴鄉閭胤
至郡即收其姦魁二十餘人一時戮之於是羣盜懾氣郡中清肅卒於郡諡曰
敬子裔字豫孫襲爵性豪爽盛營園宅賓客聲伎以恣嬉游卒於洛州刺史子
孝紳襲爵位太中大夫孝紳立行險薄坐事爲河南尹元世儁所劾死後贈華
州刺史拔弟洪隆字菩提位河東太守長子驎駒好讀書舉秀才除中書博士
齊使至詔驎駒兼主客郎以接之卒贈河東太守諡曰宣始拔尙西河主有賜
田在馮翊驎駒徙居之遂家於馮翊之夏陽長子慶之字慶集頗有學業閑解
几案位廷尉丞廷尉寺鄰北城曾夏日寺傍得一狐慶之與廷尉正博陵崔纂
或以城狐狡害宜速殺之或以長育之月宜待秋分二卿裴延儁袁翻互有同
異雖曰戲謔詞義可觀事傳於世後兼左丞爲幷肆行臺賜爵龍丘子行滄州

刺史爲葛榮攻圍城陷尋患卒贈華州刺史慶之弟英集性通率隨舅李崇在
揚州以軍功累至書侍御史通直散騎常侍卒英集子端
端字仁直本名沙陁有志操遭父憂居喪合禮與弟裕勵精篤學不交人事年
十七司空高乾邕辟爲參軍賜爵平陰男端以天下擾亂遂棄官歸鄉里魏孝
武西遷周文令大都督薛崇禮據龍門引端同行崇禮尋失守降東魏東魏遣
行臺薛脩義督乙干貴西度據楊氏壁與宗親及家僮等先在壁中脩義乃令
其兵逼端等東度方欲濟河會日暮端密與宗室及家僮等叛之脩義亦遣騎
追端且戰且馳遂入石城柵得免柵中先有百家端與并力固守貴等數來慰
喻知端無降意遂拔還河東東魏又遣其將賀蘭懿南汾州刺史薛琰達守楊
氏壁端率其屬并招喻村人多設奇兵以臨之懿等疑有大軍便東遁赴船溺
死者數千人端收其器械復還楊氏壁周文遣南汾州刺史蘇景恕鎮之降書
勞問徵端赴闕以爲大丞相府戶曹參軍從禽竇泰復弘農戰沙苑並有功進
爵爲伯後改封交城縣伯累還吏部郎中端性強直每有奏請不避權貴周文

嘉之故賜名端欲令名質相副自居選曹先盡賢能雖貴游子弟才劣行薄者未嘗升擢之每啓周文云設官分職本康時務苟非其人不如曠職周文深然之大統十六年軍東討柱國李弼爲別道元帥妙簡英寮數日不定周文謂弼曰爲公思得一長史無過薛端弼對曰真才也乃遣之轉尚書右丞仍掌選事梁主蕭詧曾獻瑪瑙鍾周文帝執之顧丞郎曰能擲摴蒱頭得盧者便與鍾已經數人不得頃至端乃執摴蒱頭而言曰非爲此鍾可貴但思露其誠耳便擲之五子皆黑文帝大悅卽以賜之魏帝廢近臣有勸文帝踐極文帝召端告之端以爲三方未一遽正名號示天下以不廣請待龕翦僭僞然後俯順樂推文帝撫端背曰成我者卿也卿心旣與我同身豈與我異遂脫所著冠帶袍袴並以賜之進授吏部尚書賜姓宇文氏端久處選曹雅有人倫之鑒其所擢用咸得其才六官建拜軍司馬加侍中驃騎大將軍開府儀同三司進爵爲侯周孝閔帝踐阼再遷戶部中大夫進爵爲公晉公護將廢帝召羣臣議之端頗具同異護不悅出爲蔡州刺史爲政寬惠人吏愛之轉基州刺史基州地接梁陳事

藉鎭撫總管史寧遣司馬梁榮催令赴任蔡州父老詣榮請留端者千餘人至基州未幾卒遺誡薄葬府州贈遺勿有所受贈本官加大將軍進封文城郡公謚曰質子胄嗣

胄字紹玄少聰明每覽異書便曉其義常歎訓注者不會聖人深旨輒以意辯之諸儒莫不稱善性慷慨志立功名周明帝時襲爵文城郡公累遷上儀同尋拜司金大夫後加開府隋文帝受禪三遷爲兗州刺史到官繫囚數百胄剖斷旬日便了囹圄空虛有陳州人向道力僞作高平郡守將之官胄遇諸塗察其有異將留詰之司馬王君馥固諫乃聽詣郡旣而悔之卽遣主簿追道力有部人徐俱羅嘗任海陵郡守先是已爲道力僞代之比至秩滿公私不悟俱羅遂語君馥曰向道力經賜代爲郡使君豈容疑之君馥以俱羅所陳又固請胄胄呵君馥乃止遂收之道力懼而引僞其發姦擿伏皆此類也時人謂爲神明先是兗州城東沂泗二水合而南流汎濫大澤中胄遂積石堰之決令西注陂澤盡爲良田又通轉運利盡淮海百姓賴之號爲薛公豐兗渠胄以天下太平遂

遣博士登太山觀古跡撰封禪圖及儀上之帝謙讓不許轉鄆州刺史有惠政徵拜衛尉卿轉大理卿持法寬平名爲稱職遷刑部尚書時左僕射高熲稍被疎忌及王世積誅熲事與相連上因此欲成熲罪冑明雪之正議其獄由是忤旨械繫之久而得免檢校相州事甚有能名漢王諒作亂幷州遣其將綦良東略地攻逼慈州刺史上官政請援於冑冑畏諒兵鋒不敢拒良又引兵攻冑冑欲以計却之遣親人魯世範說良曰天下事未可知冑爲人臣去就須得其所何遽相攻也良乃釋去進圍黎陽及良爲史祥所攻棄軍歸冑朝廷以冑懷貳心鎻詣大理相州吏人素懷其恩詣闕理冑者百餘人冑竟坐除名配防嶺南道卒子鈞獻知名端弟裕字仁友少以孝悌聞於州理弱冠丞相參軍事時京兆韋敻志安放逸不干世務裕慕其恬靜數載酒肴候之談宴終日敻遂以從孫女妻之裕嘗謂親友曰大丈夫當聖明之運而無灼然文武之用爲世所知雖復栖遑徒爲勞苦耳至如韋居士退不丘壑進不市朝怡然守道榮辱弗及何其樂也裕曾宿宴于敻之廬後庭有井裕夜出戶若有人欲牽其手裕便却

行遂落井同坐共出之因勸裕酒曰向慮卿不測憂幸得無他宜盡此爵裕曰墜井蓋小小耳方當逾於此也人問其故裕曰近夢恐有兩楹之憂尋卒文章之士誄之者數人周文傷惜之追贈洛州刺史

胄從祖弟濬字道賾父琰周渭南太守濬少孤養母以孝聞幼好學有志行周天和中襲爵虞城侯位新豐令隋開皇中歷尚書虞部考功侍郎帝聞濬事母孝以其母老賜輿服几杖四時珍味當世榮之後其母疾病濬貌甚憂瘁親故弗之識暨丁母艱詔鴻臚監護喪事歸葬夏陽時隆冬極寒濬衰經徒跣冒犯霜雪自京及鄉五百餘里足凍墮指創血流離朝野爲之傷痛州里賵助一無所受尋起令視事上見其毀瘠過甚爲之改容顧羣臣曰吾見薛濬哀毀不覺悲感傷懷嗟異久之濬竟不勝喪病且卒其弟謨時爲晉王府兵曹參軍事在揚州濬遺書於謨曰吾以不造幼丁艱酷窮游約處屢絕簞瓢晚生早孤不聞詩禮賴奉先人貽厥之訓獲稟母氏聖善之規負笈裹糧不憚艱遠從師就業欲罷不能砥行礪心困而彌篤服膺教義爰至長成自釋耒登朝于茲二十三

年矣雖官非聞達而祿喜逮親庶保期頤得終色養何圖精誠無感禍酷荐臻兄弟俱被奪情苫廬靡申哀訴是用叩心泣血霣氣摧魂者也既而創鉅釁深不勝荼毒啓手啓足幸及全歸使夫死而有知得從先人於地下矣豈非至願哉但念爾伶俜孤宦遠在邊服顧此恨恨如何可言適已有書冀得與汝面訣忍死待汝已歷一旬汝既未來便成今古緬然永別爲恨何言勉之哉勉之哉書成而絕有司以聞文帝爲之屑涕降使齎冊書弔祭濬性清儉死日家無遺財濬初爲兒時與宗中兒戲澗濱見一黃虵有角及足召羣童共視了無見者以爲不祥歸大憂悴母問之以實對時有胡僧詣宅乞食母以告之僧曰此兒之吉應且此兒早有名位然壽不過六七耳言終而出忽然不見後終於四十二六七之言驗矣子乾福武安郡司倉書佐

洪隆弟湖字破胡少有節操篤志於學專精講習不干時務與物無競好以德義服人或有兄弟忿鬩隣里爭訟者恐湖聞之皆內自改悔鄉閭化其風教咸以敬讓爲先三召州都再辟主簿州將傾心致禮並不獲已而應之爲本州中

從事別駕除河東太守兄弟並爲本郡當世榮之復受詔爲仇池都將後罷郡終於家有八子長子聰知名

聰字延智方正有理識善自標致不妄游處雖在闇室終日矜莊見者莫不懍然加敬博覽墳籍精力過人至於前言往行多所究悉詞辯占對尤是所長遭父憂廬於墓側哭泣之聲酸感行路友于篤睦而家教甚嚴諸弟雖昏宦恆不免杖罰對之肅如也未弱冠州辟主簿太和十五年釋褐著作佐郎于時孝文留心氏族正定官品士大夫解巾優者不過奉朝請聰起家便佐著作時論美之後遷書侍御史凡所彈劾不避強禦孝文或欲寬貸者聰輒爭之帝每言朕見薛聰不能不懼何況諸人也自是貴戚斂手累遷直閤將軍兼給事黃門侍郎散騎常侍直閤如故聰深爲孝文所知外以德器遇之內以心膂爲寄親衛禁兵委總管領故終太和之世恆帶直閤將軍羣臣罷朝之後聰恆陪侍帷幄言兼晝夜時政得失預以謀謨動輒匡諫事多聽允而重厚沉密外莫窺其際帝欲進以名位輒苦讓不受帝亦雅相體悉謂之曰卿天爵自高固非人爵之

所榮也又除羽林監帝曾與朝臣論海內姓地人物戲謂聰曰世人謂卿諸薛
是蜀人定是蜀人不聰對曰臣遠祖廣德世仕漢朝時人呼為漢臣九世祖永
隨劉備入蜀時人呼為蜀臣今事陛下是虜非蜀也帝撫掌笑曰卿幸可自明
非蜀何乃遂復苦朕聰因投戟而出帝曰薛監醉耳其見知如此二十三年從
駕南征兼御史中尉及宣武即位除都督齊州刺史政存簡靜卒於州吏人追
思留其所坐榻以存遺愛贈征虜將軍華州刺史諡曰簡懿侯魏前二年重贈
車騎大將軍儀同三司延州刺史子孝通最知名
孝通字士達博學有儁才蕭寶夤征關中引參驃騎大將軍府事禮遇甚隆及
寶夤將有異志孝通悟其萌託以拜埽求歸乃見許同寮咸怪止之但笑而不
答遽還鄉里寶夤後果逆命北海王元顥入洛宗人薛永宗脩義等又聚徒作
亂欲以應之孝通與所親計曰北海乘虛遠入吳兵不能久住事必無成今若
與永宗等同舉滅族道也乃率其近親與河東太守元襲嬰城固守及寶夤平
定元顥退走預其事者咸罹禍唯同孝通者皆免事寧入洛除員外散騎侍郎

尒朱天光鎮關右表爲關西大行臺郎中深見任遇關中平定預有其力以功
賜爵汾陰侯莊帝旣幽崩元曄地又踈遠更議主社稷孝通以廣陵王恭高祖
猶子又在茂親夙有令望不言多載理必陽瘖奉以爲主天人允叶世隆等並
以爲疑孝通密贊天光察之廣陵王曰天何言哉於是定冊卽節閔帝也以首
創大議拜銀青光祿大夫散騎常侍兼中書舍人封藍田縣子孝通求以官贈
亡兄景懋又言己有侯爵請轉授兄息子舒節閔覽啓傷感以侯爵旣重不容
轉授乃下詔褒美特贈景懋撫軍北雍州刺史孝通尋遷中書郎深爲節閔所
知重普泰二年正月乙酉中書舍人元翾獻酒肴帝因與元翌及孝通等宴兼
奏絃管命翾吹笛帝亦親以和之因使元翌等嘲以酒爲韻孝通曰旣逢堯舜
君願上萬年壽帝曰平生好玄默慚爲萬國首帝曰卿所謂壽豈容徒然便命
酌酒賜孝通仍命更嘲不得中絕孝通卽竪忠爲韻帝曰卿不忘忠臣之心翾
曰聖主臨萬機享世永無窮孝通曰豈唯被草木方亦及昆蟲翌曰朝賢旣濟
濟野苗又芃芃帝曰君臣體魚水書軌一華戎孝通曰微臣信慶渥何以答華

嵩于時孝通內典機密外參朝政軍國動靜預以謀謨加以汲引人物知名之士多見推薦外兄裴伯茂性峻多所輕忽唯欽賞孝通每有著述共參同異孝通以裴宏放過甚每謂之曰兄以阮籍嵇康何如管仲樂毅蓋自許經綸抑裴傲也裴笑而不答宏放自若屬齊神武起兵河朔攻陷相州刺史劉誕尒朱天光自關中討之孝通以關中險固秦漢舊都須預謀鎮遏以爲後計縱河北失利猶足據之節閔深以爲然問誰可任者孝通與賀拔岳同事天光又與周文帝有舊二人並先在關右因並推薦之乃超授岳岐華秦雍諸軍事關西大行臺雍州牧周文帝爲左丞孝通爲右丞齎詔書馳驛入關授岳等同鎮長安岳深相器重待以師友之禮與周文帝結爲兄弟情寄特隆後天光敗於韓陵節閔遂不得入關爲齊神武幽廢孝武帝即位後神武方得志徵賀拔岳爲冀州刺史岳懼欲單馬入朝孝通乃謂岳曰高王以數千鮮卑破尒朱百萬之衆其鋒誠亦難敵然公兩兄太師領軍宿在其上侯深樊子鵠賈知斛斯椿大野胡也杖吒呂延慶之徒於尒朱之世皆其夷等韓陵之役此輩前後降附皆由事

勢危逼非其本心在於高王曹操之孔融馬懿之葛誕今或在京師或據州鎮除之又失人望留之腹心之疾雖令孫騰在闕下婁昭處鉤陳必不能如建安之時明矣以今觀之隙難未已吐萬仁雖復退逸猶在幷州高王之計先須平殄今方綏撫羣雄安置內外何能去其巢穴與公事關中地也且六郡良家之子三輔禮義之人踰幽幷之驍騎勝汝潁之奇士皆係仰於公效其智力據華山以爲城雉因黃河而爲池壍退守不失封泥進兵同於建水乃欲束手受制於人不亦鄙乎言未卒岳執孝通手曰君言是也乃遜辭爲啓而不就徵太昌元年孝通因使入朝仍被留京師重除中書侍郎永熙三年三月出爲常山太守仍以經節閔任遇故也及孝武西遷或稱孝通與周文友密及樹置賀拔岳鎮關中之計遂見拘執將赴晉陽及引見咸爲之憂孝通神氣從容辭理切正齊神武更相欽歎卽日原免然猶致疑忌不加位秩但引爲坐客時訪文典大事而已齊神武讓劍履上殿表猶使爲文曾與諸人同詣晉祠皆屈膝盡禮孝通獨捧手不拜顧而言曰此乃諸侯之國去吾何遠恭而非禮將爲神笑拜者

慚焉興和二年卒於鄴魏前二年周文帝追軫舊好奏贈車騎將軍儀同三司青州刺史齊神武武平初又贈鄭州刺史文集八十卷行於時

子道衡字玄卿六歲而孤專精好學年十歲講左傳見子產相鄭之功作國僑贊頗有詞致見者奇之其後才名益著齊司州牧彭城王浟引爲兵曹從事尚書左僕射楊愔見而嗟賞授奉朝請吏部尚書隴西辛術與語歎曰鄭公業不亡矣河東裴讞目之曰鼎遷河朔吾謂關西孔子罕遇其人今復遇薛君矣武成郎位兼散騎常侍接對周陳二使武平初詔與諸儒脩定五禮除尚書左外兵郎陳使傅縡聘齊以道衡兼主客郎接對之縡贈詩五十韻道衡和之南北稱美魏收曰傅縡所謂以蚓投魚耳待詔文林館與范陽盧思道安平李德林齊名友善復以本官直中書省尋拜中書侍郎仍參太子侍讀齊後主之世漸見親用與侍中斛律孝卿參預政事道衡具陳備周之策孝卿不能用及齊亡周武帝引爲御史二命士後歸鄉里自州主簿入爲司祿上士隋文作相從元帥梁睿擊王謙攝陵州刺史大定中授儀同守卭州刺史文帝受禪坐事除名

河間王弘北征突厥召典軍書還除內史舍人其年兼散騎常侍聘陳使主道衡因奏曰陛下比隆三代平一九州豈容區區之陳久在天網之外臣今奉使請責以稱蕃帝曰朕且含養致之度外勿以言辭相折江東雅好篇什陳主尤愛彫蟲道衡每有所作南人無不吟誦焉及八年伐陳拜淮南道行臺尚書吏部郎兼掌文翰王師臨江高熲夜坐幕中謂曰今段定克江東以不君試言之道衡荅曰凡論大事成敗先須以至理斷之禹貢所載九州本是王者封域郭璞有云江東偏王三百年還與中國合今數將滿矣以運數而言其必剋一也有德者昌無德者亡自古興滅皆由此道主上躬履恭儉憂勞庶政叔寶峻宇彫牆酣酒荒色其必剋二也爲國之體在於任寄彼之公卿備員而已拔小人施文慶委以政事尚書令江總唯事詩酒本非經略之才蕭摩訶任蠻奴是其大將一夫之用耳其必剋三也我有道而大彼無德而小量其甲士不過十萬西自巫峽東極滄海分之則勢懸而力弱聚之則守此而失彼其必剋四也席卷之勢其在不疑熲忻然曰君言成敗理甚分明本以才學相期不意籌略乃

耳還除吏部侍郎後坐抽擢人物有言其黨蘇威任人有意故除名配防嶺表晉王廣時在揚州陰令人諷道衡遣從揚州路將奏留之道衡不樂王府用漢王諒之計遂出江陵道而去尋詔徵還直內史省晉王由是銜之然愛其才猶頗見禮後數歲授內史侍郎加上儀同三司道衡每搆文必隱坐空齋蹋壁而臥聞戶外有人便怒其沉思如此帝每曰道衡作文書稱我意然誡之以迂誕後帝謂楊素牛弘曰道衡老矣驅使勤勞宜使朱門陳戟於是進上開府賜物百段道衡辭以無功帝曰爾久勞階陛國家大事皆爾宣行豈非爾功也道衡久當樞要才名益顯太子諸王爭與交好高熲楊素雅相推重聲名籍甚無競一時仁壽中楊素專掌朝政道衡既與素善上不欲道衡久知機密因出檢校襄州總管道衡一旦見出不勝悲戀言之哽咽帝愴然改容曰爾光陰晚暮侍奉誠勞朕欲令爾將攝今爾之去朕如斷一臂於是賚物三百段九環金帶幷時服一襲馬十匹慰勉遣之在任清簡吏人懷其惠煬帝嗣位轉潘州刺史歲餘上表求致仕帝謂內史侍郎虞世基曰道衡將至當以秘書監待之道衡既

至上高祖文皇帝頌帝覽之不悅顧謂蘇威曰道衡致美先朝此魚藻之義也於是拜司隸大夫將置之罪道衡不悟司隸刺史房彥謙素與相善知必及禍勸之杜絕賓客卑辭下氣而道衡不能用會議新令久不能決道衡謂朝士曰向使高熲不死令當久行有人奏之帝怒曰汝憶高熲乎付執法者推之道衡自以非大過促憲司早解奏日冀帝赦之敕家人具饌以備客來候者及奏帝令自盡道衡殊不意未能引訣憲司重奏縊而殺之妻子徙且末時年七十天下冤之有集七十卷行於世有子五人收最知名出後族父孺孺清貞孤介不交流俗涉歷經史有才思雖不爲大文所有詩詠大致清遠開皇中爲侍御史揚州總管司功參軍每以方直自處府寮多不便之卒於襄城郡掾所涖官皆有能名道衡偏相友愛收初生卽與孺爲後養於孺宅至於成長殆不識本生太常丞胡仲操曾在朝堂就孺借刀子割爪甲孺以仲操非雅士竟不與之其不肯妄交清介獨行皆此類也道衡兄温字尼卿沉敏有器局博覽墳典尤善隸書仕周爲上黃郡守周平齊徙燕郡太守以簡惠稱宣政元年賜爵齊安縣子

卒於郡子邁嗣邁字弘仁性寡言長於詞辯開皇初襲爵齊安子改封鍾山歷位太子舍人大業中爲刑部選部二侍郎道衡從父弟道實位禮部侍郎離石郡太守知名於世從子德音有儁才起家游騎尉佐魏澹修魏史史成遷著作佐郎及越王侗稱制東都王世充之僭號軍書羽檄皆出其手世充平以罪誅其文筆多行於世聰弟和南青州刺史和子善善字仲良少爲司空府參軍再遷鹽池都將孝武西遷魏改河東爲秦州以善爲別駕善家素富僮僕數百人兄元信仗氣豪侈每食方丈坐客恆滿絃歌不絕而善獨恭己率素愛樂閑靜大統三年齊神武敗於沙苑留善族兄崇禮守河東周文帝遣李弼圍之崇禮固守不下善密說崇禮猶持疑不決會善從弟馥妹夫高子信爲防城都督守城南面遣馥來詣善云意欲應接西軍但恐力所不制善即令弟濟將門生數十人與信馥等斬關引弼軍入時預謀者並賞五等爵善以背逆歸順臣子常情豈容闔門大小俱叨封邑遂與弟慎並固辭不受周文嘉之以善爲汾陰令善幹用強明一郡稱最太守王羆美之令善兼督六縣事尋爲行臺郎中時欲

廣置屯田以供軍費乃除司農少卿領同州夏陽縣二十屯監又於夏陽諸山置鐵冶復令善爲監每月役八千人營造軍器善自督課兼加慰撫甲兵精利而皆忘其苦焉遷大丞相府從事中郎追論屯田功賜爵龍門縣子還黃門侍郎除河東郡守進驃騎大將軍開府儀同三司賜姓宇文氏六官建拜工部中大夫進爵博平縣公再遷戶部中大夫時晉公護執政儀同齊軌語善云兵馬萬機須歸天子何因猶在權門善白之護乃殺軌以善忠於己爲中外府司馬遷司會中大夫副總六府事加授京兆尹仍行司會出爲隆州刺史兼益州總管府長史徵拜武威少府卒贈三州刺史帝以善告齊軌事謚曰繆公子褒嗣官至高陽郡守

善弟愼字伯護好學能屬文善草書與同郡裴叔逸裴諏之柳虯范陽盧柔隴西李璨並友善起家丞相府墨曹參軍周文於行臺省置學取丞郎及府佐德行明敏者充生悉令旦理公務晚就講習先六經後子史又於諸生中簡德行淳懿者侍讀書愼與李璨及隴西李伯良辛韶武功蘇衡譙郡夏侯裕安定梁

曠梁禮河南長孫璋河東裴舉薛同滎陽鄭朝等十二人並應其選又以慎爲學師以知諸生課業周文雅好談論幷簡名僧深識玄宗者一百人於第內講說又命慎等十二人兼學佛義使內外俱通由是四方競爲大乘學在學數年復以慎爲宜都公侍讀累遷禮部郎中六官建拜膳部下大夫慎兄善又任工部並居清顯時人榮之周孝閔帝踐阼除御正下大夫封淮南縣子歷師氏御伯中大夫保定初出爲湖州刺史界既雜蠻夷恆以劫掠爲務慎乃集諸豪帥具宣朝旨仍令首領每月一參或須言事者不限時節慎每見必殷勤勸誡及賜酒食一年之閒翕然從化諸蠻乃相謂曰今日始知刺史真人父母也莫不欣悅自是襁負而至者千餘戶蠻俗昏娶之後父母雖在卽與別居慎謂守令曰牧守令長是化人者也豈有其子娶妻便與父母離析非唯萌俗之失亦是牧守之罪慎乃親自誘導示以孝慈幷遣守令各喻所部有數戶蠻別居數年遂還侍養及行得果膳歸奉父母慎以其從善之速具以狀聞有詔蠲其賦役於是風化大行有同華俗尋爲蕃部中大夫以疾去職卒於家有文集頗爲世

所傳
薛寘河東汾陰人也祖遵顏魏河東郡守安邑侯父乂清河廣平二郡守寘幼覽篇籍好屬文起家奉朝請從魏孝武西遷封郃陽縣子廢帝元年領著作佐郎脩國史尋拜中書侍郎脩起居注遷中書令燕公于謹征江陵以寘爲司錄軍中謀略寘並參之江陵平進爵爲伯朝廷方改物創制欲行周禮乃令寘與小宗伯盧辯斟酌古今共詳定之六官建授內史下大夫周孝閔帝踐阼進爵爲侯轉御正中大夫時前中書監盧柔學業優深文藻華贍而寘與之方駕故世號曰盧薛焉久之進位驃騎大將軍開府儀同三司出爲淅州刺史卒於位吏人哀惜之贈虞州刺史諡曰理所著文筆三千餘卷行於世又撰西京記三卷引據該洽世稱其博聞焉寘性至孝雖年齒已衰職務繁廣至於温清之禮朝夕無違當時以此稱之子明嗣大象末儀同大將軍清水郡守

薛憕字景猷河東汾陰人也曾祖弘敞逢赫連之亂率宗人避地襄陽憕早喪父家貧躬耕以養祖母有暇則覽文籍踈宕不拘時人未之奇也江表取人多

以世族憕世無貴仕解褐不過侍郎既羇旅不被擢用常歎曰豈能五十年戴幘死一校尉低頭傾首俯仰而向人也常鬱鬱不得志每在人間輒陵架勝達負才使氣未嘗趨世祿之門左中郎將京兆韋潛度謂曰君門地非下身材不劣何不斂裾數參吏部憕曰世胄躡高位英俊沉下寮古人以爲歎息竊所未能也潛度告人曰此年少實慷慨但不遭時耳孝昌中杖策還洛陽先是憕從祖真度與族祖安都擁徐兗歸魏其子懷儁見憕甚相親善屬尒朱榮廢立憕遂還河東止懷儁家不交人物終日讀書手自抄略將二百卷唯郡守元襲時相要屈與之抗禮懷儁每謂曰汝還鄉里不營產業不肯取妻豈復欲南乎憕亦不介意普泰中拜給事中加伏波將軍及齊神武起兵憕乃東游陳梁閒謂族人孝通曰高歡阻兵陵上喪亂方始關中形勝之地必有霸王據之乃與孝通俱游長安侯莫陳悅聞之召爲行臺郎除鎮遠將軍步兵校尉及悅害賀拔岳軍人咸相慶慰憕獨謂所親曰悅才略本寡輒害良將敗亡之事其則不遠吾屬今卽爲人所虜何慶之有乎長高以憕言爲然並有憂色尋而周文平悅

引憕爲記室參軍武帝西遷授征虜將軍中散大夫封夏陽縣男文帝即位拜中書侍郎加安東將軍進爵爲伯大統四年宣光清徽殿初成憕爲之頌文帝又造二欹器一爲二仙人共持一鉢同處一盤鉢蓋有山山有香氣一仙人又持金缾以臨器上傾水灌山而注乎器煙氣通發山中謂之仙人欹器一爲二荷同處一盤相去盈尺中有蓮下垂器上以水注荷則出於蓮而盈乎器爲鳧鴈蟾以飾之謂之水芝欹器二盤各處一牀鉢圓而牀方中有人三才之象也皆置清徽殿前形似觥而方滿而平溢則傾憕各爲頌大統初儀制多闕周文令憕與盧辯檀翥等參定之以流離世故不聽音樂雖幽室獨處常有戚容後坐事死子舒嗣官至禮部下大夫儀同大將軍聘陳使副

論曰薛辯有魏之初功業早樹門膺人爵無替榮名端以謙直見知胄以公平自命濬之孝悌素緒之所得也道衡雅道奕葉世擅文宗令望攸歸豈徒然矣而運逢季叔卒蹈誅戮痛乎仲昆任惟繁劇弘益流譽而昭齊詔護以要權寵易名爲繆斯豈虛哉寘憕並學稱該博文擅彫龍或揮翰鳳池或著書麟閣咸

居祿位各逞琳琅擬彼徐陳慙後生之可畏論其任遇實當時之良選也

北史卷三十六

北史卷三十六考證

薛辯傳朕委卿西蕃志在關右○關監本訛闕今改從南本

授大羽真○真南本作鎮將

長子初古拔○古監本訛名今從魏書及南本改正

端傳杜國李弼爲别道元帥○杜監本訛相今改從南本

梁主蕭詧會獻瑪瑙○監本詧訛察瑪訛馬今俱從南本改正

聰傳魏前二年重贈車騎大將軍○魏前二字定係訛字

道衡傳開皇初襲爵齊安子改封鐘山○鐘應作鍾

北史卷三十六考證

北史卷三十七

唐　李延壽　撰

列傳第二十五

韓茂　皮豹子　封敕文　呂羅漢　孔伯恭　田益宗
孟表　奚康生　楊大眼　崔延伯　李叔仁

韓茂字元興安定安武人也父耆字黃耆永興中自赫連屈丏來降位常山太守假安武侯仍居常山之九門卒贈涇州刺史謚曰成茂年十七膂力過人尤善騎射明元曾親征丁零翟猛茂爲中軍執幢時大風諸軍旌旗皆偃仆茂於馬上持幢初不傾倒帝異而問之謂左右曰記之尋徵詣行在所以爲武賁郎將後從太武討赫連昌大破之以功賜爵蒲陰子遷侍輦郎又從破統萬平平涼當茂所衝莫不應弦而殪拜內侍長進爵九門侯後從征蠕蠕頻戰大捷與樂平王丕等伐和龍茂爲前鋒都將戰功居多遷司衞監錄前後功拜散騎常侍殿中尚書進爵安定公從破薛永宗蓋吳轉都官尚書從車駕南征拜徐州

刺史還拜侍中尚書左僕射文成踐阼拜尚書令加侍中征南大將軍茂沉毅篤實雖無文學每議論合理爲將善於撫衆勇冠當世爲朝廷所稱太安二年領太子少師卒贈涇州刺史安定王謚曰桓長子備字延德賜爵行唐侯歷太子庶子寧西將軍典遊獵曹加散騎常侍襲爵安定公征南大將軍卒贈雍州刺史謚曰簡備弟均字天德少善射有將略初爲中散賜爵范陽子遷金部尚書加散騎常侍兄備卒無子均襲爵安定公征南大將軍歷定青冀三州刺史甚有譽廣阿澤在定冀相三州界土曠人稀多有寇盜乃置鎮以靜之以均在冀州劫盜止息除大將軍廣阿鎮大將加都督三州諸軍事均清身率下禁斷奸邪於是趙郡屠各西山丁零聚黨山澤以劫害爲業者均皆誘慰追捕遠近震跼先是河外未賓人多去就故權立東青州爲招懷之本新附人咸受優復然舊人奸逃者多往投焉均表陳非便朝議罷之後均所統劫盜頗起獻文詔書讓之又以五州人戶殷多編籍不實詔均檢括出十餘萬戶復授定州刺史百姓安之卒謚康公

皮豹子漁陽人也少有武略泰常中爲中散太武時爲散騎常侍賜爵新安侯又拜選部尚書後除開府儀同三司進爵淮陽公鎮長安坐盜官財徙於統萬真君三年宋將裴方明等侵南秦王楊難當遂陷仇池太武徵豹子復其爵位尋拜使持節仇池鎮將督關中諸軍與建興公古弼等分命諸將十道並進四年正月豹子進擊樂鄉大破之宋使其秦州刺史胡崇之鎮仇池至漢中聞官軍已西懼不敢進豹子與司馬楚之至濁水擊禽崇之盡虜其衆仇池平未幾諸氐復推楊文德爲主以圍仇池古弼討平之時豹子次下辯聞圍解欲還弼使謂豹子曰賊恥其負敗必求報復不如陳兵以待之豹子以爲然尋除都督秦雍荆梁益五州諸軍事進號征西大將軍開府仇池鎮將持節公如故宋復遣楊文德姜道盛寇濁水別遣將青陽顯伯守斧山以拒豹子濁水城兵射殺道盛豹子至斧山斬顯伯悉俘其衆初南秦王楊難當歸命詔送楊氏子弟詣京師文德以行賂得留出奔漢中宋以文德爲武都王守葭蘆城招誘氐羌於是武都陰平五郡氐人叛應文德詔豹子討之文德阻兵固險以拒豹子文德

將楊高來降文德棄城南走收其妻子寮屬及故武都王保宗妻公主送京師宋白水太守郭啓玄率衆救文德豹子大破之啓玄文德走還漢中興安二年宋遣蕭道成等入漢中別令楊文德楊頭等率氐羌圍武都豹子分兵將救之聞宋人增兵益將表狀求助詔高平鎮將苟莫干率突騎二千以赴之道成等乃退徵豹子爲尚書出爲內都大官宋遣其將殷孝祖修兩當城於清東以逼南境天水公封敕文擊之不剋詔豹子與給事中周丘等助擊之宋瑕丘鎮遣步卒五千助戍兩當豹子大破之追至城下其免者千餘人而已既而班師先是河西諸胡亡匿避命豹子討之不捷而還又坐免官尋以前後戰功復擢爲內都大官卒文成追惜之贈淮陽王謚曰襄子道明襲道明第八弟懷喜文成以其名臣子擢爲侍御中散遷侍御長孝文初吐谷渾拾寅部落飢窘侵掠澆河詔假平西將軍廣川公與上黨王長孫觀討拾寅又以其父豹子昔鎮仇池有威信拜使持節侍中都督秦雍荊梁益五州諸軍事本將軍開府仇池鎮將假公如故懷喜至申布恩惠夷人大悅酋帥率戶歸附置廣業固道二郡以居

之徵爲南部尚書賜爵南康侯太和元年宋葭蘆戍生楊文度遣弟鼠據仇池詔懷喜討鼠鼠棄城南走進次濁水遂軍於覆津文度將強大黑固守津道懷喜部分將士擊大黑走之追奔攻拔葭蘆城斬文度傳首京師詔慰勉之又詔於駱谷築城懷喜表求待來年築城詔責之曰若不時築築而不成成而不固以軍法繩之南天水人柳旃據嶮不順懷喜討滅之後爲豫州刺史詔讓其在州寬怠以飲酒廢事威不禁下遣使就州決杖罰卒謚曰恭公子承宗襲

封敕文代人也本姓是賁祖豆位開府冀青二州刺史關內侯父涅侍御長贈定州刺史章武侯謚曰隱敕文始光初爲中散稍遷西部尚書出爲使持節開府領護西夷校尉秦益二州刺史賜爵天水公鎮上邽詔敕文征吐谷渾慕利延兄子拾歸於枹罕衆少不制詔廣川公乙烏頭等二軍與敕文會隴右軍次武始拾歸夜遁敕文引軍入枹罕虜拾歸妻子及其人戶分徙千家於上邽留烏頭守枹罕金城邊冏天水梁會謀反據上邽東城南城攻逼西城敕文先已設備賊乃退冏會復攻城氐羌一萬屯南嶺休官屠各及雜戶二萬餘人屯北

嶺爲冏等形援敕文設奇兵大破之斬冏衆復推梁會爲主安豐公閭根率軍助敕文敕文又表求助未及報梁會欲謀逃遁先是敕文掘重塹於東城之外幾斷賊走路夜半會乃飛梯騰塹而走敕文先嚴兵於塹外拒鬭從夜至旦敕文謀於衆曰困獸猶鬭而況於人乃以白武幡宣告賊衆若能歸降原其生命應時降者六百餘人會知人心沮壞於是分遁敕文縱騎騰躡死者大半略陽王元達因梁會之亂聚黨攻城招引休官屠各之衆推天水休官王官興爲秦地王敕文與臨淮公莫真討破之天安元年卒長子萬護讓爵於弟翰于時讓者唯萬護及元氏侯趙辟惡子元伯讓其弟次興朝廷義而許之

呂羅漢本東平壽張人也其先石勒時徙居幽州祖顯字子明少好學性廉直鄉人有忿爭者皆就質焉慕容垂以爲河間太守皇始初以郡降道武賜爵魏昌男拜鉅鹿太守清身奉公妻子不免飢寒百姓頌之曰時惟府君克清克明緝我荒土人胥樂生願壽無疆以享長齡卒官父溫字晞陽善書好施有文武才略位上黨太守有能名卒贈豫州刺史野王侯謚曰敬羅漢仁厚篤慎弱冠

以武幹知名父温之爲秦州司馬羅漢隨侍隴右氐楊難當寇上邽鎮將元意頭知羅漢善射共登西城樓令射難當隊將及兵二十三人應弦而殪賊衆轉盛羅漢曰今不出戰示敵以弱意頭善之即簡千餘人令羅漢出戰衆皆披靡難當大驚會太武賜難當璽書責其跋扈難當還仇池意頭具以狀聞徵爲羽林郎上邽休官呂豐屠各王飛鹿等據嶮爲逆詔羅漢討禽之後從征懸瓠以功遷羽林中郎幢將賜爵烏程子及南安王余立羅漢猶典宿衛文成之立羅漢有力焉加龍驤將軍仍幢將進爵野王侯拜司衛監遷散騎常侍殿中尚書進爵山陽公後爲鎮西將軍秦益二州刺史時仇池氐羌反逼駱谷鎮將吳保元走登百頃請援於羅漢羅漢帥步騎隨長孫觀掩擊氐羌大破之賊衆退散詔書慰勉之涇州人張羌郎聚衆千人州軍討之不能制羅漢擊禽之仇池氐羌叛逆其賊帥蛩廉苻忻等皆受宋官爵鐵券略陽公伏阿奴爲都將與羅漢赴討所在破之禽廉忻等秦益阻遠南連仇池西接赤水諸羌恃險數爲叛逆自羅漢莅州撫以威惠西戎懷德土境怗然孝文下詔褒美之徵拜內都大官

聽察多得其情卒官諡莊公長子與祖襲爵山陽公後例降爲侯
孔伯恭魏郡鄴人也父昭位侍中幽州刺史魯郡公卒諡曰康伯恭以父任拜
給事中後賜爵濟陽男進彭城公獻文初宋徐州刺史薛安都以彭城內附宋
遣將張永沈攸之等擊安都安都請援獻文進伯恭號鎮東將軍副尚書尉元
救之永與攸之棄船而走伯恭以書喻下邳宿豫城內時攸之吳喜公等率衆
來援下邳屯軍焦墟曲去下邳五十餘里伯恭密造火車攻其營水陸俱進攸
之等既聞將戰引軍退保樊階城宋寧朔將軍陳顯達領衆溯清而上以迎攸
之屯于睢清合口伯恭率衆渡水大破顯達攸之聞顯達軍敗順流退下伯恭
從清西與攸之合戰大破之吳喜公輕騎遁走乘勝追奔八十餘里軍資器械
虜獲萬計進攻宿豫宋戍將魯僧遵棄城夜遁又遣將孔大恆等南討淮陽宋
太守崔武仲焚城南走遂據淮陽皇興二年以伯恭爲散騎常侍彭城鎮將都
督徐南北兗州諸軍事假東海公卒贈鎮東大將軍東海王諡曰桓伯恭弟伯
遜襲父爵魯郡公位東萊鎮將東徐州刺史坐事免官卒于家

田益宗光城蠻也身長八尺雄果有將略貌狀舉止有異常蠻世爲四山蠻帥受制於齊太和十七年遣使張超奉表歸魏十九年拜員外散騎常侍都督南司州刺史光城縣伯食蠻邑一千戶所統守宰任其銓置後以益宗既度淮北不可仍爲司州乃於新蔡立東豫州以益宗爲刺史尋改封安昌縣伯景明初梁師寇三關益宗遣光城太守楊興之進至陰山關南據長風城逆擊大破之二十二年梁建寧太守黃天賜築城赤亭復遣其將黃公賞屯於漴城與長風相持益宗命安蠻太守梅景秀與興之掎角擊討破之獲其二城上表陳攻取之術宣武納之遣鎮南將軍元英攻義陽益宗遣其息魯生斷梁人糧運破梁戍主趙文興倉米運舟焚燒蕩盡時樂口已南郢豫二州諸縣皆沒於梁唯有義陽而已梁招益宗以車騎大將軍開府儀同三司五千戶郡公當時安危在益宗去就而益宗守節不移郢豫克平益宗力也益宗年稍衰老聚斂無厭兵人患其侵擾諸子及孫競規賄貨部內苦之咸言欲叛宣武深亦慮焉乃遣中書舍人劉桃符宣旨慰喻庶以安之桃符還啓益宗侵掠之狀詔之曰聞卿息

魯生在淮南貪暴橫殺梅伏生爲爾不已損卿誠效可令魯生與使赴闕當加任使魯生久未至延昌中詔以益宗爲使持節鎮東將軍濟州刺史常侍如故帝慮其不受代遣後將軍李世哲與桃符率衆襲之奄入廣陵益宗子魯生魯賢等奔於關南招引梁兵光城已南皆爲梁所保世哲擊破之復置郡戍以益宗還授征南將軍金紫光祿大夫加散騎常侍改封曲陽縣伯益宗生長邊地不願內榮雖位秩崇重猶以爲恨表陳桃符讒毀之狀詔曰既經大宥不容方更爲獄熙平初益宗又表乞東豫以招二子靈太后令答不許卒贈征東大將軍郢州刺史謚曰莊少子纂襲位中散大夫卒贈東豫州刺史益宗長子隨與位弋陽東汝南二郡太守益宗兄興祖位江州刺史

孟表字武達濟北蛇丘人也自云本屬北地號索里諸孟青徐內屬後表因事南度仕齊爲馬頭太守太和十八年表據郡歸魏除南兗州刺史領馬頭太守賜爵譙縣侯鎮渦陽後齊遣其豫州刺史裴叔業攻圍六十餘日城中食盡唯以朽革及草木皮葉爲糧表撫循將士戮力固守會鎮南將軍王肅救之叔業

乃退初有一南人自云姓邊字叔珍攜妻息從壽春投衷未及送闕會叔業圍城衷後察叔珍言色頗有異即推覈乃是叔業姑兒規爲內應所攜妻子並亦假妄於北門外斬之人情乃安孝文嘉其誠封汶陽縣伯歷濟州刺史散騎常侍光祿大夫齊州刺史卒贈兗州刺史謚曰恭

奚康生河南陽翟人也本姓達奚其先居代世爲部落大人祖眞柔玄鎭將內外三都大官賜爵長進侯卒贈幽州刺史謚曰簡康生少驍武彎弓十石矢異常箭爲當時所服太和初蠕蠕頻寇康生爲前驅軍主壯氣有聞由是爲宗子隊主從駕征鍾離駕旋濟淮五將未度齊將據渚斷津路孝文募破中渚賊者以爲直閤將軍康生應募縛筏積柴因風放火燒其船艦依烟直過飛刀亂斫投河溺死者甚衆乃假康生直閤將軍後以勳除太子三校西臺直後吐京胡反自號辛支王康生爲軍主從章武王彬討之分爲五軍四軍俱敗康生軍獨全率精騎一千追胡至車突谷詐爲墜馬胡皆謂死爭欲取之康生騰騎奮矛殺傷數十人射殺辛支齊置義陽招誘邊人康生復爲統軍從王肅討之齊將

張伏護自昇城樓言辭不遜肅令康生射之望樓射牕扉開卽入應箭而斃彼人見箭皆以爲狂弩齊將裴叔業率衆圍渦陽欲解義陽之急詔遣高聰元衍等援之並敗退帝乃遣康生馳往一戰大破之及壽春來降遣康生領羽林千人給龍廐馬兩匹馳赴之破走其將桓和陳伯之以功除征虜將軍封武安縣男出爲南青州刺史後梁郁州遣軍主徐濟寇邊康生破禽之時梁聞康生能引強弓故特作大弓兩張長八尺把中圍尺有二十箭麤殆如今之長笛送與康生康生便集文武用之平射猶有餘力觀者以爲絕倫弓卽表送置之武庫後梁遣都督臨川王蕭宏勒甲十萬規寇徐州詔授康生武衞將軍一戰敗之還京召見宴會賞帛千匹賜驊騮御胡馬一匹出爲華州刺史頗有聲績轉涇州刺史以輒用官炭瓦爲御史所劾削除官爵尋復之梁直閣將軍徐玄明戍郁州殺其刺史張稷以城內附詔康生迎接賜細御銀纏槊一張幷棗柰果面敕曰果者果如朕心棗者早遂朕意未發閒郁州刺史復叛及大舉征蜀假康生安西將軍邪趣綿竹至隴右宣武崩班師後除相州刺史在州以天旱命人

鞭石季龍畫像復就西門豹祠祈雨不獲令吏取豹舌未幾二兒暴喪身亦遇疾巫以爲季龍豹之祟徵拜光祿勳領右衞將軍與元乂同謀廢靈太后遷河南尹仍右衞領左右與子難娶左衞將軍侯剛女即元乂妹夫也乂以其通姻深相委託三人多宿禁內或迭出入乂以康生子難爲千牛備身康生性麤武言氣高下乂稍憚之見于顏色康生亦微懼不安正光二年二月明帝朝靈太后于西林園文武侍坐酒酣迭舞次至康生乃爲力士舞及於折旋每顧視太后舉手蹈足瞋目頷首爲殺縛之勢太后解其意而不敢言日暮太后欲攜帝宿宣光殿侯剛曰至尊已朝訖嬪御在南何勞留宿康生曰至尊陛下兒隨陛下將東西更復訪問誰羣臣莫敢應靈太后自起援帝臂下堂而去康生大呼唱萬歲於後近侍皆唱萬歲明帝引前入閤左右競相排閤不得閉康生奪其子難千牛刀斫直後元思輔乃得定明帝既上殿康生時有酒勢將出處分遂爲乂所執鏁於門下至曉乂不出令侍中黃門僕射尚書等十餘人就康生所訊其事處康生斬刑難處絞刑乂與剛並在內矯詔決之康生如奏難恕死從

流離哭拜辭父康生忻子免死慷慨了不悲泣語其子云我不反死汝何爲哭也有司驅逼奔走赴市時已昏闇行刑人注刀數下不死於地刻截咸言稟乂意旨過至苦痛嘗食典御奚混與康生同執刀入內亦就市絞刑康生久爲將及臨州多所殺戮而乃信向佛道每捨居宅立寺塔凡歷四州皆有建置死時年五十四子難年十八以侯剛壻得停百日竟徙安州後尚書盧同爲行臺乂令殺之康生於南山立佛圖三層先死忽夢崩壞沙門有爲解云檀越當不吉利無人供養佛圖故崩耳康生稱然竟及於禍靈太后反政贈都督冀瀛滄三州諸軍事驃騎大將軍司空冀州刺史諡曰武貞又追封壽張縣侯子剛襲

楊大眼武都氐難當之孫也少驍捷跳走如飛然庶孽不爲宗親顧待不免飢寒太和中起家奉朝請時將南伐尚書李沖典選征官大眼往求焉沖弗許大眼曰尚書不見知聽下官出一技便出長繩三丈許繫髻而走繩直如矢馬馳不及見者無不驚歎沖因曰千載以來未有逸材若此者也遂用爲軍主大眼顧謂同寮曰吾之今日所謂蛟龍得水之秋自此一舉不復與諸君齊列矣未

幾還統軍從車駕征宛葉穰鄧九江鍾離之間所經戰陣莫不勇冠六軍宣武初裴叔業以壽春內附大眼與奚康生等率衆先入以功封安成縣子除直閣將軍出爲東荆州刺史時蠻酋樊秀安等反詔大眼爲別將隸都督李崇討平之大眼功尤多妻潘氏善騎射自詣軍省大眼至攻戰遊獵之際潘亦戎裝齊鑣並驅及至還營同坐幕下對諸寮佐言笑自得大眼時指謂諸人曰此潘將軍也梁武遣其將張惠紹總率衆軍竊據宿豫又假大眼平東將軍爲別將與都督邢巒討破之遂與中山王英同圍鍾離大眼軍城東守淮橋東西道屬水汎長大眼所綰統軍劉神符公孫祉兩軍夜中爭橋奔退大眼不能禁相尋而走坐徙營州爲兵永平中追其前勳起爲試守中山內史時高肇征蜀宣武慮梁人侵軼乃徵大眼爲太尉長史持節假平南將軍東征別將隸都督元遙遏禦淮肥大眼至京師時人思其雄勇喜於更用臺省門巷觀者如市後梁將康絢於浮山遏淮規浸壽春明帝加大眼光祿大夫率諸軍鎮荆山復其封邑後與蕭寶夤俱征淮堰不能克遂於堰上流鑿渠決水而還加平東將軍大眼撫

循士卒呼爲兒子及見傷痍爲之流泣自爲將帥恆身先兵士當其鋒者莫不摧拉南賊所遺督將皆懷畏懼時傳言淮泗荊沔之間童兒啼者恐之云楊大眼至無不即止王肅弟康之初歸國也謂大眼曰在南聞君之名以爲眼如車輪及見乃不異於人大眼曰旗鼓相望瞋眸奮發足使君目不能視何必大如車輪當世推其驍果以爲關張弗之過也然征淮堰之役喜怒無常捶撻過度軍士頗憾焉識者以爲性移所致又爲荊州刺史常縛藁爲人衣以青布而射之召諸蠻渠指示之曰卿等若作賊吾政如此相殺也又北淯郡嘗有虎害大眼搏而獲之斬其頭縣於穰市自是荊蠻相謂曰楊公惡人常作我蠻形以射之又深山之虎尚所不免遂不敢復爲寇盜在州二年卒大眼雖不學恆遣人讀書而坐聽之悉皆記識令作露布皆口授之而竟不多識字也有三子長甑生次領軍次征南皆潘氏所生咸有父風初大眼徙營州潘在洛陽頗有失行及爲中山大眼側生女夫趙延寶告之於大眼大眼怒幽潘而殺之後娶繼室元氏大眼之死也甑生等問印綬所在時元始懷孕自指其腹謂甑生等曰開

國當我兒襲之汝等婢子勿有所望甑生等深以爲恨及大眼喪將還京出於城東七里營車而宿夜二更甑生等開大眼棺延寶怪而問焉征南射殺之元怖走入水征南又彎弓將射之甑生曰天下豈有害母之人乃止遂取大眼屍令人馬上抱之左右扶挾以叛荆人畏甑生等驍武不敢苦追遂奔梁

崔延伯博陵人也祖壽於彭城陷入江南延伯少以武壯聞仕齊爲緣淮遊軍帶濠口戍主太和中入魏常爲統帥膽氣絶人兼有謀略積勞稍進除征虜將軍荆州刺史賜爵定陵男荆州土險蠻左爲寇每有聚結延伯輒自討之莫不摧殄由是穰土怗然無敢爲患永平中轉幽州刺史梁遣左遊擊將軍趙祖悅率衆偷據硤石詔延伯爲別將與都督崔亮討之亮令延伯守下蔡延伯與別將伊甕生挾淮爲營延伯遂取車輪去輞削銳其幅兩兩接對揉竹爲絙貫連相屬並十餘道橫水爲橋兩頭施大鹿盧出沒任情不可燒斫既斷祖悅走路又令舟舸不通由是梁軍不能赴救祖悅合軍咸見俘虜於軍拜征南將軍光虜大夫延伯與楊大眼等至自淮陽靈太后幸西林園引見謂曰卿等志尙雄

猛皆國之名將比平硤石公私慶快此乃卿等之功也但淮堰仍在宜須預謀故引卿等親共量算各出一圖以爲後計大眼對曰臣輒謂水陸二道一時俱下往無不剋延伯曰既對聖顏答旨宜實水南水北各有溝瀆陸地之計如何可前愚臣短見願聖心思水兵之勤若給復一年專習水戰脫有不虞召便可用靈太后曰卿之所言深是宜要當敕如請二年除幷州刺史在州貪汙聞於遠近還爲金紫光祿大夫出爲鎮南將軍行岐州刺史假征西將軍賜驊騮馬一匹正光五年秋以往在揚州建淮橋之勳封當利縣男改封新豐子時莫折念生兄天生下隴東寇征西將軍元志爲天生所擒賊衆甚盛進屯黑水詔延伯爲使持節征西將軍西道都督行臺蕭寶夤與延伯結壘馬嵬南北相去百餘步延伯曰今當仰爲明公參賊勇怯延伯選精兵數千下度黑水列陣而進以向賊營寶夤率騎於水東尋原西北以示後繼於時賊衆大盛水西一里營營連接延伯徑至賊壘揚威脅之徐而還退賊以延伯衆少開營競追衆過十倍臨水逼蹙寶夤親觀之懼有虧損延伯不與其戰身自殿後抽衆東度轉運

如神須臾濟盡徐乃自度賊徒奪氣相率還營寶夤大悅謂宮屬曰崔公古之關張也今年何患不制賊延伯馳見寶夤曰此賊非老奴敵公但坐看後日延伯勒衆而出寶夤爲後拒天生悉衆來戰延伯身先士卒陷其前鋒於是驍銳競進大破之俘斬十餘萬追奔及於小隴秦賊勁強諸將所憚初議遣將咸云非延伯無以定之果能克敵詔授左衞將軍餘如故於時万俟醜奴宿勤明達等寇掠涇州先是盧祖遷伊甕生數將皆以元志前行之始同時發雍從六陌道將取高平志敗仍停涇部延伯既破秦賊乃與寶夤率衆會於安定甲卒十二萬鐵馬八千匹軍威甚盛時醜奴置營涇州西北七十里當原城時或輕騎暫來挑戰大兵未交便示奔北延伯矜功負勝遂唱議先驅伐木別造大排內爲鎖柱教習強兵負而趨走號爲排城戰士在外輜重居中自涇州緣原北上衆軍將出討賊未戰之間有賊數百騎詐持文書云是降簿乞緩師寶夤延伯謂其事實逡巡未閱俄而宿勤明達率衆自東北而至乞降之賊從西競下諸軍前後受敵延伯上馬突陣賊勢摧挫便爾逐北徑造其營賊本輕騎延伯軍

兼步卒兵力疲怠賊乃乘間得入排城延伯軍大敗死傷者將有二萬寶夤斂軍退保涇州延伯修繕器械購募驍勇復從涇州西進去賊彭阬谷柵七里結營延伯恥前挫辱不報寶夤獨出襲賊大破之俄頃間平其數柵賊皆逃迸見兵人采掠散亂不整還來衝突遂大奔敗延伯中流矢爲賊所害士卒死者萬餘人延伯善將撫能得衆心與康生大眼爲諸將之冠延伯末路功名尤重時大寇未平而延伯死朝野歎懼焉贈使持節車騎大將軍儀同三司定州刺史

謚曰武烈

李叔仁隴西人也驍健有武力前後數從征討以功賜爵獲城鄉男梁豫州刺史王超宗內侵叔仁時爲兼統軍隸揚州刺史薛真度真度遣叔仁討超宗大破之以功累遷洛州刺史假撫軍將軍後以軍功封陳郡公又除光祿大夫朔州刺史齊州廣川人劉執清河太守邵懷聚衆反自署大行臺詔叔仁爲都督討平之除鎮西將軍金紫光祿大夫轉車騎大將軍儀同三司邢杲反於青州叔仁爲大都督出討於淮失利而還永平三年坐事除名尋復官爵節閔帝初

加散騎常侍開府後除涼州刺史遣使密通款於東魏事覺見殺叔仁所用之
槊長大異於常槊時人壯之
論曰韓茂皮豹子封敕文呂羅漢孔伯恭之爲將也皆以沉勇篤實仁厚撫衆
功成事立不徒然矣與夫苟要一戰之利僥倖暫勝之名豈同年而語也田益
宗蠻夷荒帥翻然効款終於懷金曳紫不其美歟孟表之致名位不徒然也夫
人主聞鞞鼓之響則思將帥之臣何則夷難平暴折衝禦侮爲國之所繫也奚
康生等俱以熊虎之姿奮征伐之氣亦一時之驍猛壯士之功名乎

北史卷三十七

北史卷三十七考證

孔伯恭傳時攸之吳喜公等率衆來援下邳○喜公一本作憘

田益宗傳聞卿息魯生在淮南貪暴橫殺梅伏生爲爾不已損卿誠效○橫殺上魏書有又字

奚康生傳還河南尹仍右衛領左右與子難娶左衛將軍侯剛女○與應作其

楊大眼傳南賊所遣督將皆懷畏懼○南賊二字乃仍魏書而未及改者

又北淯郡嘗有虎害○唐避虎字故本書皆改爲武或爲彪或爲猛獸此其改而未盡者耳

李叔仁傳邢杲反於青州○杲應作杲今各本俱同仍之

北史卷三十七考證

北史卷三十八

唐　李延壽　撰

列傳第二十六

裴駿字神駒小名皮河東聞喜人也父雙碩位恆農太守安邑子贈東雍州刺史聞喜侯駿幼而聰慧親表稱爲神駒因以爲字弱冠通涉經史方撿有禮度鄉里宗敬焉蓋吳作亂於關中汾陰人薛永宗聚衆應之來襲聞喜縣令憂惶計無所出駿在家聞之便率厲鄉豪奔赴之賊退刺史以狀聞會太武親討蓋吳引見駿駿陳敘事宜帝大悅謂崔浩曰裴駿有當世才其忠義可嘉補中書博士浩亦深器駿目爲三河領袖轉中書侍郎宋使明僧暠來聘以駿有才學假給事中散騎常侍於境上勞接卒贈秦州刺史聞喜侯諡曰康子修字元寄清辯好學歷位祕書中散主客令累遷中大夫兼祠部曹事職主禮樂每有疑

議修斟酌故實咸有條貫卒諡曰恭伯宣武時追贈東秦州刺史修早孤居喪
以孝聞二弟三妹並在幼弱撫養訓誨甚有義方次弟務早喪修哀傷之感於
行路愛育孤姪同於己子及將異居奴婢田宅悉推與之時人以此稱焉子詢
字敬叔美儀貌多藝能音律博奕咸所閑解位平昌太守時太原長公主寡居
與詢私姦明帝仍詔詢尚焉尋以主壻特除散騎常侍時本邑中正闕司徒召
詢爲之詢族叔昞自陳情願此官詢遂讓焉時論善之尋監起居事遷祕書監
出爲郢州刺史詢以凡司戍主蠻酋田朴特地居要嶮衆踰數萬足爲邊捍遂
表朴特爲西郢州刺史朝議許之梁將李國興寇邊朴特與部曲爲表裏聲援
郢州獲全朴特頗有力焉徵爲七兵尚書武泰中以本官兼侍中爲關中大使
未及發於河陰遇害贈司空公諡曰貞烈無子修弟宣字叔令通辯博物早有
聲譽少孤事母兄以孝友稱司空李沖有人倫鑒見而重之孝文初徵爲尚書
主客郎累遷太尉長史宣上言自遷都以來凡戰陣之處及軍罷兵還之道所
有骸骼無人覆藏者請悉令州郡戍邏檢行埋掩并符出兵之鄉其家有死於

戎役者皆使招魂復魄祔祭先靈復其年租調身被傷痍者免其兵役朝廷從之出爲益州刺史宣至州綏撫甚得戎羌之心後晉壽更置益州改宣所莅爲南秦州宣家世以儒學爲業常慕廉退每歎曰以賈誼之才漢文之世而不歷公卿將非運也乃謂親賓曰吾本無當世之志直隨牒至此祿厚養親効不光國可以言歸矣因奉表求解宣武不許乃作懷田賦以敘心焉宣素明陰陽之書自始患便剋亡日果如其言贈豫州刺史謚曰定尋改爲穆子敬憲嗣

敬憲字孝虞少有志行學博才清撫訓諸弟專以讀誦爲業澹於榮利風氣俊遠郡徵功曹不就諸府辟命先進其弟世人歎美之司州牧高陽王雍舉秀才射策高第除大學博士性和雅未嘗失色於人工隸草解音律五言之作獨擅於時名聲甚重後進咸共宗慕之中山將之部朝賢送於河梁賦詩言別皆以敬憲爲最其文不能贍逸而有清麗之美少有氣病年三十三卒人物甚悼之敬憲世有仁義於鄉里孝昌中蜀賊陳雙熾所過殘暴至敬憲宅輒相約束不得焚燒爲物所伏如此永興三年贈中書侍郎謚曰文

敬憲弟莊伯字孝夏亦有文才器度閑雅喜慍不形於色博識多聞善以約言辯物司空任城王澄辟爲行參軍甚加知賞年二十一上神龜頌時人異之文筆與敬憲相亞臨淮王彧北討引爲記室參軍委以章奏之事及聞敬憲寢疾求假不許遂徑自還亦矜而不問扶侍兄病晝夜不離於側形容憔悴因葬敬憲於鄉遇疾卒年二十八兄弟才學知名同年俱喪世共嗟惜之永安三年贈通直散騎侍郎謚曰獻兄弟並無子所著詞藻莫爲集錄莊伯弟獻伯廷尉卿濟州刺史少以學尚風流有名京洛爲政嚴酷不得吏人之和但以清白流譽卒於殿中尚書

駿從弟安祖少聰慧年八九歲就師講詩至鹿鳴篇語諸兄云鹿得食相呼而況人乎自此未曾獨食弱冠州辟主簿人有兄弟爭財詣州相訟安祖召其兄弟以禮義責讓之此人兄弟明日相率謝罪州內欽服之後有人勸其仕進安祖曰高尚之事非敢庶幾但京師遼遠實憚於棲屑耳於是閑居養志不出城邑曾天熱舍於樹下有鷙鳥逐雉雉急投之遂觸樹而死安祖愍之乃取置陰

地徐徐護視良久得蘇喜而放之後夜忽夢一丈夫衣冠甚偉著繡衣曲領向安祖再拜安祖怪問之此人云感君前日見放故來謝德聞者異焉後孝文幸長安至河東存訪故老安祖朝於蒲坂帝與語甚悅仍拜安邑令以老病固辭詔給一時俸以供湯藥焉年八十三卒於家

裴延儁字平子河東聞喜人也魏冀州刺史徽之八世孫也曾祖奣諮議參軍幷州別駕祖雙虎河東太守贈雍州刺史諡曰順父山崧州主簿行平陽郡事以平蜀賊丁虫功贈東雍州刺史延儁少孤事後母以孝聞涉獵墳史頗有才筆舉秀才射策高第除著作佐郎累遷太子洗馬又領本邑中正及太子恂廢以宮官例免宣武即位爲中書侍郎時帝專心釋典不事墳籍延儁上疏致諫後除司州別駕及詔立明堂羣官博議延儁獨著一堂之論太傅清河王懌時典衆議讀而笑曰子故欲遠符僕射也明帝時累遷幽州刺史范陽郡有舊督亢渠徑五十里漁陽燕郡有故戾陵諸堨廣袤三十里皆廢毀多時莫能修復時水旱不調延儁乃表求營造遂躬自履行相度形勢隨力分督未幾而就溉

田百萬餘畝爲利十倍百姓賴之又命主簿酈惲修起學校禮教大行人歌謠之在州五年考績爲天下最拜太常卿歷七兵殿中二尚書散騎常侍中書令御史中尉又以本官兼侍中吏部尚書延儁在臺閣守職而已不能有所裁斷直繩也莊帝初於河陰遇害贈儀同三司都督雍州刺史子元直敬猷並有學尚與父同時遇害元直贈光州刺史敬猷妻丞相高陽王雍外孫超贈尚書僕射延儁從叔愛醜桃弓並見稱於鄉里子夙字買與沉雅有器識儀望甚偉孝文見而異之吏部尚書任城王澄有知人鑒每歎美夙以遠大許之位河北太守以忠恕接下百姓感而懷之卒於郡三子範昇之鑒鑒字道徽性強正有學涉卒於廷尉卿鑒居官清苦時論稱之贈東雍州刺史子澤頗有文學齊孝昭初爲齊帥奏舍人孝昭崩魏收議爲恭烈皇帝澤正色抗論曰魏收死後亦不肯爲恭烈之諡何容以擬大行且比皇太后不豫先帝飧寢失常聖躬貶損今者易名必須加孝遂改爲孝昭因此忤旨出爲廣州司馬尋歷位中書侍郎兼給事黃門侍郎以漏泄免後爲散騎侍郎尋爲誹毀大臣趙彥深等兼詠石榴

詩微以託意有人以奏武成武成決杖六十髡頭除名後主卽位爲淸河郡守與祖珽有舊珽奏除尙書左丞又引爲兼黃門執政疾其祖珽之黨與崔季舒等同見誅澤本勁直無所回避及被出追還折節和光然好戲笑無規檢故頻敗妻鉅鹿魏氏恩好甚隆不能暫相離澤每從駕其妻不宿亦至性強立時人以爲健婦夫半延儁從祖弟艮字元賓稍遷尙書考功郎中時汾州吐京胡薛羽等作逆以艮兼尙書左丞爲西北道行臺時有五城郡山胡馮宜都賀悅回成等以妖妄惑衆假稱帝號服素衣持白傘白幡率諸逆衆於雲臺郊抗王師艮大破之又山胡劉蠡升自云聖術胡人信之咸相影附旬日之閒逆徒還振以艮爲汾州刺史加輔國將軍行臺如故艮以城人饑窘夜率衆奔西河汾州之居西河自艮始也孝靜初爲衞大將軍大府卿卒於官贈吏部尙書諡曰貞又重贈侍中尙書僕射子叔祉粗涉文學居官甚著聲績位終司空右長史艮從父兄子慶孫字紹遠少孤性倜儻重然諾正光末汾州吐京羣胡薛悉公馬牒騰並自立爲王衆至數萬詔慶孫爲募人別將招率鄉豪以討之慶孫每摧

其鋒進軍深入至雲臺郊大戰郊西賊衆大潰徵赴都除直後於是賊復鳩集北連蠡升南通絳蜀兇徒轉盛以慶孫爲別將從軹關入討深入二百餘里至陽胡城朝廷以此地被山帶河衿要之所明帝末遂立邵郡因以慶孫爲太守慶孫務安緝之咸來歸業尒朱榮之死也世隆擁衆北度詔慶孫爲大都督與行臺源子恭率衆追擊慶孫與世隆密通事洩追還河內斬之慶孫任俠有氣鄉曲壯士及好事者多相依附撫養咸有恩紀在郡日逢歲饑凶四方遊客恆有百餘慶孫自以家糧贍之性雖麤武愛好文流與諸才學之士咸相交結輕財重義坐客恆滿是以爲時所稱延儁從祖弟仲規少好經史頗有志節咸陽王禧爲司州牧辟爲主簿仍表行建與郡事車駕自代還洛次於郡境仲規備供帳朝於路側詔仲規曰畿郡望重卿何能自致此也仲規曰陛下棄彼玄壤來宅紫縣臣方躍馬吳會冀功銘帝籍豈一郡而已孝文笑曰冀卿必副此言駕還見咸陽王曰昨得汝主簿爲南道主人六軍豐贍元弟之寄殊副所望除司徒主簿仲規父在鄉疾病棄官奔赴以違制免久之中山王英征義陽引爲

統軍奏復本資於陣戰沒贈河東太守謚曰貞無子弟叔義以第二子伯茂後之伯茂少有風望學涉羣書文藻富贍釋褐奉朝請大將軍京兆王繼西討引爲鎧曹參軍南征絳蜀陳雙熾爲行臺長孫承業行臺郎中承業還京師留伯茂仍知行臺事以平薛鳳賢等賞平陽伯再遷散騎常侍典起居注太昌初爲中書侍郎永熙中孝武帝兄子廣平王贊盛選賓寮以伯茂爲文學後加中軍大將軍伯茂好飲酒頗涉踈傲久不徙官曾爲豁情賦天平初遷鄴又爲遷都賦二年因內宴伯茂侮慢殿中尙書章武王景哲景哲遂申啓稱伯茂棄其本列與監同行以梨擊案傍汙冠服禁庭之內令人挈衣詔付所司後竟無坐伯茂既出後其伯仲規與兄景融別居景融貧窘伯茂了無賑恤殆同行路世以此貶薄之卒年三十九知舊歎惜焉伯茂末年劇飲不已乃至傷性多有愆失未亡前數日忽云吾得密信將被收掩乃與婦乘車西逃避後因顧指壁中言有官人追逐其妻方知其病卒後殯於家園友人常景李渾王元景盧元明魏季景李騫等十許人於墓傍置酒設祭哀哭涕泣一飲一酹曰裴中書魂而有

靈知吾曹也乃各賦詩一篇李騫以魏收亦與之友寄以示收收時在晉陽乃
同其作論敘伯茂其十字云臨風想玄度對酒思公榮時人以伯茂性侮傲謂
收詩頗得事實贈散騎常侍衞將軍度支尚書雍州刺史重贈吏部尚書諡曰
文伯茂曾撰晉書竟未能成無子兄景融以第二子孝才繼齊武平末位中書
舍人叔義亦有學行累遷太山太守爲政清靜吏人安之遷司徒從事中郎卒
贈東秦州刺史諡曰宣子景融字孔明篤學好屬文舉秀才射策高第除太學
博士稍遷諫議大夫領著作元象中儀同高岳以爲錄事參軍弟景龍景顏被
劾廷尉獄景融入選吏部擬郡爲御史中尉崔暹所彈云其貪榮昧進遂坐免
官病卒景融卑退廉謹無競於時雖才不稱學而緝綴無倦文詞汎濫理會處
寡所作文章別有集錄景顏頗有學尚孝靜初爲司空長史在官貪穢爲中尉
崔暹所劾遇病死獄中延儁族兄聿字外興以操尚貞立被孝文所知爲北中
府長史時帝以聿與中書侍郎崔亮清貧欲以幹祿優之乃以亮帶野王縣事
聿帶温縣時人榮之卒於平秦郡太守贈洛州刺史子子袖入關西延儁族人

瑗字珍寶太和中析屬河北郡少孤貧淸苦自立爲汝南王悅郎中令孝靜初卒於雍州刺史延儁從父兄宣明位華州刺史有惠政諡曰簡二子景鸞景鴻並有逸才河東呼景鸞爲驥子景鴻爲龍文景鸞位華州刺史子文端齊行臺郎四子願安志弘振景鴻齊和夷郡守子叔卿博涉有孝行時人號曰裴曾子隋貝丘令子神舉神符而神舉最知名

裴佗字元化河東聞喜人也六世祖詵仕晉位太常卿因晉亂避地涼州苻堅平河西東歸因居解縣世以文學顯五舉秀才再舉孝廉時人美之父景惠州別駕佗容貌魁偉隤然有器望舉秀才以高第除中書博士累遷趙郡太守爲政有方威惠甚著猾吏姦人莫不改貫所得俸祿分恤貧窮轉前將軍荆州刺史郡人戀仰傾境餞送蠻酋田盤石田敬宗等部落萬餘家恃衆阻險不賓王命前後牧守未能降款佗至州單使宣慰示以禍福敬宗聞風歸附於是合境淸晏繈負至者千餘家後加中軍將軍以老乞還卒遺令不聽請贈不受賵襚諸子皆遵行之佗性剛直不好與俗人交游其投分者必當時名勝淸白任真

不事家產宅不過三十步又無田園暑不張蓋寒不衣裘其貞儉若此子讓之
讓之字士禮年十六喪父殆不勝哀其母辛氏泣撫之曰棄我滅性得爲孝子
乎由是自勉辛氏高明婦人又閑禮度夫喪諸子多幼弱廣延師友或親自教
授內外親屬有吉凶禮制多取則焉讓之少好學有文情清明俊辯早得聲譽
魏天平中舉秀才對策高第累遷屯田主客郎中省中語曰能賦詩裴讓之爲
太原公開府記室與楊愔友善相遇則清談竟日愔每云此人風流警拔裴文
季爲不亡矣梁使至常令讓之攝主客郎第二弟諏之奔關右兄弟五人皆拘
繫齊神武問云諏之何在答曰昔吳蜀二國諸葛兄弟各得盡心況讓之老母
在此君臣分定失忠與孝愚夫不爲伏願明公以誠信待物若以不信處物物
亦安能自信以此定霸猶却行而求道耳神武善其言兄弟俱釋歷文襄大將
軍主簿兼中書舍人後兼散騎常侍聘梁文襄嘗入朝讓之導引容儀醞籍文
襄目之曰士禮佳舍人也遷長兼中書侍郎領舍人齊受禪靜帝遜居別宮與
諸臣別讓之流涕歔欷以參掌儀注封寧都縣男帝欲以爲黃門侍郎或言其

體重不堪趨侍乃除清河太守至郡未幾楊愔謂讓之諸弟曰我與賢兄交款
企聞善政適有人從清河來云姦吏斂迹盜賊清靖期月之期翻更非速清河
有二豪吏田轉貴孫舍興久吏奸猾多有侵削因事遂脅人取財計贓依律不
至死讓之以其亂法殺之時清河王岳爲司州牧遣部從事案之侍中高德政
舊與讓之不協密奏言當陛下受禪之時讓之眷戀魏朝嗚咽流涕比爲內官
情非所願既而楊愔請救之云罪不合死文宣大怒謂愔曰欲得與裴讓之同
冢邪於是無敢言者事奏竟賜死於家讓之次弟諏之字士正少好儒學釋褐
太學博士嘗從常景借書百卷十許日便返景疑其不能讀每卷策問應答無
遺景歎曰應奉五行俱下禰衡一覽便記今復見之於裴生矣楊愔闔門改葬
託諏之頌作十餘墓誌文皆可觀讓之諏之及皇甫和和弟亮並知名於洛下
時人語曰諏勝於讓和不如亮司空高乾致書曰相屈爲戶曹參軍諏之復書
不受署沛王開大司馬府辟爲記室遷鄴後諏之留在河南西魏領軍獨孤信
入據金墉以諏之爲開府屬號曰洛陽遺彥信敗諏之居南山洛州刺史王元

軌召爲中從事西師忽至尋退遂隨西師入關周文帝以爲大行臺倉曹郎中
卒贈徐州刺史次讞之字士平七歲便勤學早知名累遷司徒主簿楊愔每稱
歎曰河東士族京官不少唯此家兄弟全無鄉音讞之雖年少不妄交游唯與
隴西辛術趙郡李繪頓丘李構清河崔贍爲忘年友昭帝梓宮將還鄴轉儀曹
郎尤悉歷代故事儀注喪禮皆能裁正爲許昌太守客旅過郡皆出私財供給
人間無所預代下日爲吏人所懷仕周卒伊川太守次諶之字士令少有風格
邢邵每云我裴四武成爲開府辟爲參軍掌書記次訥之字士言純謹有局量
弱冠爲平原公開府墨曹掌書記從至并州其母在鄴忽得心痛訥之是日不
勝思慕心亦驚痛乃請急而還當時以爲孝感文宣踐阼幸晉陽皇太子監國
留訥之與杜臺卿並爲齊帥領東宮管記轉太子舍人奏中書舍人事衞尉杜
弼被其家客誣云有怨言誹訕時政并稱訥之與弼交好亦知之坐免官卒天
統中追贈平州刺史長子曰樊出後讓之次子矩最知名
矩字弘大襁褓而孤及長好學頗愛文藻有智數世父讓之謂曰觀汝神識足

成才士欲求宦達當資幹世之務矩由是始留情世事仕齊爲高平王文學齊亡不得調隋文帝爲定州總管補記室甚親敬之以母憂去職及帝作相遣使馳召之參相府記室事受禪遷給事郎奏舍人事伐陳之役領元帥記室既破丹陽晉王廣令矩與高熲收陳圖籍明年奉詔巡撫嶺南未行而高智慧汪文進等作亂吳越道閉上難遣矩行矩請速進上許之行至南康得兵數千人時俚帥王仲宣逼廣州遣其部將周師舉圍東衡州矩與大將軍鹿愿赴之賊立九柵屯大庾嶺共爲聲援矩進擊破之賊懼釋東衡州據原長嶺又擊敗之遂斬師舉進軍自南海拔廣州仲宣懼而潰散矩所綏集者二十餘州又承制署渠帥爲刺史縣令及還上大悅命升殿勞苦之謂高熲楊素曰韋洸將二萬兵不能早度嶺每患其兵少裴矩以三千弊卒徑至南海有臣若此朕亦何憂以功拜開府賜爵聞喜縣公賚物二千段除戶部侍郎遷內史侍郎時突厥強盛都藍可汗妻大義公主即宇文氏女由是數爲邊患後因公主與從胡私通長孫晟先發其事矩請出使說都藍顯戮宇文上從之竟如其言公主見殺後都

藍與突利可汗構難屢犯亭鄣詔太平公史萬歲爲行軍總管出定襄道以矩爲行軍長史破達頭可汗於塞外萬歲被誅功竟不錄上以啓人可汗初附令矩撫慰之還爲尚書左丞其年文獻皇后崩太常舊無儀注矩與牛弘李百藥等據齊禮參定轉吏部侍郎名爲稱職煬帝即位營建東都矩職修府省九旬功就時西域諸蕃多至張掖與中國交市帝令矩掌其事矩知帝方勤遠略諸胡至者矩誘令言其國俗山川險易撰西域圖記三卷入朝奏之其序曰臣聞禹定九州導河不踰積石秦兼六國設防止於臨洮故知西胡雜種僻居遐裔禮教之所不及書典之所罕傳自漢氏興基開拓河右始稱名號者有四十六國其後分立乃五十五王仍置校尉都護以存招撫然叛服不恆屢經征戰後漢之世頻廢此官雖大宛以來略知戶數而諸國山川未有名目至如姓氏風土服章物產全無纂錄世所弗聞復以春秋遞謝年代久遠兼并誅討互有興亡或地是故邦改從今號或人非舊類同襲昔名兼復部人交錯封疆移改戎狄音殊事難窮驗于闐之北葱嶺以東考于前史三十餘國其後更相屠滅僅

有十存自餘淪沒埽地俱盡空有丘墟不可記識皇上應天育物無隔華夷率
土黔黎莫不慕化風行所及日入以來職貢皆通無遠不至臣既因撫納監知
關市尋討書籍訪采胡人或有所疑卽詳衆口依其本國服飾儀形王及庶人
各顯容止卽丹青摸寫爲西域圖記共成三卷合四十五國仍別造地圖窮其
要害從西頃以去北海之南縱横所亘將二萬里諒由富商大賈周游經涉故
諸國之事罔不徧知復有幽荒遠地卒訪難曉不可憑虛是以致闕而二漢相
踵西域爲傳戶人數十卽稱國王徒有名號有乖其實今者所編皆餘千戶利
盡西海多產珍異見山居之屬非有國名及部落小者多亦不載發自燉煌至
于西海凡爲三道各有襟帶北道從伊吾經蒲類海鐵勒部突厥可汗庭度北
流河水至拂菻國達于西海其中道從高昌焉耆龜茲疏勒度葱嶺又經鏺汗
蘇勒沙那國康國曹國何國大小安國穆國至波斯達于西海其南道從鄯善
于闐朱俱波喝盤陁度葱嶺又經護密吐火羅挹怛忛延漕國至北婆羅門達
于西海其三道諸國亦各自有路南北交通其東安國南婆羅門國等並隨其

所往諸處得達故知伊吾高昌鄯善並西域之門戶也總湊燉煌是其咽喉之
地以國家威德將士驍雄汎濛汜而楊旌越崐崙而躍馬易如反掌何往不至
但突厥吐谷渾分領羌胡之國爲其擁遏故朝貢不通今並因商人密送誠款
引領翹首願爲臣妾聖情含養澤及普天服而撫之務在安輯故皇華遣使弗
動兵車諸番既從突厥可滅混一戎夏其在茲乎不有所記無以表威化之遠
也帝大悅賜物五百段每日引矩至御坐親問西方之事矩盛言胡中多諸寶
物吐谷渾易可并吞帝由是甘心將通西域西夷經略咸以委之後遷黃門侍
郎復令往張掖引致西蕃至者十餘國大業三年帝有事於恆嶽咸來助祭帝
將巡河右復令矩往敦煌矩遣使說高昌王麴伯雅及伊吾吐屯設等啗以厚
利導之使入朝及帝西巡次燕支山高昌王伊吾設等及西蕃胡二十七國謁
於道左皆令佩金玉被錦罽焚香奏樂歌儛喧噪復令張掖武威士女盛飾縱
觀填咽周亘數十里以示中國之盛帝見而大悅竟破吐谷渾拓地數千里並
遣兵戍之每歲委輸巨億萬計諸蕃懾慴朝貢相續帝謂矩有綏懷略進位銀

青光祿大夫其年冬帝至東都矩以蠻夷朝貢者多諷帝令都下大戲徵四方奇伎異藝陳於端門街衣錦綺珥金翠者以十萬數又勒百官及百姓士女列坐棚閣而縱觀焉皆被服鮮麗終月而罷又令交市店肆皆設帷帳盛酒食遣掌蕃率蠻夷與人貿易所至處悉令邀延就坐醉飽而散蠻夷嗟歎謂中國爲神仙帝稱矩至誠謂宇文述牛弘曰裴矩凡所陳奏皆朕之成算朕未發矩輒以聞自非奉國孰能若是帝遣將軍薛世雄城伊吾令矩共往經略矩諷諭西域諸國曰天子爲蕃人交易縣遠所以城耳咸以爲然不復來競及還賜錢四十萬矩又白狀令反間射匱潛攻處羅後處羅爲射匱所迫竟隨使者入朝帝大悅賜矩貂裘及西域珍器從帝巡塞北幸啓人帳時高麗遣使先通于突厥啓人不敢隱引之見帝矩因奏曰高麗地本孤竹國周代以之封箕子漢世分爲三郡晉氏亦統遼東今乃不臣列爲外域故先帝欲征之久矣但以楊諒不肖師出無功當陛下時安得不事使此冠帶之境仍爲蠻貊之鄉乎今其使朝於突厥親見啓人合國從化必懼皇靈之遠暢慮後服之先亡脅令入朝當可

致世帝曰如何矩曰請面詔其使放還本國遣語其王令速朝覲不然者當率突厥即日誅之帝納焉高元不用命始建征遼之策王師臨遼以本官領武賁郎將明年復從至遼東兵部侍郎斛斯政亡入高麗帝令矩兼掌兵事以前後度遼功進位右光祿大夫時皇綱不振人皆變節左翊衛大將軍宇文述內史侍郎虞世基等用事文武多以賄聞唯矩守常無贓穢之響以是為世所稱後以楊玄感初平帝令矩安集隴右因之會寧存問曷薩那部落遣闕達度設寇吐谷渾頻有虜獲部落致富還而奏狀帝大賞之後從至懷遠鎮詔護北蕃軍事矩以始畢可汗部衆漸盛獻策分其勢將以宗女嫁其弟叱吉設拜為南面可汗叱吉不敢受始畢聞而漸怨矩又曰突厥本淳易可離間由其內多有羣胡盡皆桀黠教導之耳臣聞史蜀胡悉尤多奸計幸於始畢請誘殺之帝曰善矩因遣人告胡悉曰天子大出珍物今在馬邑欲共蕃內多作交關若前來者即得好物胡悉信之不告始畢率其部落盡驅六畜爭進冀先互市矩伏兵馬邑誘而斬之詔報始畢曰史蜀胡悉忽領部落走來至此云背可汗請我容納

今已斬之故令往報始畢亦知其狀由是不朝十一年帝北巡狩始畢率騎數
十萬圍帝於鴈門詔矩與虞世基宿朝堂以待顧問及圍解從至東都屬射匱
可汗遣其猶子率西蕃諸胡朝貢詔矩宴接之尋從幸江都宮時四方盜賊蜂
起郡縣上奏者不可勝計矩言之帝怒遣矩詣京師接蕃客以疾不行及義兵
入關帝遣虞世基就宅問矩方略矩曰太原有變京畿不靜遙爲處分恐失事
機唯願鑾輿早還俄而驍衞大將軍屈突通敗問至矩以聞帝失色矩素勤謹
未嘗忤物又見天下方亂恐爲身禍其待遇人多過其所望故雖廝役皆得其
歡心時從駕驍果數有逃散帝憂之以問矩矩曰今車駕留此已經二年驍果
之徒盡無家口人無匹合則不能久安臣請聽兵士於此納室帝大喜曰公定
多智此奇計也因令矩檢校爲將士等娶妻矩召江都境內寡婦及未嫁女皆
集宮監又召諸將帥及兵等恣其所取因聽自首先有奸通婦女及尼女官等
並卽配之由是驍果等悅咸相謂曰裴公之惠也宇文化及反矩晨起將朝至
坊門遇逆黨數人控矩馬詣孟景所賊皆曰不關裴黃門旣而化及從百餘騎

至矩迎拜化及慰諭之令矩參定儀注推秦王子浩爲帝以矩爲侍內隨化及至河北化及僭帝號以矩爲尚書右僕射加光祿大夫封蔡國公爲河北道宣撫大使及宇文氏敗爲竇建德所獲以矩隨代舊臣遇之甚厚復以爲吏部尚書轉尚書右僕射建德起自羣盜未有節文矩爲之制定朝儀旬月之間憲章頗擬於王者建德大悅及建德敗時矩與其將曹旦等於洛州留守旦長史李公淹及大唐使人魏徵等說旦及齊善行令矩歸順旦等從之乃令矩與徵公淹領旦及八璽與山東之地歸降授左庶子轉詹事戶部尚書卒讓之第六弟

諤之字士敬少有志節好直言文宣末年昏縱朝臣罕有言者諤之上書正諫言甚切直文宣將殺之白刃臨頸諤之辭色不變帝曰癡漢何敢如此楊愔曰望陛下放以取後世名帝投刀歎曰小子望我殺爾以取後世名我終不成爾名遣人送出齊亡卒於壺關令

皇甫和者字長諧安定朝那人其先因官寓居漢中祖澄南齊秦梁二州刺史父徽字子玄梁安定略陽二郡守魏正始二年隨其妻父夏侯道遷入魏道遷

別上勳書欲以徽爲元謀徽曰創謀之始本不關預雖貪榮賞內媿於心遂拒而不許梁州刺史羊靈祐重其敦實表爲征虜府司馬卒和十一而孤母夏侯氏才明有禮則親授以經書及長深沈有雅量尤明禮義宗親吉凶多相諮訪卒於濟陰太守子聿道以幹局知名位廣平令隋大業初比部郎和弟亮字君翼九歲喪父哀毀有若成人齊神武起義爲大行臺郎中亮率性任真不樂劇職除司徒東閤祭酒思還鄉里啓乞梁州褒中郎本郡也後降梁以母兄在北求還梁武不奪也至鄴無復宦情遂入白鹿山恣泉石之賞縱酒賦詩超然自樂復爲尚書殿中郎攝儀曹事以參撰禪代儀注封榆中男亮疎慢自任無幹務才每有禮儀大事常令餘司攝焉性質朴純厚終無片言矯飾屬有敕下司各列勤墮亮三日不上省文宣親詰其故亮曰一日雨一日醉一日病酒文宣以其恕實優容之杖脛三十而已所居宅洿下標牓賣之將買者或問其故亮每答云爲宅中水淹不洩雨即流入牀下由此宅終不售其淳實如此以兼散騎常侍聘陳使主以不稱免官後除任城太守病不之官卒於鄴贈驃騎大將

軍安州刺史
裴果字戎昭河東聞喜人也祖思賢魏青州刺史父遵齊州刺史果少慷慨有志略魏太昌中爲陽平郡丞周文帝曾使并州與果遇果知非常人密託附焉永安末盜賊蜂起果從軍征討乘黃驄馬衣青袍每先登陷陣時人號爲黃驄年少永熙中授河北郡守及齊神武敗於沙苑果乃率其宗黨歸闕周文嘉之賜田宅奴婢牛馬什物等從戰河橋解玉壁圍摧鋒奮擊所向披靡大統九年又從戰芒山於周文前挺身陷陣禽東魏都督賀婁焉邏蘭勇冠當時衆人莫不歎服以此周文愈親待之補帳內都督遷帥都督平東將軍後從開府楊忠平隨安陸以功加大都督除正平郡守正平果本郡也以威猛爲政百姓畏之盜賊亦爲之屏息遷司農卿又從大將軍尉遲迥伐蜀果率所部爲前軍開劍閣破季慶堡降楊乾運皆有功廢帝三年授龍州刺史封冠軍縣侯俄而州人張遁李拓驅率百姓圍逼州城時糧仗皆闕兵士又寡果設方略以拒之賊便退走於是出兵追擊累戰破之旬日之間州境清晏轉陵州刺史周孝閔帝踐

祚除隆州刺史加持節驃騎大將軍開府儀同三司進爵爲公歷眉復二州刺史果性嚴猛能斷決抑挫豪右申理屈滯歷牧數州號爲稱職卒於位贈本官加絳晉建州刺史諡曰質子孝仁嗣孝仁幼聰敏涉獵經史有譽於時起家舍人上士累遷長寧鎮將扞禦齊人甚有威邊之略歷建譙亳三州刺史

裴寬字長寬河東聞喜人也祖德歡魏中書侍郎河內郡守父靜慮銀青光祿大夫贈汾州刺史寬儀貌瓌偉博涉羣書弱冠爲州里所稱親沒撫諸弟以篤友聞滎陽鄭孝穆嘗謂其從弟文直曰裴長寬兄弟天倫篤睦人之師表吾愛之重之汝可與之游處年十三以選爲魏孝明帝挽郎釋褐員外散騎侍郎及孝武西遷寬謂其諸弟曰君臣逆順大義昭然今天子西幸理無東面以虧臣節乃將家屬避難於大石嶺獨孤信鎮洛陽始出見焉時汾州刺史韋子粲降於東魏子粲兄弟在關中者咸已從坐其季弟子爽先在洛窘急乃投寬寬開懷納之遇有大赦或傳子爽合免因而遂出子爽卒以伏法獨孤信知而責之寬曰窮來見歸義無執送今日獲罪是所甘心以經赦宥遂得不坐大統五年

授都督同軌防長史加征虜將軍十三年從防主韋法保向穎川解侯景圍景密謀南叛僞親狎於法保寬謂法保曰侯景狡猾必不肯入關雖託款於公恐未可信若伏兵以斬之亦一時之功也如曰不然便須深加嚴警不得信其誑誘自貽後悔法保納之然不能圖景但自固而已十四年與東魏將彭樂樂恂戰於新城因傷被禽至河陰見齊文襄寬舉止詳雅善於占對文襄甚賞異之解鏁付館厚加禮遇寬乃裁所臥氈夜縋而出因得遁還見於周文帝帝顧謂諸公曰被堅執銳或有其人疾風勁草歲寒方驗裴長寬爲高澄如此厚遇乃能冒死歸我雖古之竹帛所載何以加之乃手書署寬名下授持節帥都督封夏陽縣男即除孔城城主十六年還河南郡守仍鎮孔城廢帝元年進使持節車騎大將軍儀同三司散騎常侍周孝閔帝踐阼進爵爲子寬在孔城十三年與齊洛州刺史獨孤永業相對永業有計謀多譎詐或聲言春發秋乃出兵或掩蔽消息倏忽而至寬每揣知其情出兵邀擊無不尅之天和三年除溫州刺史初陳氏與周通和每修聘好自華皎附後乃圖寇掠沔州既接敵境於是以

寬爲沔州刺史陳將程靈洗攻之力屈城陷陳人乃執寬至楊州尋被送嶺外
經數載復還建鄴遂卒於江左子義宣後從御正杜果使於陳始得將寬柩還
隋開皇元年文帝詔贈襄郢二州刺史義宣位司金二命士合江令寬弟漢字
仲霄操尚弘雅聰敏好學嘗見人作百字詩一覽便誦魏孝武初解褐員外散
騎侍郎大統五年除大丞相府士曹行參軍轉墨曹漢善尺牘尤便簿領理識
明贍斷割如流相府爲之語曰日下粲爛有裴漢武成中爲司車路下大夫與
工部郭彥大府高賓等參議格令每較量時事必有條理天和五年加車騎大
將軍儀同三司漢少有宿疾恆帶虛羸劇職煩官非其好也時晉公護擅權搢
紳等多諂附之以圖仕進漢直道自守故八年不徙職性不飲酒而雅好賓游
每良辰美景必招引時彥宴賞留連間以篇什當時人物以此重之自寬沒後
遂斷絕游從不聽琴瑟歲時伏臘哀慟而已撫養兄弟子情甚篤至借人異書
必躬自錄本至于疾疹彌年亦未嘗釋卷卒贈晉州刺史子鏡人少聰敏涉獵
經史爲大將軍譚公會記室參軍累遷春官府都上士仕隋位兵曹郎漢弟尼

字景尼性弘雅有器局位御正下大夫卒贈隨州刺史子之隱趙王招府記室
參軍之隱弟師人好學有識度見稱於時起家秦王贄府記室參軍仍兼侍讀
寬族弟鴻少恭謹有幹略歷官內外周天和初拜郢州刺史轉襄州總管府長
史賜爵高邑縣侯從衛公直南征軍敗遂沒尋卒於陳朝廷哀之贈豐資遂三
州刺史

裴俠字嵩和河東解人也祖思齊舉秀才拜議郎父欣西河郡守贈晉州刺史
俠年七歲猶不能言後於洛城見羣烏蔽天從西來舉手指之而言遂志識聰
慧有異常童年十三遭父憂哀毀有若成人將擇葬地而行空中有人曰童子
何悲葬於桑東封公侯俠懼以告其母母曰神也吾聞鬼神福善爾家未嘗有
惡當以吉祥告汝耳時俠宅側有大桑林因葬焉州辟主簿舉秀才魏正光中
解巾奉朝請稍遷義陽郡守元顥入洛使執其使人焚其赦書孝莊嘉之授東
郡太守帶防城別將及孝武與齊神武有隙徵兵俠率所部赴洛陽武衛將軍
王思政謂曰當今權臣擅命王室日卑若何俠曰宇文泰爲三軍所推居百二

之地所謂已操戈矛寧肯授人以柄雖欲撫之恐是據於蒺藜也思政曰奈何俠曰圖歡有立至之憂西巡有將來之慮曰至關右日慎一日徐思其宜耳思政然之乃進俠於帝授左中郎將及帝西遷俠將行而妻子猶在東郡滎陽鄭偉謂俠曰天下方亂未知烏之所集何如東就妻子徐擇木焉俠曰既食人祿寧以妻子易圖也遂從入關賜爵清河縣伯除丞相府士曹參軍大統三年領鄉兵從戰沙苑先鋒陷陣俠本名協至是周文帝嘉其勇決乃曰仁者必勇因命名俠焉以功進爵爲侯王思政鎮玉壁以俠爲長史齊神武以書招思政思政令俠草報書甚壯烈周文善之曰雖魯仲連無以加也除河北郡守俠躬履儉素愛人如子所食唯菽麥鹽菜而已吏人莫不懷之此郡舊制有漁獵夫三十人以供郡守俠曰以口腹役人吾所不爲也乃悉罷之又有丁三十人供郡守役俠亦不以入私並收庸爲市官馬歲時既積馬遂成羣去職之日一無所取人歌曰肥鮮不食丁庸不取裴公貞惠爲世規矩俠嘗與諸牧守俱謁周文周文命俠別立謂諸牧守曰裴俠清慎奉公爲天下之最令衆中有如俠者可

與之俱立衆皆默然無敢應者周文乃厚賜俠朝野服焉號爲獨立使君又撰九世伯祖貞侯潛傳述裴氏清公欲使後生奉而行之宗室中知名者咸付一通從弟伯鳳世彥時並爲丞相府佐笑曰人生仕進須身名並裕清苦若此竟欲何爲俠曰夫清者莅職之本儉者持身之基況我大宗世濟其美故能存見稱於朝廷沒流芳於典策今吾幸以凡庸濫蒙殊遇固其窮困非慕名也志在自修懼辱先也翻被嗤笑知復何言伯鳳等慚而退再遷郢州刺史加儀同三司梁竟陵守孫暠鄣城守張建並以郡來附俠見之密謂人曰暠目動言肆輕於去就者也建神情審定當無異心乃馳啓其狀周文曰裴俠有鑒深得之矣遣大都督苻貴鎮竟陵而鄣城竟不遣監統及柳仲禮軍至暠還以郢叛卒如俠言尋轉大將軍拓州刺史徵拜雍州別駕周孝閔帝踐阼除司邑下大夫加驃騎大將軍開府儀同三司進爵爲公還戶部中大夫時有姦吏主守倉儲積年隱沒至千萬者及俠在官勵精發擿數旬之內姦盜略盡轉工部中大夫有大司空掌錢物典李貴乃於府中悲泣或問其故對曰所掌官物多有費用裴

公清嚴有名懼遭罪責所以泣耳俠聞之許其自首貴自言隱費錢五百萬俠嘗遇疾沈頓士友憂之忽聞五鼓便即驚起顧左右曰可向府耶所苦因此而瘳晉公護聞之曰裴俠危篤若此而不廢憂公因聞鼓聲疾病遂愈此豈非天祐其勤恪也又司空許國公宇文貴小司空北海公申徽並來候俠疾所居第屋不免霜露貴等還言之於帝帝矜其貧苦乃爲起宅幷賜良田十頃奴隸耕未糧粟莫不備足搢紳咸以爲榮卒於位贈太子少師蒲州刺史謚曰貞河北郡前功曹張回及吏人等感俠遺愛乃作頌紀其清德焉子祥性忠謹有理劇才少爲城都令清不及俠斷決過之後除長安令爲權貴所憚遷司倉下大夫俠之終也以毀卒祥弟肅

肅字神封貞亮有才藝少與安定梁毗同志友善天和中舉秀才累遷御正下大夫以行軍長史從韋孝寬征淮南屬隋文帝爲丞相肅聞而歎曰武帝以雄才定六合墳土未乾而一朝遷革豈天道歟文帝聞之甚不悅由是廢于家開皇五年授膳部侍郎歷朔州總管長史貝州長史俱有能名仁壽中肅見皇太

子勇蜀王秀左僕射高熲俱廢黜遣使上書言高熲天挺良才元勳佐命願錄其大功忘其小過二庶人得罪已久寧無革心願各封小國觀其所爲若得遷善漸更增益如或不悛貶削非晚書奏上謂楊素曰蕭憂我家事如此亦至誠也於是徵蕭入朝皇太子聞之謂左庶子張衡曰使勇自新欲何爲也衡曰觀蕭意欲令如吳太伯漢東海王耳太子甚不悅蕭至京見上於含章殿上謂曰貴爲天子富有四海後宮寵幸不過數人自勇以下並皆同母非爲愛憎輕事廢立因言勇不可復收之意既已罷遣之未幾上崩煬帝嗣位不得調者久之蕭亦杜門不出後執政者以嶺表遐遠希旨授蕭永平郡丞甚得夷人心歲餘卒夷獠思之爲立廟於漳江之浦有子尚賢

裴文舉字道裕河東聞喜人也祖秀業魏天水郡守贈平州刺史父邃性方嚴爲州里所推挹大統三年東魏來寇邃乃糾合鄉人分據險要以自固及李弼略地東境邃爲之鄉導多所降下周文帝嘉之特賞衣物封澄城縣子卒於正平郡守贈儀同三司定州刺史文舉少忠謹涉獵經史大統十年起家奉朝請

時周文帝諸子年幼盛簡賓友文舉以選與諸公子游雅相欽敬未嘗戲狎遷著作郎中外府參軍恭帝二年賜姓賀蘭氏周孝閔帝踐阼襲爵澄城縣子齊公憲初開幕府以文舉爲司錄及憲出鎮劍南復以文舉爲總管府中郎武成二年就加使持節車騎大將軍儀同三司蜀土沃饒商販百倍或有勸文舉以利者文舉答之曰利之爲貴莫若安身身安則道隆非貨之謂是以不爲非惡財也憲矜其貧窶每欲資給之文舉恆自謙遜辭多受少保定三年遷絳州刺史遂之任正平也以廉約自守每行春省俗單車而已及文舉臨州一遵其法百姓美而化之總管韋孝寬特相欽重每與談論不覺膝前於席天和初進驃騎大將軍開府儀同三司尋爲孝寬柱國府司馬六年入爲司憲中大夫進爵爲伯轉軍司馬文舉早喪父其兄又在山東唯與弟璣幼相訓養友愛甚篤璣又早亡文舉撫視遺孤逾於己子時人以此稱之初文舉叔父季和爲曲沃令終於聞喜川而叔母韋氏卒於正平縣屬東西分隔韋氏墳隴遂在齊境及文舉在本州每加賞募齊人感其孝義潛相要結以韋樞西歸竟得合葬六年除

南青州刺史宣政元年卒於位子胄嗣位至大都督子神安邑通守有子知禮
裴仁基字德本河東人也祖伯鳳周汾州刺史父定上儀同仁基少驍武便弓
馬平陳之役以親衛從征先登陷陣拜儀同賜物千段以本官領漢王諒府親
信諒反仁基苦諫見囚諒敗超拜護軍後改授武賁郎將從將軍李景討叛蠻
向思多於黔安以功進銀青光祿大夫擊破吐谷渾加授金紫光祿大夫斬獲
寇掠靺鞨拜左光祿大夫從征高麗進位光祿大夫李密據洛口帝令仁基爲
河南道討捕大使據武牢拒密仁基見強寇在前士卒勞弊所得軍資卽用分
賞監軍御史蕭懷靜止之衆咸怒懷靜懷靜又陰持仁基長短欲有奏劾仁基
懼殺懷靜以其衆歸密密以爲河東郡公其子行儼驍勇善戰密復以爲絳郡
公甚相委昵王世充以東都食盡悉衆詣偃師求決戰密與諸將計仁基曰世
充盡銳而至洛下必虛可分兵守其要路令不得東簡精兵三萬傍河西出以
逼東都世充却還我且按甲世充重出我又逼之如此則我有餘力彼勞奔命
兵法所謂彼出我歸彼歸我出數戰以疲之多方以誤之者也密曰公知其一

不知其二東都兵馬有三不可當器械精一也決計而來二也食盡求鬭三也
我按兵蓄力以觀其弊彼求鬭不得欲走無路不過十日世充之首可懸於麾
下單雄信等諸將輕世充皆請戰仁基苦爭不得密難違諸將言戰遂大敗仁
基爲世充所虜世充以仁基父子並驍勇深禮之以兄女妻行儼及僭尊號署
仁基爲禮部尚書行儼爲左輔大將軍行儼每戰所當皆披靡號萬人敵世充
憚其威名頗加猜防仁基知之甚不自安遂與世充所署尚書左丞宇文儒童
尚食直長陳謙祕書丞崔德本等謀令陳謙於上食之際持七首劫世充行儼
以兵應之事定然後輔越王侗事臨發將軍張童兒告之俱爲世充所殺
論曰裴駿雅業有資器行仍世所以布於列位不替其美廷儁器能位望有可
稱乎伯茂才名亦時之良也元化以文學傳業而又修史著美讓之弟兄修身
勵行觀夫出處之跡良足稱乎矩學涉經史頗有幹局至於恪勤匪懈夙夜在
公求之古人殆未之有與聞政事多歷歲年雖處危亂之中未虧廉謹之節然
與時消息承望風旨使高昌入朝伊吾獻地聚糧且末師出玉門關右騷然頗

亦矩之由矣果及長寬早知去就而寬淪迹異域蓋乃命乎嵩和廉約居身忠勤奉上人懷其惠吏畏其威雖古之良吏何以加此肅歷官周隋志存鯁正竟而忠誠慷慨犯忤龍鱗固知嫠婦憂宗周之亡處女悲太子之少非徒語也文舉之在絳州世載清德辭多受少有廉讓之風焉仁基以武略見知自升顯級竟而蹈履非所身名隳壞時也

北史卷三十八

北史卷三十八考證

裴駿傳宣武時追贈東秦州刺史○時監本訛待今改正

敬憲傳中山將之部朝賢送於河梁○魏書中山下注云闕一字

裴讓之傳姦吏斂迹盜賊清靖朞月之期翻更非速○翻更非速齊書作翻然更速

次讖之字士平○士平齊書作正平然以上文次弟諏之字士正觀之當以此書爲是又下文清河崔贍齊書贍作瞻

矩傳皇上應天育物○天監本誤大今改從閣本

以矩隨代舊臣遇之甚厚○隨應改作隋

北史卷三十八考證

唐　李延壽　撰

列傳第二十七

薛安都　劉休賓　房法壽 曾孫豹 族子景伯 玄孫彥謙

畢衆敬 曾孫義雲　羊祉 子深 孫肅 弟子敦 烈

薛安都字休達河東汾陰人也父廣晉上黨太守安都少驍勇善騎射頗結輕俠諸兄患之安都乃求以一身分出不取片資兄許之居於別廄遠近交遊者爭有送遺馬牛衣服什物充滿其庭真君五年與東雍州刺史沮渠康謀逆事發奔宋在南以武力見敘遇宋孝武起江州遂以爲將和平六年宋湘東王殺其主子業五自立是爲明帝羣情不協共立子業弟晉安王子勛安都與沈文秀崔道固常珍奇等舉兵應之宋明帝遣將張永討安都安都遣使降魏請兵救援遣第四子道次爲質獻文乃遣鎮東大將軍尉元等赴之拜安都鎮南大將軍徐州刺史賜爵河東公元等既入彭城安都中悔謀圖元等元知之遂不

果發安都因重貨元等委罪於女壻裴祖隆元乃殺祖隆而隱安都謀皇與二年與畢衆敬朝于京師甚見禮重子姪羣從並處上客皆封侯至於門生無不收敘又爲起第宅館宇崇麗資給甚厚卒贈假黃鉞秦州刺史河東王謚曰康子道檦襲爵位平州刺史政有聲稱歷相秦二州刺史卒道檦弟道異亦以勳爲第一客早卒贈秦州刺史安邑侯道異弟道次既質京師賜爵安邑侯位秦州刺史進河南公安都從祖弟真度初亦與安都南奔及從安都來降爲上客太和初賜爵河北侯出爲平州刺史假陽平公後降爲伯歷荊州東荊州刺史初還洛後真度每獻計勸先取樊鄧後攻南陽故大爲帝所賞改封臨晉縣伯轉豫州刺史景明初豫州大饑真度表輒日別出倉米五十斛爲粥救其甚者詔曰真度所表甚有憂濟百姓之意宜在拯卹歷華荊二州刺史入爲大司農卿正始初除揚州刺史還朝除金紫光祿大夫加散騎常侍改封敷西卒贈左光祿大夫謚曰莊有子十二人嫡子懷徹襲封初真度有女妓數十人每集賓客輒命之絲竹歌舞不輟於前盡聲色之適庶長子懷吉居喪過周以父妓十

餘人并樂器獻之宣武納焉懷吉好勇有膂力雖不善書學亦解達時事卒於汾州刺史懷吉本不勵清節及爲汾州偏有聚納之響自以支庶餌誘勝己共爲婚姻多攜親戚悉令同行兼爲之彌縫恣其取受而將勞賓客曲盡物情送去迎來不避寒熱性少言每有接對但嘿然而返既指授先期明人馬之數左右密已記錄俄而酒饌相尋芻粟繼至逮于將別贈以錢縑下及廝傭咸過本望眞度諸子既多其母非一同產相朋因有憎愛與和中遂致訴列云以毒藥相害顯在公府發揚疵釁時人恥焉

劉休賓字處幹本平原人也祖昶從慕容德度河家于北海都昌縣父奉伯宋北海太守休賓少好學有文才仕宋爲兗州刺史娶崔邪利女生子文曅崔氏先歸寧在魯郡邪利之降文曅母子與俱入魏及慕容白曜軍至休賓不降白曜請崔氏與文曅至以報休賓又執休賓兄延和妻子巡視城下休賓答白曜許待歷城降當卽歸順密遣主簿尹文達向歷城觀魏軍形勢文達詣白曜詐祇候白曜令文達往升城見其妻子文曅哭泣以爪髮爲信文達回復經白曜

誓約而還見休賓休賓撫爪髮泣復遣文達與白曜期白曜喜以酒灌地啓告山河誓不負休賓文達還謂休賓可早決計休賓於是告兄子聞慰聞慰固執不可遂差本契白曜尋遣著作佐郎許赤彪夜至梁鄒南門告城上人曰休賓遣文達頻造僕射許降何得無信於是城內遂相維持欲降不得歷城降休賓乃出請命及立平齊郡乃以梁鄒人爲懷寧縣以休賓爲令延興二年卒文曄有志尚綜覽羣書輕財重義太和中坐從兄聞慰南叛被徙北邊孝文特聽還代帝曾幸方山文曄大言求見申父功厚賞屈於是賜爵都昌子深見待遇拜協律中郎卒於高陽太守贈兗州刺史謚曰貞休賓叔父旋之其妻許氏生二子法鳳法武而旋之早卒東陽平許氏攜二子入魏孤貧不自立母子並出家爲尼僧既而反俗俱奔江南法武後改名峻字孝標南史有傳

房法壽小名烏頭清河東武城人也曾祖諶仕燕位太尉掾隨慕容氏遷于齊子孫因家之遂爲東清河繹幕人焉法壽幼孤少好射獵輕率勇果結諸羣小爲劫盜宗族患之弱冠州迎主簿後以母老不復應州郡命常盜殺豬羊以供

母招集壯士恆有數百仕宋爲魏郡太守法壽從祖弟崇吉母妻爲慕容白曜所獲託法壽爲計法壽與崇吉歸款於白曜詔以法壽爲平遠將軍與韓麒麟對爲冀州刺史及歷城梁鄒降法壽崇吉等與崔道固劉休賓俱至京師以法壽爲上客崇吉爲次客崔劉爲下客法壽供給亞於薛安都等以功賜爵壯武侯給以田宅奴婢性愛酒好施親舊賓客率同飢飽坎壈常不豐足畢衆敬等皆尙其通愛卒贈青州刺史諡敬侯子伯祖襲例降爲伯歷齊郡內史伯祖闇弱委事於功曹張僧浩大有受納伯祖衣食不充後卒於幽州輔國府長史免官卒子翼大城戍主帶宗安太守襲爵壯武侯

翼子豹字仲幹體貌魁岸美音儀年十七州辟主簿王思政入據頴川慕容紹宗出討豹爲紹宗開府主簿兼行臺郎中紹宗自云有水厄遂於戰艦中浴并自投於水冀以厭當之豹白紹宗曰夫命也在天豈人理所能延保公若實有水厄非禳辟所能却若其實無何禳之有今三軍之事在於明公唯應達命任理以保元吉方乃乘船入水云以防災豈如岸上指麾以保萬全也紹宗笑曰

不能免俗爲復爾耳未幾而紹宗遇溺時論以爲知微清河中除謁者僕射拜西河太守地接周境俗雜稽胡豹政貴清靜甚著聲績遷博陵太守亦有能名又遷樂陵太守風教修理稱爲美政郡瀕海水味多鹹苦豹命鑿一井遂得甘泉遐邇以爲政化所致豹罷歸後井味復鹹齊滅遂還本鄉丘園自養頻被徵命固辭以疾每牧守初臨必遣致禮官佐邑宰皆投刺申敬終於家無子以兄熊子彥詡嗣彥詡明辯有學識位殿中侍御史千乘益都二縣令有惠政熊字子威性至孝聰朗有節概州辟主簿行清河廣川二郡事七子長子彥詢最知名以魏勳門嫡孫賜爵永始縣子特爲叔豹所愛重病卒豹取急親送柩還鄉悲痛傷惜以爲喪當家之寶初彥詢少時爲監館嘗接陳使江總及陳滅總入關見彥詢弟彥謙曰公是監館弟耶因慘然曰昔因將命得申言款彥詢所贈總詩今見載總集彥謙早孤不識父爲母兄鞠養長兄彥詢雅有清鑒以彥謙天性穎悟每奇之親教讀書年七歲誦數萬言爲宗黨所異十五出後叔父子貞事所繼有踰本生子貞哀之撫養甚厚後丁繼母憂勺飲不入口者五日事

伯父豹竭盡心力每四時珍果弗敢先嘗遇期功之戚必蔬食終禮宗從取則焉其後受學于博士尹琳手不釋卷遂通涉五經解屬文雅有詞辯風概高人年十八屬齊廣寧王孝珩爲齊州刺史辟爲主簿時禁網疎闊州郡之職尤多縱弛及彥謙在職清簡守法州境肅然莫不敬憚及周師入鄴齊主東奔以彥謙爲齊州中從事彥謙痛本朝傾覆將糾率忠義潛謀匡輔事不果而止齊亡歸于家周武帝遣柱國辛遵爲齊州刺史爲賊帥輔帶劍所執彥謙以書諭之帶劍慚懼送遵還州諸賊並各歸首及隋文受禪之後遂優游鄉曲誓無仕心開皇七年刺史韋藝固薦之不得已而應命吏部尚書盧愷一見重之擢授承奉郎俄遷監察御史後屬陳平奉詔安撫泉括等十州以銜命稱旨賜物百段米百石衣一襲奴婢七口遷秦州總管錄事參軍因朝集時左僕射高熲定考課彥謙謂熲曰書稱三載考績黜陟幽明唐虞以降代有其法黜陟合理褒貶無虧便是進必得賢退皆不肖如或舛謬法乃虛設比見諸州考校執見不同進退多少參差不類況復愛憎肆意致乖平坦清介孤直未必高第卑諂巧官

翻居上等真僞混淆是非瞀亂宰貴既不精練斟酌取捨曾經驅使者多以蒙識獲成未歷臺省者皆爲不知被退又四方懸遠難可詳悉唯準量人數半破半成徒計官員之少多莫顧善惡之衆寡欲求允當其道無由明公鑒達幽微平心遇物今所考校必無阿枉脫有前件數事未審何以裁之唯願遠布耳目精加采訪褒秋毫之善貶纖介之惡非直有光至道亦足標獎賢能詞氣偘然觀者屬目熲爲之動容深見嗟賞因歷問河西隴右官人景行彥謙對之如響熲謂諸州總管刺史曰與公言不如獨共秦州考使語後數日熲言於帝帝弗能用以秩滿遷長葛縣令甚有惠化百姓號爲慈父仁壽中帝令持節使者巡行州縣察長吏能不以彥謙爲天下第一超授鄀州司馬吏人號哭相謂曰房明府今去吾屬何用生爲其後百姓思之立碑頌德鄀州久無刺史州務皆歸彥謙名有異政內史侍郎薛道衡一代文宗位望清顯所與交結皆海內名賢重彥謙爲人深加友敬及爲襄州總管辭翰往來交錯道路煬帝嗣位道衡轉牧番州路經彥謙所留連數日屑涕而別黃門侍郎張衡亦與彥謙相善于時

帝營東都窮極侈麗天下失望又漢王構逆罹罪者多彥謙見衡當塗而不能匡救書諭之曰竊聞賞者所以勸善刑者所以懲惡故疏賤之人有善必賞尊賢之戚犯惡必刑未有罰則避親賞則遺賤者也今國家祗承靈命作人父母刑賞曲直升聞於天夤畏照臨亦宜謹肅故文王云我其夙夜畏天之威以此而論雖州國有殊高下懸邈憂人慎法其理一也至如并州釁逆須有甄明若楊諒實以詔命不通慮宗社危逼徵兵聚衆非爲干紀則當原其本情議其刑罰上副聖主友于之意下曉愚人疑惑之心若審知外內無虞嗣后纂統而好亂樂禍妄有覬覦則管蔡之誅當在於諒同惡相濟無所逃罪梟縣孥戮國有常刑遂使籍沒流移恐爲冤濫恢恢天網豈其然乎罪疑從輕斯義安在昔叔向寘鬻獄之死晉國所嘉釋之斷犯蹕之刑漢文稱善羊舌寧不愛弟廷尉非苟違君俱以執法無私不容輕重且聖人大寶是曰神器苟非天命不可妄得故蚩尤項籍之驍勇伊尹霍光之權勢李老孔丘之才智呂望孫武之兵術吳楚連盤石之據產祿承母弟之基不應歷運之兆終無帝主之位況乎蕞爾一

隅蜂扇蠆聚楊諒之愚鄙羣小之凶慝而欲憑陵畿甸覬幸非望者哉開闢以降書契云及帝皇之跡可得而詳自非積德累仁豐功厚利孰能道洽幽顯義感靈祇是以古之哲王昧旦丕顯履冰在念御朽兢懷逮叔世驕荒曾無戒懼肆於人上騁嗜奔欲不可具載請略陳之曩者齊陳二國並居大位自謂與天地合德日月齊明罔念憂虞不卹刑政近臣懷寵稱善而隱惡史官曲筆掩瑕而錄美是以人庶呼嗟終閉塞於視聽公卿虛譽日敷陳於左右法網嚴密刑辟日多賦役煩與老幼疲苦昔鄭有子產齊有晏嬰楚有叔敖晉有士會凡此小國尚足名臣齊陳之強豈無良佐但以執政壅蔽懷私殉軀忘國憂家外同內忌設有正直之士才堪幹時於己非宜即加擯棄儻遇諂佞之輩行多穢慝於我有益遽蒙薦舉以此求賢何從而至夫賢材者非尚膂力豈繫文華唯須正身負載確乎不動譬棟之處屋如骨之在身所謂棟梁骨鯁之材也齊陳不任骨鯁信近讒諛天高聽卑監其淫僻故總收神器歸我大隋向使二國祇敬上玄惠恤鰥寡委任方直斥遠浮華卑菲爲心惻隱是務河朔強富江湖險隔

各保其業人不思亂泰山之固弗可動也然而寢臥積薪宴安鴆毒遂使禾黍
生廟霧露沾衣弔影撫心何嗟及矣故詩云殷之未喪師克配上帝宜鑒于殷
駿命不易萬機之事何者不須熟慮哉伏惟皇帝望雲就日仁孝夙彰錫社分
珪大成規矩及總統淮海盛德日新當璧之符遐邇僉屬纘曆甫爾寬仁已布
率土蒼生翹足而喜并州之亂變起倉卒職由楊諒詭惑詿誤吏人非有構怨
本朝棄德從賊者也而有司將帥稱其願反非止誣陷良善亦恐大玷皇猷足
下宿當重寄早預心膂粵自藩邸柱石見知方當書名竹帛傳芳萬古稷契伊
呂彼獨何人既屬明時須存謇諤立當世之大誠作將來之憲範豈容曲順人
主以愛虧刑又使脅從之徒橫貽罪譴忝蒙眷遇輒寫微誠野人愚瞽不知忌
諱衡得書歎息而不敢奏聞彥謙知王綱不振遂去官隱居不仕將結構蒙山
之下以求其志會置司隸官盛選天下知名之士朝廷以彥謙公方宿著時望
所歸徵授司隸刺史彥謙亦慨然有澄清天下之志凡所薦舉皆人倫表式其
有彈射當之者曾無怨言司隸別駕劉炫陵上侮下訐以為直刺史憚之皆為

之拜唯彥謙執志不撓抗禮長揖有識嘉之炕亦不恨大業九年從駕度遼監扶餘道軍事其後隋政漸亂莫不變節彥謙直道守常頗爲執政者所嫉出爲涇陽令終於官彥謙居家每子姪定省常爲講說督勉之亹亹不倦家有舊業資產素殷又前後居官所得俸祿皆以周恤親友家無餘財車服器用務存素儉自少及長一言一行未嘗涉私雖致屢空怡然自得嘗從容獨笑顧謂其子玄齡曰人皆因祿富我獨以官貧所遺子孫在於清白耳所有文筆恢廓閑雅有古人之深致又善草隸人有得其尺牘者皆寶翫之大原王邵北海高構蓨縣李綱中山郎茂郎穎河東柳彧薛孺皆一時知名雅澹之士彥謙並與爲友雖冠蓋成列而門無雜賓體資文雅深達政務有識者咸以遠大許之初開皇中平陳之後天下一統論者咸云將致太平彥謙私謂所親趙郡李少通曰主上性多忌剋不納諫諍太子卑弱諸王擅威在朝惟行苛酷之政未弘遠大之體天下雖安方憂危亂少通初謂不然及仁壽大業之際其言皆驗貞觀初以子玄齡著勳庸贈徐州都督臨淄縣公謚曰定伯祖弟幼愍安豐新蔡二郡太

守坐事奪官居家忽聞門有客聲出無所見還至庭中爲家羣犬所噬卒
景伯字叵暉法壽族子也祖元慶仕宋歷七郡太守後爲沈文秀青州建威府
司馬宋明帝之殺廢帝子業子業弟子勛起兵文秀後歸子勛元慶不同爲文
秀所害父愛親獻文時三齊平隨例內徙爲平齊人以父非命疏服終身景伯
生於桑乾少喪父以孝聞家貧傭書自給養母甚謹尙書盧陽烏稱之於李沖
沖時典選拔爲奉朝請累遷齊州輔國長史會刺史亡敕行州事政存寬簡百
姓安之後除清河太守郡人劉簡武曾失禮於景伯聞其臨郡闔家逃亡景伯
督切屬縣追捕禽之卽署其子爲西曹掾令喻山賊賊以景伯不念舊惡一時
俱下論者稱之舊制守令六年爲限限滿將代郡人韓靈和等三百餘人表訴
乞留復加二載後爲司空長史以母疾去官景伯性復淳和涉獵經史諸弟宗
之如事嚴親及弟亡蔬食終喪期不內御憂毀之容有如居重其次弟景先亡
其幼弟景遠期年哭臨亦不內寢鄉里爲之語曰有義有禮房家兄弟廷尉卿
崔光韶好標牓人物無所推尙每云景伯有士大夫之行業及母亡景伯居喪

不食鹽菜因此遂爲水病積年不愈卒於家贈左將軍齊州刺史景伯子文烈
位司徒左長史與從父弟逸祐並有名文烈性溫柔未嘗嗔怒爲吏部郎時經
霖雨絕糧遣婢糴米因爾逃竄三四日方還文烈徐謂曰舉家無食汝何處來
竟無捶撻子山基仕隋歷戶部考功侍郎並著能名見稱於時景先字光胄幼
孤貧無資從師其母自授毛詩曲禮年十二請其母曰豈可使兄傭賃以供景
先也請自求衣然後就學母哀其小不許苦請乃從之遂得一羊裘忻然自足
晝則樵蘇夜誦經史遂大通贍太和中例得還鄉解褐太學博士時太常劉芳
侍中崔光當世儒宗歎其精博奏兼著作佐郎修國史侍中穆紹又啓景先撰
宣武起居注累遷步兵校尉領尚書郎齊州中正所歷者有當官稱景先沉敏
方正事兄恭謹出告反面晨昏參省側立移時兄亦危坐相敬如賓兄曾寢疾
景先侍湯藥衣冠不解形容毀瘁親友見者莫不哀之卒特贈洛州刺史謚曰
文景先作五經疑問百餘篇其言典該符璽郎王神貴益之名爲辯疑合成十
卷亦有可觀節閔帝時奏上之帝親自執卷與神貴往復嘉其用心子延祐武

定末太子家令後隸魏收修史景遠字叔遐重然諾好施與頻歲凶儉分贍宗親又於通衢以飼餓者存濟甚衆平原劉郁行經齊兗之境忽遇劫賊已殺十餘人次至郁呼曰與君鄉近何忍見殺賊曰若言鄉里親親是誰郁曰齊州主簿房陽是我姨兄陽是景遠小字賊曰我食其粥得活何得殺其親遂還衣物蒙活者二十餘人景遠好史傳不爲章句天性小急不類家風然事二兄至謹撫養兄孤恩訓甚篤益州刺史傅豎眼慕其名義啓爲昭武府功曹參軍以母老不應豎眼頗恨之卒于家子敬道永熙中開府參軍

畢衆敬小名奈東平須昌人也少好弓馬射獵交結輕果常於疆境盜掠爲業仕宋位太山太守湘東王彧殺其主子業而自立是爲明帝遣衆敬詣兗州募人到彭城刺史薛安都召與密謀云晉安有上流之名且孝武第三子當共卿西從晉安衆敬從之東平太守申纂據無鹽城不與之同及宋明平子勛授纂兗州刺史會有人發衆敬父墓令其母骸首散落衆敬發喪行服疑纂所爲弟衆愛爲薛安都長史亦遣人密至濟陰掘纂父墓以相報答及安都以城入魏

衆敬不同其謀子元賓以母幷百口悉在彭城恐交致禍日夜啼泣遣請衆敬衆敬猶未從之衆敬先已遣表謝宋宋明授衆敬兗州刺史而以元賓有他罪獨不捨之衆敬拔刀破柱曰皓首之年唯有此子今不原貸何用獨全及尉元至乃以城降元遣將入城事定衆敬悔恚數日不食皇興初就拜散騎常侍兗州刺史賜爵東平公與中書侍郎李璨對爲刺史慕容白曜攻剋無鹽獲申纂無殺纂意而城中火起纂爲所燒死衆敬聞剋無鹽懼不殺纂乃與白曜書幷表朝廷云家酷由纂聞纂死乃悅二年與薛安都朝京師賜甲第一區後復爲兗州刺史徵還京師衆敬善自奉養食膳豐華必致他方遠味年已七十髮鬢皓白而氣力未衰跨鞍馳騁有若少壯篤於姻類深有國士之風張讜之亡躬往營視有若至親太和中孝文賓禮舊老衆敬與高允引至方山雖文武奢儉好尚不同然亦與允甚相愛敬接膝談款有若平生後以篤老乞還桑梓朝廷許之衆敬臨還獻真珠璫四具銀裝劍一口刺虎矛一枚仙人文綾一百匹文明太后與帝引見於皇信堂賜以酒饌車馬絹等勞遣之卒於兗州子元賓少

豪俠有武幹涉獵書史與父同建勳誠至京師俱爲上賓賜爵須昌侯後拜兗州刺史假彭城公父子相代爲本州當世榮之時衆敬以老還鄉常呼元賓爲使君每元賓聽政時乘板輿出至元賓所先遣左右敕不聽起觀其斷決忻忻然喜見顏色衆敬善持家業猶能督課田產大致儲積元賓爲政清平善撫人物百姓愛樂之以父憂解任喪中遙授長兼殿中尙書卒贈衞尉卿謚曰平元賓入魏初娶東平劉氏有四子祖朽祖髦祖歸祖旋賜妻元氏生二子祖榮祖暉祖朽最長祖暉次祖髦故事前妻雖先有子後賜之妻子皆承嫡所以劉氏先亡祖暉不服重元氏後卒祖朽等三年終禮祖榮早卒子義允襲祖爵東平公例降爲侯卒子僧安襲祖朽身長八尺腰帶十圍涉獵經史好爲文詠善與人交襲父爵須昌侯例降爲伯以本州中正爲統軍隸邢巒討梁師以功封南城縣男歷散騎侍郎中書侍郎神龜末除東豫州刺史祖朽善撫邊清平有信百姓稱之後爲瀛州刺史卒贈吏部尙書兗州刺史無子以弟祖歸子義暢爲後襲爵義暢傾巧無士業善通時要位中書侍郎兗州大中正後除散騎常侍

坐事伏法祖髦以兄祖朽別封南城以須昌伯回授之位東平太守卒於本州別駕祖暉早有器幹爲豳州刺史以全守勳封新昌縣子逢蕭寶夤退敗祖暉拔城東趣華陰坐免官爵尋行豳州事建義中詔復州爵後爲賊宿勤明達所攻沒長子義緦襲爵齊受禪例降義緦弟義雲

義雲小字陁兒少麤俠家在兖州北境常劫掠行旅州里患之晚方折節從官累遷尚書都官郎中性嚴酷事多幹了齊文襄作相以爲稱職令普勾僞官專以車輻考掠所獲甚多然大起怨謗曾爲司州吏所訟云其有所減截幷改換文書文襄以其推僞衆人怨望並無所問乃拘吏數而斬之因此銳情訊鞫威名日盛文宣受禪除書侍御史彈射不避勳親累遷御史中丞繩劾更切然豪橫不平頻被怨訟前爲汲郡太守翟嵩啓列義雲從父兄僧明負官債先任京畿長史不受其屬立限切徵由此挾嫌數遣御史過郡訪察欲相推繩又坐私藏工匠家有十餘機織錦幷造金銀器物乃被禁止尋見釋以爲司徒左長史尚書左丞司馬子瑞奏彈義雲稱天保元年四月竇氏皇姨殂載日內外百官

赴第弔省義雲唯遣御史投名身遂不赴又義雲啓云喪婦孤貧後娶李世安女爲妻世安身雖父服未終其女爲祖已就平吉特乞闇迎不敢備禮及義雲成昏之夕衆禮備設剋日拜閤鳴騶清路威列羽儀兼差臺吏二十人責其鮮服侍從車後直是苟求成昏誣罔干上義雲資產宅宇足稱豪室忽通孤貧亦爲矯詐又駕幸晉陽都坐判拜起居表四品以下五品以上令預前一日赴南都署表三品以上臨日署訖義雲乃乖例署表之日索表就家先署臨日遂稱私忌不來於是詔付廷尉科罪尋赦免推子瑞又奏彈義雲事十餘條多煩碎罪止罰金不至除免子瑞從兄消難爲北豫州刺史義雲遣御史張子階詣州采風聞先禁其典籤家客等消難危懼遂叛入周時論歸罪義雲云其規報子瑞事亦上聞爾前讌賞義雲常預從此後集見稍疎聲望大損乾明初子瑞還御史中丞鄭子默正被任用義雲之姑卽子默祖母遂除度支尙書攝左丞子默誅後左丞便解孝昭赴晉陽高元海留鄴義雲深相依附知其信向釋氏常隨之聽講爲此款密無所不至及孝昭大漸顧命武成高歸彥至都武成猶致

疑惑元海遣犢車迎義雲入北宮參審遂與元海等勸進仍從幸晉陽參預時政尋除兗州刺史給後部鼓吹即本州也軒昂自得意望銓衡之舉見諸人自陳逆許引接又言離別暫時非久在州先有鐃吹至於按部行游兩部並用猶作書與元海論敘時事元海入內不覺遺落給事中李孝貞得而奏之爲此元海漸疎孝貞因是兼中舍人又高歸彥起逆義雲在州私集人馬幷聚甲仗將以自防實無他意爲人密啓及歸彥被禽又列其朋黨專擅爲此追還武成猶錄其往誠竟不加罪除兼七兵尚書義雲性豪縱頗以施惠爲心累世本州刺史家富於財士之匱乏者多有拯濟及貴恣情驕侈營造第宅宏壯未幾而成閨門穢雜聲遍朝野爲郎時與左丞宋游道因公事忿競游道廷辱之云雄狐之詩千載爲汝義雲一無所答然酷暴殘忍非人理所及爲家尤甚子姓僕隸恆瘡痍徧體有孽子善昭性至凶頑與義雲侍婢姦通搒掠無數爲其著籠頭繫之庭樹食以芻秣十餘日乃釋之夜中義雲被賊害即善昭所佩刀也遺之於善昭庭中善昭聞難奔哭家人得佩刀善昭怖便走出投平恩墅舍旦日武

成令舍人是蘭子暢就宅推之爾前義雲新納少室范陽盧氏有色貌子暢疑
盧姦人所爲將加拷掠盧具列善昭云爾乃收捕繫臨漳獄將斬之邢邵上言
此乃大逆義雲又是朝貴不可發乃斬之於獄棄尸漳水祖歸位建寧太守子
義遠位平原太守義遠弟義顯義攜性並豪率天平以後梁使人還往經歷兗
城前後州將以義攜兄弟善營鮭膳器物鮮華常兼長史接宴賓客祖旋太尉
行參軍卒贈都官尚書齊兗二州刺史衆敬弟衆愛隨兄歸魏以勳爲第一客
賜爵鉅平侯卒贈徐州刺史諡曰康子聞慰字子安有器幹襲爵例降爲伯延
昌初累遷清河內史固以疾辭後試守廣平內史正光初相州刺史中山王熙
起兵謀誅元乂聞慰斬其使發兵拒之乂以爲忠於己遷滄州刺史甚有政績
後除散騎常侍東道行臺尋爲都督安樂王鑒軍司馬攻元法僧敗奔還京師
被劾遇赦免卒贈散騎常侍兗州刺史伯如故諡曰恭子祖彥字修賢涉獵書
傳風度閑雅爲時所知以侍御史爲元法僧監軍法僧反被逼南入後還歷中
書侍郎襲爵鉅平伯卒贈尚書右僕射兗州刺史祖彥弟祖哲祕書郎諸畢當

朝不乏榮貴但幃薄不修爲時所鄙申纂者本魏郡人申鍾曾孫也皇始初道武平中山纂舉室南奔家於濟陰及在無鹽仕宋爲兗州刺史旣敗子景義入魏

羊祉字靈祐太山鉅平人晉太僕卿琇之六世孫也父規之宋任城令太武南討至鄒山規之與魯郡太守崔邪利及其屬縣徐遜愛猛之等俱降賜爵鉅平子拜鴈門太守祉性剛愎好刑名爲司空令輔國長史襲爵鉅平子侵盜公資私營居宅有司按之抵死孝文特恕遠徙後還景明初爲將作都將加左軍將軍四年持節爲梁州軍司討叛氐正始二年王師伐蜀以祉假節龍驤將軍益州刺史出劍閣而還又以本將軍爲秦梁二州刺史加征虜將軍天性酷忍又不清潔坐掠人爲奴婢爲御史中尉王顯所彈免高肇執政祉復被起爲光祿大夫假平南將軍持節領步騎三萬先驅趣涪未至宣武崩班師夜中引軍山有二徑軍人迷而失路祉便斬隊副楊明達梟首路側爲中尉元昭所劾會赦免後加平北將軍未拜而卒贈安東將軍兗州刺史太常少卿元端博士劉臺

龍議諡曰祉志存埋輪不避強禦及贊戎律態武斯裁仗節撫藩邊夷識德化沾殊類纖負懷仁謹依諡法布德行剛曰景宜諡爲景侍中侯剛給事黃門侍郎元纂等駮曰臣聞唯名與器弗可妄假定諡準行必當其迹按祉志性急酷所在過威布德罕聞暴聲屢發而禮官虛述諡之爲景非直失於一人實毀朝則請還付外準行更量虛實靈太后令曰依駮更議元端臺龍上言竊惟諡者行之迹狀者迹之稱然尙書銓衡是司釐品庶物若狀與迹乖應抑而不受錄其實狀然後下寺依諡法準狀科上豈有捨其行迹外有所求去狀去稱將何所準檢祉以母老辭藩乃降手詔云卿綏撫有年聲實兼著安邊寧境實稱朝望及其沒也又加顯贈言祉誠著累朝効彰出內作牧岷區字萌之績驟聞詔冊褒美無替倫望然君子使人器之義無求備德有數德優劣不同剛而能克亦爲德焉謹依諡法布德行剛曰景謂前議爲允司徒右長史張烈主簿李瑒刺稱按祉歷官累朝當官允稱委捍西南邊隅靖遏準行易名奨誠攸在竊謂無虧體例尙書李韶又述奏以府寺爲允靈太后可其奏祉自當官不憚彊禦

朝廷以爲剛斷時有檢覆每令出使然好慕刑名頗爲深文所經之處人號天狗下及出將臨州並無恩潤兵人患其嚴虐子深

深字文泉早有風尚學涉經史兼長几案少與隴西李神儁同志相友自司空記室參軍再遷尙書駕部郎中于時沙汰郎官務精才實深以才堪見留在公明斷尙書僕射崔亮吏部尙書甄琛咸敬重之明帝行釋奠之禮講孝經深儕輩中獨蒙引聽時論美之正光末北地人車金雀等率羌胡反叛高平賊宿勤明達寇豳夏諸州北海王顥爲都督行臺討之以深爲行臺右丞軍司仍領郎中顥敗還京頃之遷尙書左丞蕭寶夤反攻圍華州王平薛鳳賢等作逆敕深兼給事黃門侍郎與大行臺僕射長孫承業共會潼關規模進止事平以功賜爵新泰男靈太后曾幸芒山集僧尼齋會公卿盡在坐太后引見深欣然勞問之顧謂左右曰羊深眞忠臣也舉坐傾心莊帝踐阼除太府卿又爲二兗行臺深處分軍國損益隨機亦有時譽初尒朱榮殺害朝士深第七弟侃爲太山太守性麤武遂率鄉人外招梁寇深在彭城忽得侃書招深同逆深慨然流涕斬

使人齎書表聞莊帝乃下詔褒其忠烈令還朝受敕乃歸京師除名久之除金紫光祿大夫元顥入洛以深兼黃門侍郎顥平免官普泰初爲散騎常侍衞將軍右光祿大夫監起居注自天下多事東西二省官員委積節閔帝敕深與常侍盧道虔元晏元法壽選人補定自奉朝請以上各有沙汰尋兼侍中節閔帝甚親待之時膠序廢替名教陵遲深乃上疏請修立國學廣延冑子帝善之孝武初除中書令永熙三年以深兼御史中尉東道軍司及帝入關深與樊子鵠不從齊神武起兵於兗州子鵠署深爲齊州刺史天平二年正月東魏軍討破之斬於陣

深子肅武定末儀同開府東閤祭酒以學尚知名乾明初爲冀州中從事趙郡王爲巡省大使肅以遲緩不任職解朝議以肅無罪尋復之武平中入文林館撰書尋爲武德郡守祉弟靈引好法律李彪爲中丞以爲書侍御史固辭彪頗銜之及爲三公郎坐兄祉事知而不糾彪劾奏免官甚爲尚書令高肇所昵京兆王愉與肇深相嫌忌及愉出鎭冀州肇與靈引爲愉長史以相閑伺靈引私

恃肇勢每折於愉及愉作逆先斬靈引於門時論云非直愉自不臣抑亦由肇
及靈引所致事平贈平東將軍兗州刺史諡曰威
子敦字元禮性尚閑素學涉書史以父死王事除給事中出爲本州別駕公平
正直見非法終不判署後爲衞將軍廣平太守甚有能名姦吏跼蹐秋毫無犯
雅性清儉屬歲饑家餽未至使人外尋陂澤採藕根食之遇有疾苦家人解衣
質米以供之然政尚威嚴朝廷以其清白賜穀一千斛絹一百匹卒官吏人奔
哭莫不悲慟贈衞大將軍吏部尚書兗州刺史諡曰貞武定初齊神武以敦及
中山太守蘇淑在官奉法清約自居宜見追褒乃上言請加旌錄詔各賞帛一
百疋粟五百斛下郡國咸使聞知靈引弟瑩字靈珍兗州別駕從事子烈
烈字信卿少通敏頗自修立有成人風好讀書能言名理以玄學知名魏孝昌
末烈從兄偘爲太山太守據郡起兵外叛烈潛知其謀深懼家禍與從兄廣平
太守敦馳赴洛陽告難朝廷將加厚賞烈告人云譬如斬手全軀所存者大故
爾豈有幸從兄之敗以爲己利乎卒無所受天保中累遷尚書祠部左右戶郎

中在官咸為稱職除陽平太守有能名時頻有災蝗犬牙不入陽平境敕書褒美焉還光祿少卿兗州大中正天平初除義州刺史以老還鄉卒于家烈家傳素業閨門修飾為世所稱一門女不再醮魏太和中於兗州造一尼寺女寡居無子者並出家為尼咸存戒行烈天統中與尚書畢義雲爭兗州大中正義雲盛稱門代累世本州刺史卿世為我家故史烈云自畢軌被誅以還寂無人物近日刺史皆疆場之上彼此而得何足為言豈若我之漢河南尹晉朝太傅名德學行百世傳美且男清女貞足以相冠自外多可稱也蓋譏義雲之帷薄焉烈弟修有才幹卒於尚書左丞子玄正武平末將作丞隋開皇中戶部侍郎卒於隴西郡贊務

論曰薛安都一武夫耳雖輕於去就實啓東南事窘圖變而竟保寵祿優矣休賓窮而委質孝標名重東南法壽拓落不羈克昌厥後景伯兄弟儒素良可稱乎衆敬舉地納誠榮曜朝國人位並列無乏於時羊祉剛酷之風得死為幸深以才幹從事聲迹可稱敦烈持己所遵殆時彥也

北史卷三十九

北史卷三十九考證

薛安都傳安都於沈文秀崔道固常珍奇等舉兵應之○秀南史作季

宋明帝遣將張永○南史明帝遣齊高帝率前將軍張永等

劉休賓傳祖昶從慕容德度河○德監本訛南今改從南本

房翼子豹傳楊諒之愚鄙○楊監本訛揚今從上文改正

但以執政壅蔽○壅監本訛雍今改正

畢衆敬傳畢衆敬小名奈○奈一本作捺

義雲傳竇氏皇姨殂載日○殂南本作徂

羊祉傳依謚法準狀科上豈有捨其行迹外有所求○捨監本訛拾今從魏書改正

北史卷三十九考證

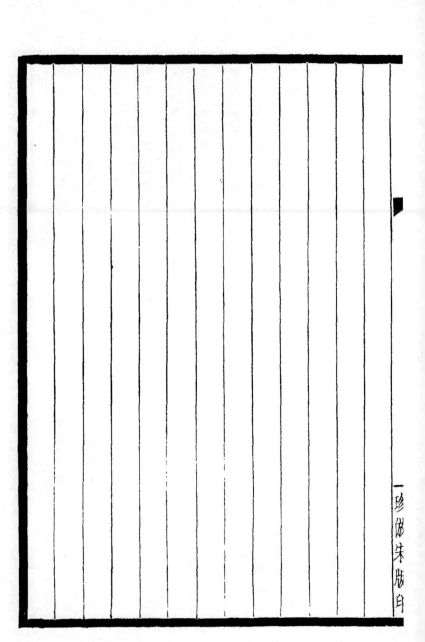

北史卷四十

唐　李　延　壽　撰

列傳第二十八

韓麒麟　程駿　李彪孫昶　高道悅　甄琛　高聰

韓麒麟，昌黎棘城人，自云漢大司馬增之後也。父瑚，秀容、平原二郡太守。麒麟幼而好學，美姿容，善騎射。景穆監國，爲東曹主書。文成卽位，賜爵漁陽男。父亡，在喪有禮。後參征南慕容白曜軍事，進攻升城，師人多傷。及城潰，白曜將坑之，麒麟諫曰：「今方圖進趣，宜示寬厚。勍敵在前而便坑其衆，恐三齊未易圖也。」白曜從之，皆令復業，齊人大悅。後白曜表麒麟與房法壽對爲冀州刺史。白曜攻東陽，麒麟上義租六十萬斛，幷攻戰器械，於是軍須無乏。及白曜被誅，麒麟停滯多年。孝文時，拜齊州刺史，假魏昌侯。在官寡於刑罰，從事劉普慶說麒麟曰：「明公仗節方夏，無所斬戮，何以示威？」麒麟曰：「人不犯法，何所戮乎？若必須斬斷以立威名，當以卿應之。」普慶慚懼而退。麒麟以新附之人，未階臺宦，士人沉抑，乃表請守宰有闕宜推用豪望增置吏員廣延賢哲則華族蒙榮良才獲敘懷德安土庶或在茲朝議從之太和十一年京都大饑麒麟表陳時務曰古先哲王經國立政積儲九稔謂之太平故躬藉千畝以率百姓用能衣食滋茂禮教興行逮於中代亦崇斯業入粟者與斬敵同爵力田者與孝悌均賞實百王之常軌爲政之所先今京師人庶不田者多游食之口三分居二蓋一夫不耕或受其飢況於今者動以萬計故頃年山東遭水而人有餧終今秋京都遇旱穀價踊貴實由農人不勸素無儲積故也伏惟陛下天縱欽明道高三五上垂覆載之澤下有凍餒之人皆由有司不爲其制長吏不恤其本自承平日久豐穰積年競相矜夸浸成侈俗故令耕者日少田者日荒穀帛罄於府庫寶貨盈於市里衣食匱於室麗服溢於路飢寒之本實在於斯愚謂凡珍玩之物皆宜禁斷吉凶之禮備爲格式令貴賤有別人歸朴素制天下男女計口受田宰司四時巡行臺使歲一案檢勤相勸課嚴加賞罰數年之中必有盈贍雖遇凶災免於流亡矣往年校比戶貫租賦輕少臣所統齊州租粟纔可給俸略無入倉雖

於人爲利而不可長久脫有戎役或遭天災恐供給之方無所取濟請減絹布增益穀租年豐多積歲儉出振所謂私人之穀寄積於官官有宿積則人無荒年矣卒官遺敕其子殯以素棺事從儉約麒麟立性恭慎恆置律令於坐傍臨終之日唯有俸絹數十疋其清貧如此贈散騎常侍燕郡公謚曰康長子興宗字茂先好學有文才位祕書中散卒賜漁陽太守子子熙字元雍少自修整頗有學識爲清河王懌郎中令初子熙父以爵讓弟顯宗不受子熙成父素懷卒亦不襲及顯宗卒子熙別蒙賜爵乃以先爵讓弟仲穆兄弟友愛如此毋亡居喪有禮子熙爲懌所眷遇遂闕位待其畢喪後復引用及元乂害懌久不得葬子熙爲之憂悴屏居田野每言王若不得復封以禮還葬誓以終身不仕後靈太后反政以乂爲尚書令解其領軍子熙與懌中大夫劉定與學官令傅靈檦賓客張子慎伏闕上書理懌之寃極言元乂劉騰誣誷書奏靈太后義之乃引子熙爲中書舍人後遂剖騰棺賜乂死尋修國史建義初兼黃門尋爲正字熙清白自守不交人事又少孤爲叔顯宗所撫養及顯宗卒顯宗子伯華又幼子

熙愛友等於同生長猶共居車馬資財隨其費用未嘗見於言色又上書求析階與伯華於是除伯華東太原太守及伯華在郡為刺史元弼所辱子熙乃泣訴朝廷明帝詔遣案檢弼遂大見詰讓尒朱榮之禽葛榮送至京師莊帝欲面數之子熙以為榮既元凶自知必死恐或不遜無宜見之尒朱榮聞而大怒請罪子熙莊帝恕而不責及邢杲起逆詔子熙慰勞杲詐降子熙信之還至樂陵杲復反子熙還坐付廷尉論以大辟恕死免官孝武初領著作以奉冊勳封歷城縣子天平初為侍讀除國子祭酒子熙儉素安貧常好退靜遷鄴之始百司並給兵力時以祭酒閑務止給二人或有令其陳請者子熙曰朝廷自不與祭酒兵何關韓子熙事論者高之元象中加衛大將軍先是子熙與弟娉王氏為妻姑之女也生二子子熙尚未婚後遂與寡嫗李氏姦合而生三子王李不穆迭相告言子熙因此慚恨遂以發疾卒遺戒不求贈謚其子不能遵奉遂至干謁武定初贈驃騎大將軍儀同三司幽州刺史與宗弟顯宗字茂親剛直能面折廷諍亦有才學沙門法撫三齊稱其聰悟嘗與顯宗校試抄百餘人名各讀

一徧隨卽覆呼法撫猶有一二舛謬顯宗了無誤錯法撫歎曰貧道生平以來
唯服郎耳太和初舉秀才對策甲科除著作佐郎後兼中書侍郎旣定遷都顯
宗上書一曰竊聞輿駕今夏若不巡三齊當幸中山竊以爲非計也何者當今
徭役宜早息洛京宜速成省費則徭役可簡并功則洛京易就願早還北京以
省諸州供帳之費則南州免雜徭之煩北都息分析之歎洛京可以時就遷者
僉爾如歸二曰自古聖帝必以儉約爲美亂主必以奢侈貽患抑惟先朝皆卑
宮室而致力於經略故能基宇開廣業祚隆泰今洛陽基趾魏明所營取譏前
代伏惟陛下損之又損之頃來北都富室競以第宅相尚今因遷徙宜申禁約
令貴賤有檢無得踰制端廣衢路通利溝洫使寺署有別士庶異居永垂百世
不刊之範三曰竊聞輿駕還洛陽輕將數千騎臣甚爲陛下不取也夫千金之
子猶坐不垂堂況萬乘之尊富有四海乎淸道而行尚恐銜橜之失況履涉山
河而不加三思哉四曰竊惟陛下耳聽法音目翫墳典口對百辟心慮萬機晷
昃而食夜分而寢加以孝思之至與時而深文章之業日成篇卷雖叡明所用

未足爲煩然非所以嗇神養性熙無疆之祚莊周有言形有待而智無涯以有
待之形役無涯之智殆矣此愚臣所不安也孝文頗納之顯宗又上言前代取
士必先正名故有賢良方正之稱今州郡貢察徒有秀孝之名而無秀孝之實
而朝廷但檢其門望不復彈坐如此則可令別貢門望以敘士人何假冒秀孝
之名也夫門望者是其父祖之遺烈亦何益於皇家益於時者賢才而已苟有
其才雖屠釣奴虜之賤聖皇不恥以爲臣苟非其才雖三后之胤自墜於皁隸
矣議者或云今世等無奇才不若取士於門此亦失矣豈可以世無周邵便廢
宰相而不置哉但當校其有寸長銖重者既先敘之則賢才無遺矣又曰夫帝
皇所以居尊以御下者威也兆庶所以徙惡以從善者法也是以有國有家必
以刑法爲政生人之命於是而在有罪必罰罰必當辜則雖以捶撻薄刑而人
莫敢犯有制不行人得僥倖則雖參夷之誅不足以肅自太和以來未多坐盜
棄市而遠近肅清由此言之止姦在於防檢不在嚴刑今州郡牧守邀當時之
名行一切之法臺閣百官亦咸以深酷爲無私以仁恕爲容盜迭相敦厲遂成

風俗陛下居九重之內視人如赤子百司分萬務之要遇下如仇讐是則堯舜止一人而桀紂以千百和氣不至蓋由於此宜敕示百官以惠元元之命又曰昔周王爲犬戎所逐東遷河洛鎬京猶稱宗周以存本也光武雖曰中興實自草創西京尚置京尹亦不廢舊今陛下光隆先業遷宅中土稽古復禮於斯爲盛按春秋之義有宗廟謂之都無謂之邑此不刊之典也況北代宗廟在焉山陵託焉王業所基聖躬所載其爲神鄉福地實亦遠矣今便同之郡國臣竊不安愚謂代京宜建畿置尹一如故事崇本重舊以光萬葉又曰伏見洛京之制居人以官位相從不依族類然官位非常有朝榮而夕悴則衣冠淪於厮豎之邑臧獲顯於膏腴之里物之顛倒或至於斯古之聖王必令四人異居者欲其業定而志專業定則不僞志專則不淫故耳目所習不督而就父兄之教不肅而成仰惟太祖道武皇帝創基撥亂日不暇給然猶分别士庶不令雜居伎作屠沽各有攸處但不設科禁買賣任情販貴易賤錯居渾雜假令一處彈箏吹笛緩舞長歌一處嚴師苦訓誦詩講禮宣令童齔任意所從其走赴舞堂者萬

數往就學館者無一此則伎作不可雜居士人不宜異處之明驗也故孔父云里仁之美孟母弘三徙之訓賢聖明誨若此之重今令伎作之家習士人風禮則百年難成令士人兒童效伎作容態則一朝可得以士人同處則禮教易與伎作雜居則風俗難改朝廷每選舉人士則校其一婚一宦以爲升降何其密也至於伎作宦途得與膏粱華望接閈連甍何其略也今稽古建極光宅中區凡所徙居皆是公地分別伎作在於一言有何爲疑而虧盛美又曰自南僞相承竊有淮北欲擅中華之稱且以招誘邊人故僑置中州郡縣自皇風南被仍而不改凡有重名其數甚衆非所以疆域物土必也正名之謂也愚以爲可依地理舊名一皆釐革小者并合大者分置及中州郡縣昔以戸少并省今人口既多亦可復舊君人者以天下爲家不得有所私也故倉庫儲貯以俟水旱之災供軍國之用至於有功德者然後加賜爰及末代乃寵之所隆賜賚無限自比以來亦爲太過在朝諸貴受祿不輕土木被綺羅僕妾厭粱肉而復厚賚屢加動以千計若分賜鰥寡贍濟實多如不悛革豈周急不繼富之謂也又曰諸

宿衞內直者宜令武官習弓矢文官諷書傳無令繕其蒲博之具以成褻狎之容徒損朝儀無益事實如此之類一宜禁止帝善之孝文曾謂顯宗及程靈虯曰著作之任國書是司卿等之文朕自委悉中省之品卿等所聞若欲取況古人班馬之徒固自遼闊若求之當世文學之能卿等應推崔孝伯又謂顯宗曰校卿才能可居中第謂程靈虯曰卿與顯宗復有差降可居下上顯宗曰臣才第短淺比於崔光實爲隆渥然臣竊謂陛下貴古而賤今昔揚雄著太玄經當時不免覆甕之譚二百年外則越諸子今臣所撰雖未足光述帝載然萬祀之後仰觀祖宗巍巍之功上覩陛下明明之德亦何謝欽明於唐典慎徽於虞書帝曰假使朕無愧於虞舜卿復何如堯臣顯宗曰陛下齊蹤堯舜公卿寧非二八之儔帝曰卿爲著作僅名奉職未是良史也顯宗曰臣仰遭明時直筆無懼又不受金安眠美食此優於遷固也帝哂之後與員外郎崔逸等參定朝儀帝曾詔諸官曰近代已來高卑出身恆有常分朕意所爲可復以爲不可宜校量之李沖曰未審上古已來置官列位爲欲爲膏粱兒地爲欲益政贊時帝曰俱

欲爲人沖曰若欲爲人陛下今日何爲專崇門品不有拔才之詔帝曰苟有殊
人之技不患不知然君子之門假使無當世之用者要自德行純篤朕是以用
之沖曰傅巖呂望豈可以門見舉帝曰如此濟世者希曠代有一兩耳沖謂諸
卿士曰適欲請救諸賢祕書令李彪曰師旅寡少未足爲援意有所懷敢不盡
言於聖日陛下若專以地望不審魯之三卿孰若四科帝曰猶如向解顯宗進
曰陛下光宅洛邑百禮惟新國之興否指此一選且以國事論之不審中祕監
令之子必爲祕書郎頃來爲監令者子皆可爲不帝曰卿何不論當世膏腴爲
監令者顯宗曰陛下以物不可類不應以貴承貴以賤襲賤帝曰若有高明卓
爾才具儁出者朕亦不拘此例後爲本州中正二十一年車駕南征以顯宗爲
右軍府長史統軍次赭陽齊戍主成公期遣其軍主胡松高法援等幷引蠻賊
來擊軍營顯宗拒戰斬法援首顯宗至新野帝曰何不作露布也顯宗曰臣頃
見鎮南將軍王肅獲賊二三驢馬數匹皆爲露布臣在東觀私每哂之近雖仰
憑威靈得摧醜虜兵寡力弱禽斬不多脫復高曳長縑虛張功捷尤而効之其

罪彌甚所以斂毫卷帛解上而已帝笑曰如卿此勳誠合茅社須赭陽平定檢審相酬新野平以顯宗爲鎮南廣陽王嘉諮議參軍顯宗上表頌自矜伐訴前征勳詔曰顯宗進退無檢虧我清風付尚書推列以聞兼尚書張彝奏免顯宗官詔以白衣守諮議展其後効顯宗既失意遇信向洛乃爲五言詩贈御史中尉李彪以申憤結二十三年卒顯宗撰馮氏燕志孝友傳各十卷景明初追赭陽勳賜爵章武男子伯華襲

程駿字驎駒本廣平曲安人也六世祖良晉都水使者坐事流涼州祖父肇呂光人部尚書駿少孤貧居喪以孝稱師事劉延明性機敏好學晝夜無倦延明謂門人曰舉一隅而以三隅反者此子亞之也駿白延明曰今名教之儒咸謂老莊其言虛誕不切實要不可以經世駿爲不然夫老子著抱一之言莊生申性本之旨若斯者可謂至順矣人若乖一則煩僞生爽性則沖真喪延明曰卿年尚幼言若老成美哉由是聲譽益播沮渠牧犍擢爲東宮侍講太延五年涼州平遷于京師爲司徒崔浩所知文成踐阼爲著作郎皇興中除高密太守尚

書李敷奏駿實史才方申直筆請留之書奏從之獻文屢引駿與論易老義顧
謂羣臣曰朕與此人言意甚開暢問駿年對曰六十一帝曰昔太公老而遭文
王卿今遇朕豈非早也駿曰臣雖才謝呂望陛下尊過西伯覬天假餘年竭六
韜之効延與末高麗王璉求納女於掖庭假駿散騎常侍賜爵安豐男持節如
高麗迎女駿至平壤城或勸璉曰魏昔與燕婚旣而伐之由行人具其夷險故
也今若送女恐不異於馮氏璉遂謬言女喪駿與璉往復經年責璉以義方璉
不勝其忿遂斷駿從者酒食欲逼辱之憚而不敢害會獻文崩乃還拜祕書令
初遷神主于太廟有司奏舊事廟中執事官例皆賜爵今宜依舊詔百寮評議
羣臣咸以爲宜依舊事駿獨以爲不可表曰臣聞名器爲帝王所貴山河爲區
夏之重是以漢祖有約非功不侯未見預事於宗廟而獲賞於疆土雖復帝王
制作弗相沿襲然一時恩澤豈足爲長世之軌乎書奏從之文明太后謂羣臣
曰言事固當正直而準古典安可依附暫時舊事乎賜駿衣一襲帛二百匹又
詔曰駿歷官清慎言事每愜門無挾貨之賓室有懷道之士可賜帛六百匹旌

其儉德駿悉散之親舊性介直不競時榮太和九年正月病篤遺命曰吾存尚儉薄豈可沒為奢厚哉昔王孫裸葬有感而然士安籧篨頗亦矯厲可斂以時服明器從古初駿病甚孝文文明太后遣使者更問其疾勅侍御師徐謇診視賜以湯藥臨終詔以少子公稱為中散從子靈蚪為著作佐郎及卒孝文文明太后傷惜之賜東園祕器朝服一稱帛三百匹贈兗州刺史曲安侯謚曰憲所作文章自有集錄

李彪字道固頓丘衛國人也孝文賜名焉家寒微少孤貧有大志好學不倦初受業於長樂監伯陽伯陽稱美之晚與漁陽高悅北平陽尼等將隱名山不果而罷悅兄閭博學高才家富典籍彪遂於悅家手抄口誦不暇寢食既而還鄉里平原王陸叡年將弱冠雅有志業娶東徐州刺史博陵崔鑒女路由冀相聞彪名而詣之修師友之禮稱之州郡遂舉孝廉至京師館而受業焉高閭稱之朝貴李沖禮之甚厚彪深宗附之孝文初為中書教學博士後假散騎常侍衛國子使於齊遷祕書丞參著作事自成帝已來至於太和崔浩高允著述國書

編年序錄爲春秋體遺落時事彪與祕書令高祐始奏從遷固體創爲記傳表
志之目焉彪又表上封事七條曰古先哲王之爲制也自天子以至公卿下及
抱關擊柝其宮室車服各有差品小不得僭大賤不得踰貴夫然故上下序而
人志定今時浮華相競情無常守大爲消功之物巨制費力之事豈不謬哉夫
消功者錦繡彫文是也費力者廣宅高宇壯制麗飾是也其妨男業害女工者
可勝言哉漢文時賈誼上疏云今之王政可爲長太息者六此卽是其一也夫
上之所好下必從之故越王好勇而士多輕死楚王好瘠而國有飢人今二聖
躬行儉素詔令殷勤而百姓之奢猶未革者豈楚越之人易變如彼大魏之士
難化如此此蓋朝制不宣人未見德使之然耳臣愚以爲第宅車服自百官以
下至於庶人宜爲其等制使貴不逼賤卑不僭高不可以稱其侈意用違經典
其二曰易稱主器者莫若長子傳曰太子奉冢嫡之粢盛然則祭無主則宗廟
無所饗冢嫡廢則神器無所傳聖賢知其如此故垂誥以爲長世之法昔姬王
得斯道也故恢崇儒術以訓世嫡世嫡於是乎習成懿德用大協於黎蒸是以

世統黎元載祀八百逮嬴氏之君於秦也弗以義方教厥冢子冢子於是習成
兇德肆虐以臨黔首是以饗年不永二世而亡亡之與興道在於師傅故禮云
冢子生因舉以禮使士負之有司齊肅端冕見于南郊明冢嫡之重見乎天也
過闕則下過廟則趨明孝敬之道也然古之太子自爲赤子而教固以行矣此
則遠世之鏡也高宗文成皇帝慨少時師不勤教嘗謂羣臣曰朕始學之日年
尙幼沖情未能專既臨萬機不遑溫習今而思之豈非唯予之咎抑師傅之不
勤尙書李訢免冠而謝此則近日之可鑒也伏惟太皇太后翼贊高宗訓成顯
祖使巍巍之功邈乎前王陛下幼蒙鞠誨聖敬日躋及儲宮誕育復親撫誥日
省月課實勞神慮今誠宜準古立師傅以詔導太子詔導正則太子正太子正
則皇家慶皇家慶則人事幸甚矣其三曰記云國無三年之儲謂國非其國光
武以一畝不實罪及牧守聖人之憂世重穀殷勤如彼明君之恤人勸農相切
若此頃年山東饑去歲京師儉內外人庶出入就豐既廢營產疲困乃加又於
國體實有虛損若先多積穀安而給之豈有驅督老弱餬口千里之外以今況

古誠可懼也臣以爲宜析州郡常調九分之二京都度支歲用之餘各立官司年豐糴積於倉時儉則加私之二糶之於人如此人必事田以買官絹又務貯財以取官粟年登則常積歲凶則直給又別立農官取州郡戶十分之一以爲屯人相水陸之宜料頃畝之數以贓贖雜物餘財市牛科給令其肆力一夫之田歲責六十斛甄其正課幷征戍雜役行此二事數年之中則穀積而人足雖災不害臣又聞前代明王皆務懷遠人禮賢引滯故漢高過趙求樂毅之胄晉武廓定旌吳蜀之彥臣謂宜於河表七州人中擢其門才引令赴闕依中州官比隨能序之一可以廣聖朝均新舊之義二可以懷江漢歸有道之情其四曰漢制舊斷獄報重盡季冬至孝章時改盡十月以育三微後歲旱論者以不十月斷獄陰氣微傷氣泄以故致旱事下公卿尚書陳寵曰冬至陽氣始萌故十一月有射干芸荔之應周以爲春十二月陽氣上通雉雊雞乳殷以爲春十三月陽氣已至蟄蟲皆震夏以爲春三微成著以通三統三統之月斷獄流血是不稽天意也章帝善其言卒以十月斷今京都及四方斷獄報重常竟季冬不

推三正以育三微寬宥之情每過於昔遵之典憲猶或闕然今豈所謂助陽發生垂奉微之仁也誠宜遠稽周典近採漢制天下斷獄起自初秋盡於孟冬不於三統之春行斬絞之刑如此則道協幽顯仁垂後昆矣其五曰古者大臣有坐不廉而廢者不謂之不廉乃曰簠簋不飾此君之所以禮貴臣不明言其過也臣有大譴則白冠氂纓盤水加劍造室而請死此臣之所以知罪而不敢逃刑也聖朝賓遇大臣禮崇古典自太和降有負罪當陷大辟者多得歸第自盡遣之日深垂隱愍言發悽淚百官莫不見四海莫不聞誠足以感將死之心慰戚屬之情然恩發於衷未著永制此愚臣所以敢陳末見昔漢文時人有告丞相勃謀反者逮繫長安獄頓辱之與皂隸同賈誼乃上書極陳君臣之義不宜如是夫貴臣者天子為其改容而禮貌之吏人為其俯伏而敬貴之其有罪過廢之可也賜之死可也若束縛之輸之司寇搒笞之小吏詈罵之殆非所以令眾庶見也及將刑也臣則北面再拜跪而自裁天子曰子大夫自有過耳吾遇子有禮矣上不使人抑而刑之也孝文深納其言是後大臣有罪皆自殺不受

刑至孝武時稍復下獄具由孝文行之當時不爲永制故耳今天下有道庶人
不議之時安可陳瞽言於朝且恐萬世之後繼體之主有若漢武之事焉得行
恩當時不著長世之制乎其六曰孝經稱父子之道天性蓋明一體而同氣可
共而不可離者也及其有罪不相及者乃君上之厚恩也而無情之人父兄繫
獄子弟無慘惕之容子弟即刑父兄無愧惡之色宴安榮位游從自若車馬仍
華衣冠猶飾寧是同體共氣分憂均戚之理也臣愚以爲父兄有犯宜令子弟
素服肉袒詣闕請罪子弟有坐宜令父兄露板引咎乞解所司若職任必要不
宜許者慰勉留之如此足以敦厲凡薄使人知有所恥矣其七曰禮云臣有大
喪君三年不呼其門此聖人緣情制禮以終孝子之情也周季陵夷喪禮稍亡
是以要絰即戎素冠作刺逮乎虐秦殆皆泯矣漢初軍旅屢興未能遵古至宣
帝時人當從軍屯者遭大父母父母死未滿三月皆弗徭役其朝臣喪制未有
定聞至後漢元初中大臣有重憂始得去官終服暨魏武孫劉之世日尋干戈
前世禮制復廢不行晉時鴻臚鄭默喪親固請終服武帝感其孝誠遂著令以

爲常聖魏之初撥亂反正未遑建終喪之制今四方無虞百姓安逸誠是孝慈道洽禮教興行之日也然愚臣所懷竊有未盡伏見朝臣丁大憂者假滿赴職衣錦乘軒從郊廟之祀鳴玉垂綏同節慶之讌傷人子之道虧天地之經愚謂如有遭父母喪者皆得終服若無其人有曠官者則優旨慰喻起令視事但綜理所司出納敷奏而已國之吉慶一令無預其軍戎之警墨縗從役雖愆於禮事所宜行也帝覽而善之尋皆施行彪稍見禮遇詔曰彪雖宿非清第代闕華資然識性嚴聰學博墳籍剛辯之才頗堪時用兼優吏職載宣朝美若不賞庸敘績將何以勸獎勤能特遷祕書令以參議律令之勤賜帛五百匹馬一匹牛二頭其年加員外散騎常侍使於齊齊遣其主客郎劉繪接對并設讌樂彪辭樂及坐彪曰向辭樂者或卿未相體我皇孝性自天追慕罔極故有今者喪除之議去三月晦朝臣始除縗裳猶以素服從事裴謝在北固應具此今辭樂想卿無怪繪答言請問魏朝喪禮竟何所依彪曰高宗三年孝文踰月今聖上追鞠育之深恩感慈訓之厚德報於殷漢之間可謂得禮之變繪復問若欲遵古

何不終三年彪曰萬機不可久曠故割至慕俯從羣議服變不異三年而限同一期可謂失禮繪言汰哉叔氏專以禮許人彪曰聖朝自爲曠代之制何關許人繪言百官總己聽於冢宰萬機何慮於曠彪曰五帝之臣臣不若君故君親攬其事三王君臣智等故共理機務主上親攬蓋遠軌軒唐彪將還齊主親謂彪曰卿前使還日賦阮詩云但願長閑暇後歲復來遊果如今日卿此還也復有來理否彪答請重賦阮詩曰宴衍清都中一去永矣哉齊主惘然曰清都可爾一去何事觀卿此言似成長闊朕當以殊禮相送遂親至琅邪城登山臨水命羣臣賦詩以送別其見重如此彪前後六度銜命南人奇其謇博後爲御史中尉領著作郎彪既爲孝文所寵性又剛直遂多劾糾遠近畏之豪右屏氣帝常呼爲李生從容謂羣臣曰吾之有李生猶漢之有汲黯後除散騎常侍領御史中尉解著作事帝宴羣臣於流化池謂僕射李沖曰崔光之博李彪之直是我國得賢之基車駕南征彪兼度支尚書與僕射李沖任城王澄等參理留臺事彪素性剛豪與沖等意議乖異遂形於聲色殊無降下之心沖積其前後罪

過乃於尙書省禁止彪上表曰案臣彪昔於凡品特以才拔等望淸華司文東觀綢繆恩眷緜直憲臺加金璫右珥蟬冕東省宜感恩厲節忠以報德而竊名忝職身爲違傲矜勢高亢公行僭逸坐與禁省冒取官材輒駕乘黃無所憚懼肆志傲然愚聾視聽此而可忍誰不可懷臣今請以見事免彪所居職付廷尉獄沖又表曰臣與彪相識以來垂二十載彪始南使之時見其色厲辭辯臣之愚識謂是拔萃之一人及彪官位升達參與言宴聞彪平章古今商略人物興言於侍筵之次啓論於衆英之中賞忠識正發言懇惻惟直是語辭無隱避臣雖下愚輒亦欽其正直及其始居司直執志徑行其所彈劾應弦而倒赫赫之威振於下國肅肅之稱著自京師天下改目貪暴斂手然時有私於臣云其威暴者臣以直繩之官人所忌疾風謗之際易生音謠心不承信往年以河陽事曾與彪在領軍府共太尉司空及領軍諸卿等集閱廷尉所問囚徒時有人訴枉者二公及臣少欲聽採語理未盡彪便振怒東坐攘袂揮赫口稱賊奴叱吒左右高聲大呼曰南臺中取我木手去搭奴肋折雖有此言終竟不取卽言南

臺所問唯恐枉活終無枉死時諸人以所枉至重有首實者多又心難彪遂各
嘿爾因緣此事臣遂心疑有濫知其威虐猶謂益多損少故不以申徹實失爲
臣知無不聞之義及去年大駕南行以來彪兼尚書日夕共事始乃知其言與
行舛是己非人專恣無忌尊身忽物臣與任城卑躬曲己其所欲者無不屈從
依事求實悉有成驗如臣列得實宜亟投彪於有北以除姦矯之亂政如臣列
無證宜放臣於四裔以息青蠅之白黑帝在懸瓠覽表歎愕曰何意留京如此
也有司處彪大辟帝恕之除名而已彪尋歸本鄉帝北幸鄴彪野服稱草茅臣
拜迎鄴南帝曰朕以卿爲已死彪對曰子在回何敢死帝悅因謂曰朕期卿每
以貞松爲志歲寒爲心卿應報國盡心爲用近見彈文殊乖所以卿罹此譴爲
朕與卿爲宰事爲卿自取彪曰臣愆由己至罪自身招實非陛下橫與臣罪又
非宰事無辜濫臣臣罪既如此宜伏東皐之下不應遠點屬車之清塵但伏承
聖躬不豫臣肝膽塗地是以敢至非謝罪而來帝曰朕欲用卿憶李僕射不得
帝尋納宋弁之言將復採用會留臺表至言彪與御史賈尙往窮庶人恂事理

有誣抑奏請收彪彪自言事枉帝明彪無此遺左右慰勉之聽以牛車散載送之洛陽會赦得免宣武踐阼彪自託於王肅又與郭祚崔光劉芳甄琛邢巒等詩書往來迭相稱重因論求復舊職修史官之事肅等許爲左右彪乃表曰惟我皇魏之奄有中華也歲越百齡年幾十紀史官敘錄未充其盛加以東觀中圮冊勳有闕美隨日落善因月稀故諺曰一日不書百事荒蕪至于太和之十一月先帝先后召名儒博達之士以充麟閣之選于時忘臣衆短采臣片志令臣出納授臣丞職猥屬斯事無所與讓高祖時詔臣曰平爾雅志正爾筆端書而不法後世何觀臣奉以周旋不敢失墜伏惟孝文皇帝承天地之寶崇祖宗之業景功未就奄焉崩殂凡百黎民若無天地賴遇陛下體明叡之真應保合之量恢大明以燭物履靜恭以和邦天清其氣地樂其靜可謂重明疊聖元首康哉記曰善迹者欲人繼其行善歌者欲人繼其聲故傳曰文王基之周公成之然先皇之茂勛聖達今王之懿美洞鑒準之前代其德靡悔也時哉時哉可不光昭哉合德二儀者先皇之陶鈞也齊明日月者先皇之洞照也慮周四時

者先皇之茂功也合契鬼神者先皇之玄燭也遷都改邑者先皇之達也變是協和者先皇之鑒也思同書軌者先皇之遠也守在四夷者先皇之略也海外有截者先皇之威也禮由岐陽者先皇之義也張樂岱郊者先皇之仁也鑾幸幽漠者先皇之智也變伐南荊者先皇之禮也升中告成者先皇之肅也親虔宗社者先皇之敬也衮實無闕者先皇之德也開物成務者先皇之貞也觀乎人文者先皇之蘊也革弊創新者先皇之志也孝慈道洽者先皇之衷也先皇有大功二十加以謙尊而光爲而弗有者可謂四三王而六五帝矣誠宜功書於竹素聲播於金石臣竊謂史官之達者大則與日月齊其明小則與四時並其茂故能聲流無窮義昭來裔是以金石可滅而風流不泯者其惟載籍乎諺曰相門有相將門有將斯不唯其性蓋言習之所得也竊謂天文之官太史之職如有其人宜其世矣是以談遷世事而功立彪固世事而名成此乃前鑒之軌轍後鏡之蓍龜也然前代史官之不終業者皆陵遲之世不能容善是以平子去史而成賦伯喈違閣而就志近僭晉之世有佐郎王隱爲著作虞預所毀

亡官在家晝則樵薪供爨夜則觀文屬綴集成晉書存一代之事司馬紹敕尚
書唯給筆札而已國之大籍成於私家末世之弊乃至如此此史官之不遇時
也今大魏之史職則身貴祿則親榮優哉游哉式穀令爾休矣而典著弗恢者
其有以也而故著作漁陽傅毗北平陽尼河閒邢產廣平宋弁昌黎韓顯宗並
以文才見舉注述是同並登年不永弗終茂績前著作程靈虬時同應舉共掌
此務今從他職官非所司唯著作崔光一人雖不移任然侍官兩兼故載述致
闕臣聞載籍之興由於大業雅頌垂薦起於德美昔史談誡其子遷曰當世有
美而不書汝之罪也是以久而見美孔明在蜀不以史官留意是以久而受譏
書稱無曠庶官詩有職思其憂臣雖今非所司然昔忝斯任故不以草茅自疏
敢言及於此語曰患爲之者不必知知之者不得爲臣誠不知強欲爲之耳竊
尋先朝賜臣名彪者遠則擬漢史之叔皮近則準晉史之紹統推名求義欲罷
不能今求都下乞一靜處綜理國籍以終前志官給事力以充所須雖不能光
啓大錄庶不爲飽食終日耳近則期月可就遠則三年有成正本蘊之麟閣副

貳藏之名山時司空北海王詳尚書令王肅許之肅以其無祿頗相賑餉遂在祕書省同王隱故事白衣修史宣武親政崔光表曰臣昔爲彪所致與之同業積年其志力貞強考述無倦頃來契闊多所廢離近蒙收起還綜厥事老而彌厲史才日新若克復舊職專功不殆必能昭明春秋闡成皇籍旣先帝厚委宿歷高班纖負微愆應從滌洗愚謂宜申以常伯正綰著作宣武不許詔彪兼通直散騎常侍行汾州事非彪好也固請不行卒於洛陽始彪爲中尉號爲嚴酷以姦款難得乃爲木手擊其脅腋氣絕而復屬者時有焉又慰喻汾州叛胡得其凶渠皆鞭面殺之及彪病體上往往創潰痛毒備極贈汾州刺史諡曰剛憲彪在祕書歲餘史業竟未及就然區分書體皆彪之功述春秋三傳合成十卷其餘著詩頌賦誄章表別有集彪雖與宋弁結管鮑交弁爲大中正與孝文私議猶以寒地處之殊不欲微相優假彪亦知之不以爲恨弁卒彪痛之無已爲之哀誄備盡辛酸郭祚爲吏部彪爲子志求官祚仍以舊第處之彪以位經常伯又兼尚書謂祚應以貴游拔之深用忿怨形於言色時論以此非祚祚每曰

爾與義和至友豈能饒爾而怨我乎任城王澄與彪先亦不穆及爲雍州彪詣澄爲志求其府寮澄釋然爲啓得爲列曹行參軍時稱澄之美志字鴻道博學有才幹年十餘便能屬文彪奇之謂崔鴻曰子宜與鴻道爲二鴻於洛陽鴻遂與交款往來彪有女幼而聰令彪每奇之教之書學讀誦經傳嘗竊謂所親曰此當興我家卿曹容得其力彪亡後宣武聞其名召爲婕妤在宮常教帝妹書誦授經史始彪奇志及婕妤特加器愛公私坐集必自稱詠由是爲孝文所貴及彪亡後婕妤果入掖廷後宮咸師宗之宣武崩後爲比丘尼通習經義法座講說諸僧歎重之志歷官所在著績桓叔興外叛南荊荒毀領軍元乂舉其才任撫導擢爲南荊州刺史建義初叛入梁志弟游有才行隨兄志在南荊州屬尒朱之亂與志俱奔江左子昶

昶小名那性峻急不雜交游幼年已解屬文有聲洛下時洛陽初置明堂昶年十數歲爲明堂賦雖優洽未足才制可觀見者咸曰有家風也初謁周文周文深奇之厚加資給令入太學周文每見學生必問才行於昶昶神情清悟應對

明辯周文每稱歎之綏德公陸通盛選僚寀請以昶爲司馬周文許之昶雖年少通特加接待公私之事咸取決焉又兼二千石郎中典儀注累遷都官郎中相州大中正昶雖處郎官周文恆欲以書記委之於是以爲丞相府記室參軍著作郎修國史轉大行臺郎中中書侍郎又轉黃門侍郎封臨黃縣伯嘗謂曰卿祖昔在中朝爲御史中尉卿操尙貞固理應不墜家風但孤以中尉彈劾之官愛憎所在故未即授卿耳然此職久曠無以易卿乃奏昶爲御史中尉賜姓宇文氏六官建拜內史下大夫進爵爲侯明帝初行御伯中大夫武成元年除中外府司錄保定初進驃騎大將軍開府儀同三司轉御正中大夫時以近侍清要盛選國華乃以昶及安昌公元則中都公陸逞臨淄公唐瑾等並爲納言尋進爵爲公五年出爲昌州刺史在州遇疾求入朝詔許之未至京卒贈相瀛二州刺史昶周文世已當樞要兵馬處分專以委之詔冊文筆皆昶所作也及晉公護執政委任如舊昶常曰文章之事不足流於後世經邦致化庶及古人故所作文筆了無藁草唯留心政事而已又以父在江南身寓關右自少及終

不飲酒聽樂時論以此稱焉子丹嗣

高道悅字文欣遼東新昌人也曾祖策馮跋散騎常侍新昌侯祖育馮弘建德令太武東討率部歸令授建忠將軍齊郡建德二郡太守賜爵肥如子父玄起武邑太守遂居勃海蓨縣道悅少爲中書學生侍御主文中散後爲諫議大夫正色當官不憚強禦車駕南征徵兵秦雍大期秋季閱集洛陽道悅以使者書侍御史薛聰侍御史主文中散元志等稽違期會奏舉其罪又奏兼左僕射吏部尚書任城王澄位總朝右任屬戎機兵使會否曾不檢奏尚書左丞公孫良職綰樞轄蒙冒莫舉請以見事免澄良等所居官時道悅兄觀爲外兵郎中澄奏道悅有黨兄之負孝文詔責然以事經恩宥遂寢而不論詔曰道悅資性忠篤稟操貞亮居法樹平肅之規處諫著必犯之節王公憚其風鯁朕實嘉其一至謇諤之誠何愧黯鮑也其以爲主爵下大夫諫議如故車駕幸鄴又兼御史中尉留守洛京時宮闕初基廟庫未構車駕將水路幸鄴已詔都水回營構之材以造舟檝道悅表諫以爲闕居宇之功作游嬉之用損耗殊倍又深薄之危

古今共慎於是帝遂從陸路轉道悅太子中庶子正色立朝儼然難犯宮官上下咸畏憚之太和二十年秋車駕幸中岳詔太子恂入居金墉而恂潛謀還代忿道悅前後規諫遂於禁中殺之帝甚加悲惜贈散騎常侍營州刺史幷遣王人慰其妻子又詔使者監護喪事葬于舊塋謚曰貞侯宣武又追錄忠概拜長子顯族給事中顯族亦以忠厚見稱卒於右軍將軍顯族弟敬猷有風度蕭寶夤西征引爲驃騎司馬及寶夤謀逆敬猷與行臺郎中封偉伯等潛圖義舉謀泄見殺贈滄州刺史聽一子出身道悅長兄嵩字崐崘魏郡太守嵩弟雙清河太守坐黷貨將刑於市遇赦免時北海王詳爲錄尚書事雙多納金寶除司空長史後爲涼州刺史專肆貪暴以罪免後貨高肇復起爲幽州刺史以貪穢被劾罪未判遇赦復任未幾而卒雙弟觀尚書左外兵郎中城陽王鸞司馬南征赭陽先驅而歿謚曰閔

甄琛字思伯中山毋極人漢太保邯之後也父凝州主簿琛少敏悟閨門之內兄弟戲狎不以禮法自居學覽經史稱有刀筆而形貌短陋鮮風儀舉秀才入

都積歲頗以奕棊棄日至乃通夜不止手下倉頭常令執燭或時睡頓大加其杖如此非一奴後不勝楚痛乃曰郎君辭父母仕宦若為讀書執燭不敢辭罪乃以圍棊日夜不息豈是向京之意而賜加杖罰不亦非理琛悵然慚感遂從許赤彪假書研習聞見日優太和初拜中書博士遷諫議大夫時有所陳亦為孝文知賞宣武踐阼以琛為中散大夫兼御史中尉琛表曰月令稱山林藪澤有能取蔬食禽獸者皆野虞教導之其迭相侵奪者罪之無赦此明導人而弗禁通有無以相濟也周禮雖有川澤之禁正所以防其殘盡必令取之有時斯所謂障護在公更所以為人守之耳今者天為黔首生鹽國為黔首障護假獲其利猶是富專口斷不及四體也且天下夫婦歲貢粟帛四海之有備奉一人軍國之資取給百姓天子亦何患乎貧而苟禁一池臣每觀上古愛人之迹時讀中葉驟稅之書未嘗不歎彼遠大惜此近狹今僞弊相承仍崇關廛之稅大魏宏博唯受穀帛之輸是使遠方聞者莫不歌德語稱出內之吝有司之福施惠之難人君之禍夫以府藏之物猶以不施而為災況府外之利而可吝之於

黔首願弛鹽禁使沛然遠及依周禮置川衡之法使之監導而已詔付八坐議可否以聞彭城王勰兼尚書邢巒等奏琛之所列但恐坐談則理高行之則事闕是用遲回未謂爲可竊惟大道既往恩惠生焉下奉上施卑高理睦恆恐才不賙國澤不厚人故多方以達其情立法以行其志至乃取貨山澤輕在人之貢立稅關市裨十一之儲收此與彼非利己也回彼就此非爲身也所謂集天地之產惠天地之人藉造物之富賑造物之貧禁此泉池不專太官之御斂此匹帛豈爲後宮之資既潤不在己彼我理一積而散之將焉所吝然自行以來典司多怠出入之閒事不如法此乃用之者無方非與之者有謬至使朝廷識者聽營其閒今而罷之懼失前旨宜依前式詔曰司鹽之稅乃自古通典然興制利人亦世或不同甄琛之表實所謂助政毗俗者也可從其前計尚書嚴爲禁豪強之制也詔琛參八坐議事尋正中尉遷侍中領中尉琛俛眉畏避不能繩糾貴游凡所劾者率多下吏於時趙脩寵貴琛傾身事之琛父凝爲中散大夫弟僧林爲本州別駕皆託脩申達至脩姦詐事露明當收考今日乃舉其罪

及監決脩鞭猶相隱惻然告人曰趙脩小人背如土牛殊耐鞭杖有識以此非之脩死之明日琛與黄門郎李憑以朋黨被召詣尚書兼尚書元英邢巒窮其阿附之狀琛曾拜官諸賓悉集巒乃晚至琛謂巒何處放蛆來今晚始顧雖以言戲巒變色銜忿及此大相推窮司徒錄尚書事北海王詳等奏曰謹案侍中領御史中尉甄琛身居直法糾擿是司風邪響黷猶宜劾糾況趙脩侵公害私朝野切齒而琛嘗不陳奏方更往來中外影響致其談譽令布衣之父超登正四之官七品之弟越陵三階之祿虧先皇之選典塵聖明之官人又與黄門郎李憑相爲表裏憑兄叨封知而不言及脩釁彰方加彈奏生則附其形勢死則就地排之竊天之功以爲己力仰欺朝廷俯罔百司其爲鄙詐於茲甚矣謹依律科從請以職除其父中散實爲叨越雖皇族帝孫未有此例既得不以倫請下收奪李憑朋附趙脩是親是仗緇點皇風塵鄙正化此而不糾將何以肅整阿諛獎厲忠概請免所居官以肅風軌奏可琛遂免歸本郡左右相連死黜者二十餘人始琛以父母老常求解官扶侍故孝文授以本州長史及貴達不復

請歸至是乃還供養數年遭母憂母鉅鹿曹氏有孝性夫氏去家路踰百里每得魚肉菜果珍美口實者必令僮僕走奉其母乃後食焉琛母服未闋復喪父琛於塋兆內手種松柏隆冬負掘水土鄉老哀之咸助加力十餘年中墳成木茂與弟僧林誓以同居沒齒專事產業躬親農圃時以鷹犬馳逐自娛朝廷有大事猶上表陳情久之復除散騎常侍領給事黃門侍郎定州大中正大見親寵委以門下庶事出參尚書入廁帷幄孝文時琛兼主客郎迎送齊使彭城劉纘琛欽其器貌常歎詠之纘子昕爲朐山戍主昕死家屬入洛有女年未二十琛乃納昕女爲妻婚日詔給廚費琛所好悅宣武時調戲之還河南尹黃門中正如故琛表曰國家居代患多盜竊世祖太武皇帝親自發憤廣置主司里宰皆以下代令長及五等散男有經略者乃得爲之又多置吏士爲其羽翼崇而重之始得禁止今還都已來天下轉廣四遠赴會事過代都寇盜公行劫害不絕此由諸坊混雜釐比不精主司闇弱不堪檢察故也今擇尹既非南金里尉鉛刀而割欲望清肅都邑不可得也里正乃流外四品職輕任碎多是下才人

懷苟且不能督察故使盜得容姦百賦失理邊外小縣所領不過百戶而令長皆以將軍居之京邑諸坊大者或千戶五百戶其中皆王公卿尹貴勢姻戚豪猾僕隸蔭養姦徒高門邃宇不可干問比之邊縣難易不同今難彼易此實爲未愜王者立法隨時從宜先朝立品不必即定施而觀之不便則改今閑官靜任猶聽長兼況煩劇要務不得簡能下領請取武官中八品將軍以下幹用貞濟者以本官俸恤領里尉之任各食其祿高者領六部尉中者領經途尉下者領里正不爾請少高里尉之品選下品中應遷者進而爲之則督責有所輦轂可清詔曰里正可進至勳品經途從九品六部尉正九品諸職中簡取何必須武人也琛又奏以羽林爲游軍於諸坊巷司察盜賊於是京邑清靜後皆踵焉轉太子少保黃門如故及高肇死琛以黨不宜復參朝政出爲營州刺史還涼州刺史猶以高氏之昵不欲取之於內久之爲吏部尚書未幾除定州刺史固辭曰陛下在東宮崔光爲少傅臣爲少保今光爲車騎大將軍儀同三司開國公故僕射游肇時爲侍中與臣官階相似肇在省爲僕射死贈車騎將軍儀同

三司冀州刺史臣今適爲征北將軍定州刺史生師保不如死游肇詔書慰遣之琛既至鄉衣錦晝游大爲稱滿政體嚴細甚無聲譽崔光辭司徒之授也琛與光書外相抑揚內實附會光亦揣其意復書以悅之徵爲車騎將軍特進又拜侍中以其衰老詔賜御府杖朝直杖以出入卒詔給東園祕器贈司徒公尚書左僕射加後部鼓吹太常議謚文穆吏部郎袁翻奏曰案禮謚者行之迹也號者公之表也車服者位之章也是以大行受大名細行受細名行生於己名生於人故闔棺然後定謚皆累其生時美惡所以爲將來勸戒身雖死使名常存也凡薨亡者屬所即言大鴻臚移本郡大中正條其行迹功過承中正移言公府下太常部博士評議爲謚列上謚不應法者博士坐如選舉不以實論若行狀失實中正坐如博士自古帝王莫不殷勤重慎以爲褒貶之實也今之行狀皆出自其家任其臣子自言君父之行無復是非之事臣子之欲光揚君父但苦迹之不高行之不美是以極辭肆意無復限量觀其狀也則周孔聯鑣伊顏接衽論其謚也雖窮文盡武無或加焉然今之博士與古不同唯知依其行

狀又先問其家人之意臣子所求便爲議上都不復斟酌與奪商量是非致號謚之加與汎階莫異專以極美爲稱無復貶降之名禮官之失一至於此案甄司徒行狀至德與聖人齊蹤鴻名共大賢比跡文穆之謚何足加焉但比來贈謚於例普重如甄之流無不復謚謂宜依謚法慈惠愛人曰孝宜謚曰孝穆公自今以後明勒太常司徒有行狀如此言辭流宕無復節限者悉請裁量不聽爲受仍踵前來之失者皆付法司科罪詔從之琛祖載明帝親送降車就輿弔服哭之遣舍人慰其諸子琛性輕簡好嘲謔故少風望然明解有幹具在官清白自孝文宣武咸相知待明帝以師傅之義而加禮焉所著文章鄙碎無大體時有理詣磔四聲姓族廢與會通緇素三論及家誨二十篇篤學文一卷頗行於世琛長子侃字道正位祕書郎性嶮薄多與盜劫交通隨琛在京以酒色夜宿洛水亭舍毆擊主人爲司州所劾淹在州獄琛大以慚慨廣平王懷爲牧與琛先不協欲具案窮推琛託左右以聞宣武敕懷寬放懷固執之久乃特旨出侃自此沉廢卒家侃弟楷字德方粗有文學頗更吏事琛啓除祕書郎宣武崩

未葬楷與河南尹丞張普惠等飲戲免官後稍遷尙書儀曹郎有當官之稱明帝末丁憂在鄉定州刺史廣陽王深召楷兼長史委以州任尋屬鮮于脩禮毛普賢等率北鎭流人反於州西北之左人城屠村掠野引向州城州城內先有燕恆雲三州避難戶脩禮等聲云欲將此輩共爲舉動楷見人情不安慮有變起乃走收三州人中麤暴者殺之以威外賊及刺史元固大都督揚津等至楷乃還家後脩禮等忿楷屠害北人遂掘其父墓載棺巡城示相報復孝莊時徵爲中書侍郎後齊文襄取爲儀同府諮議參軍卒贈驃騎將軍祕書監滄州刺史琛從父弟密字叔雍清謹少嗜慾頗涉書史疾世俗貪競乾沒榮寵曾爲風賦以見意後參中山王英軍事英鍾離敗退鄉人蘇良沒於賊中密盡私財以贖之良歸傾資報密密一皆不受曰濟君之日本不求貨豈相贖之意及葛榮侵擾河北詔密爲相州行臺援守鄴城莊帝以密全鄴勳賞安市縣子孝靜初爲衞尉卿在官有平直之譽出爲北徐州刺史卒官贈驃騎將軍儀同三司瀛州刺史諡曰靖琛同郡張纂字伯業祖珍字文表慕容寶度支尙書道武平中

山入魏卒於涼州刺史諡曰穆纂頗涉經史雅有氣尚交結勝流爲樂陵太守
在郡多所受納聞御史至棄郡逃走於是除名乃卒天平初贈定州刺史纂叔
感字崇仁有器業不應州郡之命子宣軌少孤事母以孝聞累遷相州撫軍府
司馬宣軌性通率輕財好施屬葛榮圍城與刺史李神有固守效以功賜爵中
山公後坐事死鄴纂從弟元賓位奉朝請及外生高昂貴達啓贈瀛州刺史
高聰字僧智本勃海人也曾祖軌隨慕容德徙青州因居北海之劇縣父法昂
少隨其舅宋車騎將軍王玄謨征伐以功至員外郎早卒聰生而喪母祖母王
撫育之大軍攻剋東陽聰徙平城與蔣少游爲雲中兵戶窘困無所不爲族祖
允視之若孫大加賙給聰涉獵經史頗有文才允嘉之數稱其美言之朝廷由
是與少游同拜中書博士轉侍郎爲高陽王雍傅稍爲孝文知賞太和十七年
兼員外散騎常侍使於齊後兼太子左率聰微習弓馬乃以將略自許孝文銳
意南討專訪王肅以軍事聰託肅願以偏裨自効肅言之於帝故假聰輔國將
軍受肅節度同援渦陽聰躁怯少威重及與賊交望風退敗孝文恕死徙平州

行居瀛州刺史王質獲白兔將獻託聰爲表帝見表顧王肅曰在下那得有此
才令朕不知肅曰比高聰北徙或其所製帝悟曰必應然也宣武初聰復竊還
京師說高肇廢六輔宣武親政除給事黃門侍郎後加散騎常侍及幸鄴還於
河內懷界帝射矢一里五十餘步侍中高顯等奏感事奇迹必宜表述請勒銘
射宮永彰聖藝遂刊銘射所聰爲之詞趙脩嬖幸聰深朋附及詔追贈脩父聰
爲碑文出入同載觀視碑石聰每見脩迎送盡禮聰又爲脩作表陳當時便宜
教其自安之術由是迭相親狎脩死甄琛李憑皆被黜落聰深用危慮而先以
疎宗之情曲事高肇竟獲自免肇之力也脩之任勢聰傾身事之及死言必毀
惡茹皓之寵聰又媚附每相招命稱皓才識非脩之儔乃因皓啓請田宅皆被
遂許及皓見罪戮聰以爲死之晚也其薄於情義皆如此侍中高顯爲護軍聰
代兼其任顯與兄肇疑聰間構而求之聰居兼十餘旬出入機要言卽真無遠
慮藉貴因權耽於聲色賄納之音聞於遐邇中尉崔亮知肇微恨遂面陳聰罪
出爲幷州刺史聰善於去就知肇嫌之側身承奉肇遂待之如舊聰在幷州數

歲多不率法又與太原太守王椿有隙再爲大使御史舉奏肇每以宗私相援事得寢緩宣武末拜散騎常侍平北將軍明帝踐阼以其素附高肇出爲幽州刺史尋以高肇之黨與王世義高綽李憲崔楷蘭氛之爲中尉元匡所彈靈太后並特原之聽遂廢于家斷絶人事唯脩營園果世稱高聽梨以爲珍異又唯以聲色自娛後拜光祿大夫卒靈太后聞其亡嗟惋良久贈青州刺史謚曰獻聽有妓十餘人有子無子皆注籍爲妾以悅其情及病欲不適他人並令燒指吞炭出家爲尼聽所作文筆二十卷長子雲字彥鴻位輔國將軍中散大夫河陰遇害贈兗州刺史

論曰韓麒麟由才器識用遂見紀於齊士顯宗以文學自立而時務屢陳至於實錄之功未之聞也子熙清尙自守榮過其器程駿才業見知蓋當時之長策李彪生自微族見擢明世輶軒驟指聲駭江南執筆立言遂爲良史逮於直繩在手厲氣明目持堅無術末路蹉跎行百里者半於九十彪之謂也高道悅謇直之風見憚於世醜正貽禍有可悲乎甄琛以學尙刀筆早樹聲名受遇三朝

終至崇重高聰才高見知名位顯著而異軌同奔咸經於危覆之轍惜乎

北史卷四十

北史卷四十考證

韓麒麟傳遷鄴之始百司並給兵力○力監本訛刀今改從閣本

形有待而智無涯○涯監本訛厓今從南本

則雖參夷之誅不足以肅○參監本誤叁今從南本

程駿傳孝文文明太后傷惜之○惜監本訛借今改正

李彪傳豈非唯予之咎抑師傅之不勤○馮夢楨云魏書豈唯予咎今增作唯

予之咎文遂謬甚

加金璫右珥蟬冕東省○魏書加字上有左字東省下注闕字

親虔宗社者先皇之敬也○虔監本訛度今改從南本

式穀令爾休矣○魏書無令字

又慰喻汾州叛胡○慰監本誤尉今改從南本

由是爲孝文所貴○監本脫爲字今從南本增入

高道悅傳道悅以使者書侍御史薛聰侍御史主文中散元志等○書侍御史

馮夢楨以爲當作侍書御史　臣人龍按前後卷內大約治書侍御史俱作書
侍御史乃唐人避諱而刪治字耳又侍御史主文中散魏書無史字
甄琛傳手下倉頭常令執燭○倉魏書作蒼
郎君辭父母仕宦○宦監本訛官今改從南本
遂從許赤彪假書○許赤彪魏書作許赤李彪
始琛以父母老常求解官扶侍○監本脫琛字今從閣本增入
乃走收三州人中麤暴者殺之以威外賊○監本此句下衍賊字今刪去

北史卷四十考證

北史卷四十一

唐　李延壽　撰

列傳第二十九

楊播 子侃 播弟椿 椿子昱 椿弟津 津子遁 逸 諡 諡弟愔 燕子獻 鄭頤

楊敷 子素 孫玄感 素弟約 約從叔异 敷叔父寬 寬子文恩 紀

楊播字延慶弘農華陰人也高祖結仕慕容氏位中山相曾祖珍道武時歸國位上谷太守祖真河內清河二郡太守父懿延興末爲廣平太守有稱績孝文南巡吏人頌之徵爲選部給事中有公平譽除安南將軍洛州刺史未之任卒贈本官加弘農公諡曰簡播本字元休孝文賜改焉母王氏文明太后之外姑播少脩飭奉養盡禮擢爲中散累遷衞尉少卿與陽平王頤等出漢北擊蠕蠕大致克獲遷武衞將軍復征蠕蠕至居然山而還及車駕南討假前將軍從至鍾離師迴詔播爲圓陣禦之相拒再宿軍人食盡賊圍更急播乃領精騎三百歷其船大呼曰我今欲度能戰者出遂擁而濟賊莫敢動賜爵華陰子後從駕

討破崔慧景蕭衍於鄧城進號平東將軍時車駕耀威城沔水上已設宴帝與
中軍彭城王勰賭射左衞元遙在勰朋內而播居帝曹遙射侯正中籌限已滿
帝曰左衞籌足右衞不得不解對曰仰恃聖恩庶幾必爭於是箭中正帝笑曰
雖養由之妙何復過是遂舉卮以賜播曰古人酒以養病朕今賞卿之能可謂
古今殊也除太府卿進爵爲伯後爲華州刺史至州借人田爲御史王基所劾
除官爵卒于家子侃等停柩不葬披訴積年至熙平中乃贈鎮西將軍雍州刺
史并復其爵謚曰壯
侃字士業頗愛琴書尤好計畫時播一門貴滿朝廷子姪早通而侃獨不交遊
公卿罕有識者親朋勸其出仕侃曰苟有良田何憂晚歲但恨無才具耳年三
十一襲爵華陰伯揚州刺史長孫承業請爲錄事參軍梁豫州刺史裴邃規相
掩襲密購壽春人李瓜花袁建等令爲內應邃已纂勒兵士慮壽春疑覺遂謬
移云魏始於馬頭置戍如聞復欲脩白捺舊城若爾便稍相侵逼此亦須營歐
陽設交境之備今板卒已集唯聽信還佐寮咸欲以實答之云無脩白捺意而

侃曰白捺小城本非形勝遼集兵遣移虛構是言得無有別圖也承業乃云錄
事可造移報移曰彼之纂兵想別有意何爲妄構白捺他人有心予忖度之勿
謂秦無人也遼得移謂已覺便散兵瓜花等以期契不會便相告發伏辜者十
數家遼遂後竟襲壽春入羅城而退遂列營於黎漿梁城日夕鈔掠承業乃奏侃
爲統軍後雍州刺史蕭寶夤據州反承業討之除侃爲承業行臺左丞軍次恆
農侃白承業曰今賊守潼關全據形勝須北取蒲坂飛棹西岸置兵死地人有
鬭心華州之圍可不戰而解潼關之賊必望風潰散諸處既平長安自克愚計
可錄請爲明公前驅承業從之令其子子產等領騎與侃於恆農北度便據石
錐壁乃班告曰今且停軍於此以待步卒兼觀人情向背若送降名者各自還
村候臺軍舉三烽火各亦應之以明降款其無應烽即是不降之村理須殄戮
人遂傳相告報實未降者亦詐舉烽一宿之間火光遍數百里內圍城之寇不
測所以各自散歸長安平侃頗有力焉建義初除岐州刺史屬元顥內逼詔行
北中郎將孝莊徙河北執侃手曰朕停卿蕃寄移任此者正爲今日但卿尊卑

百口若隨朕行所累處大卿可還洛寄之後圖侃曰寧可以臣微族頓廢君臣之義固求陪從除度支尚書兼給事黃門侍郎敷西縣公及車駕南還顥令梁將陳慶之守北中城自據南岸有夏州義士爲顥守河中渚乃密信通款求破橋立効尒朱榮赴之及橋破應接不果皆爲顥屠榮將爲還計欲更圖後舉侃曰若今卽還人情失望未若召發人材唯多縛筏間以舟楫沿河廣布令數百里中皆爲度勢顥知防何處一旦得度必立大功榮大笑從之於是尒朱兆等於馬渚諸楊南度顥便南走車駕入都侃解尚書正黃門以濟河功進爵濟北郡公復除其長子師仲爲祕書郎時所用錢人多私鑄稍就薄小乃至風飄水浮米斗幾直一千侃奏聽人與官並鑄五銖使人樂爲而俗弊得改莊帝從之後除侍中加衞將軍右光祿大夫莊帝將圖尒朱榮侃與內弟李晞城陽王徽侍中李彧等咸預其謀尒朱兆入洛侃時休沐遂竄歸華陰普泰初天光在關西遣侃子婦父韋義遠招慰之立盟許恕其罪侃從兄昱恐爲家禍令侃出應假其食言不過一人身沒冀全百口侃赴之爲天光所害太昌初贈車騎將軍

儀同三司幽州刺史子純陁襲播弟椿

椿字延壽本字仲考孝文賜改焉性寬謹爲內給事與兄播竝侍禁闈後爲中部法曹折訟公正孝文嘉之及文明太后崩孝文五日不食椿諫曰聖人之禮毀不滅性縱陛下欲自賢於萬代其若宗廟何帝感其言乃一進粥轉授宮輿曹少卿加給事中出爲豫州刺史再遷梁州刺史初武興王楊集始降於齊自漢中而北規復舊土椿貽書集始開以利害集始執書對使者曰楊使君此書除我心腹疾遂來降尋以母老解還後兼太僕卿秦州羌呂苟兒涇州屠各陳瞻等反詔椿爲別將隸安西將軍元麗討之賊守峽自固或謀伏兵斷其出入待糧盡攻之或云斬山木縱火焚之椿曰並非計也賊深竄正避死耳今宜勒三軍勿更侵掠賊必謂見嶮不前心輕我軍然後掩其不備可一舉而平乃緩師賊果出掠仍以軍中驢馬餌之衘枚夜襲斬瞻傳首入正太僕卿初獻文世有蠕蠕萬餘戶降附居於高平薄骨律二鎮太和末叛走唯有一千餘家大中大夫王通高平鎮將郎育等求徙置淮北防其後叛詔椿徙焉椿上書以爲裔

不謀夏夷不亂華是以先朝居之荒服之間正欲悅近來遠今新附者衆若舊者見徙新者必不安愚謂不可時入坐不從遂於濟州緣河居之及冀州元愉之難果悉浮河赴賊所在鈔掠如椿所策後除朔州刺史在州爲廷尉奏椿前爲太僕卿招引百姓盜種牧田三百四十頃依律處刑五歲尚書邢巒據正始別格奏罪應除名注籍盜門同籍合門不仕宣武以新律既班不宜雜用舊制詔依斷以贖論後除定州刺史自道武平中山多置軍府以相威攝凡有八軍軍各配兵五千食祿主帥軍各四十六人自中原稍定八軍之兵漸割南戍一軍兵纔千餘然主帥如故費祿不少椿表罷四軍減其主帥百八十四人椿在州因修黑山道餘功伐木私造佛寺役兵爲御史所劾除名後累遷爲雍州刺史進號車騎大將軍儀同三司尋以本官加侍中兼尚書右僕射爲行臺節度關西諸將遇暴疾頻啓乞解詔許之以蕭寶夤代爲刺史行臺椿還鄉里遇子昱將還京師使陳寶夤賞罰云爲不依常憲恐有異心昱還面啓明帝及靈太后並不納及寶夤邀害御史中尉酈道元猶上表自理稱爲椿父子所謗建義

元年爲司徒丞安初進位太保加侍中給後部鼓吹元顥入洛椿子昱爲顥禽又椿弟順順子仲宣兄子保弟子遁並從駕河內爲顥嫌疑以椿家世顯重恐失人望未及加罪時人助其憂或勸椿攜家避禍椿曰吾內外百口何處逃竄正當坐任運耳莊帝還宮椿上書頻請歸老詔聽服侍中服賜朝服一襲八尺牀帳几杖不朝乘安車駕駟馬給扶傳詔二人仰所在郡縣四時以禮存問安否椿奉辭於華林園帝下御座執手流淚曰公先帝舊臣實爲元老但高尚其志決意不留既難相違深用悽切椿亦歔欷欲拜帝親執不聽賜以絹布給羽林衛送羣公百寮餞於城西張方橋行路觀者莫不稱歎椿臨行誡子孫曰我家入魏之始卽爲上客自爾至今二千石方伯不絕祿卹甚多於親姻知故吉凶之際必厚加贈襚來往賓寮必以酒肉飲食故六姻朋友無憾焉國家初丈夫好服綵色吾雖不記上谷翁時事然記清河翁時服飾恆見翁著布衣韋帶常自約敕諸父曰汝等後世若富貴於今日者慎勿積金一斤綵帛百匹已上用爲富也不聽與生求利又不聽與勢家作昏姻至吾兄弟不能遵奉今汝等

服乘漸華好吾是以知恭儉之德漸不如上也又吾兄弟若在家必同盤而食若有近行不至必待其還亦有過中不食忍飢相待吾兄弟八人今存者有三是故不忍別食也又願畢吾兄弟不異居異財汝等眼見非爲虛假如聞汝等兄弟時有別齋獨食者此又不如吾等一世也吾今日不爲貧賤然居住舍宅不作壯麗華飾者正慮汝等後世不賢不能保守之將爲勢家所奪北都時朝法嚴急太和初吾兄弟三人並居內職兄在高祖左右吾與津在文明太后左右于時口敕責諸內官十日仰密得一事不列便大嗔嫌諸人多有依敕密列者亦有太后高祖中閒傳言構閒者吾兄弟自相誡曰今忝二聖近臣居母子閒難宜深慎之又列人事亦何容易縱被嗔責勿輕言十餘年中不嘗言一人罪過時大被嫌責答曰臣等非不聞人語正恐不審仰誤聖聽以是不敢言於後終以不言蒙賞及二聖閒言語終不敢輒爾傳通太和二十一年吾從濟州來朝在清徽堂豫宴高祖謂諸貴曰北京之日太后嚴明吾每得杖左右因此有是非言和朕母子者唯楊播兄弟遂舉爵賜兄及我酒汝等脫若萬一蒙明

主知遇宜深愼言語不可輕論人惡也吾自惟文武才藝門望姻援不勝他人一旦位登侍中尚書四歷九卿十爲刺史光祿大夫儀同開府司徒太保津今復爲司空者正由忠謹愼口不嘗論人之過無貴無賤待之以禮以是故至此耳聞汝等學時俗人乃有坐待客者有驅馳勢門者有輕論人惡者及見貴勝則敬重之見貧賤則慢易之此人行之大失立身之大病也汝家仕皇魏以來高祖以下乃有七郡太守三十二州刺史內外顯職時流少比汝等若能存禮節不爲奢淫驕慢假不勝人足免尤誚足成名家吾今年始七十五自惟氣力尚堪朝覲天子所以孜孜求退者正欲使汝等知天下滿足之義爲一門法耳非是苟求千載之名汝等能記吾言吾百年後終無恨矣椿還華陰踰年爲尒朱天光所害時人莫不怨痛之太昌初贈太師丞相都督冀州刺史子昱

昱字元略起家廣平王懷左常侍懷好武事數遊獵昱每規諫正始中以京兆廣平二王國臣多縱恣詔御史中尉崔亮窮案之伏法都市者三十餘人不死者悉除名唯昱與博陵崔楷以忠諫免後除太學博士員外散騎侍郎初尚書

令王肅除揚州刺史出頓洛陽東亭酣後廣陽王嘉北海王詳等與播論議競
理播不爲屈北海王顧昱曰尊伯性剛不伏理大不如尊使君也昱對曰昱父
道隆則從其隆道洿則從其洿伯父剛則不吐柔亦不茹一坐歎其能言肅曰
非此郎何得申二父之美延昌三年以本官帶詹事丞時明帝在懷抱中至於
出入左右乳母而已不令宮寮聞知昱諫曰陛下不以臣等凡淺備位宮臣太
子動止宜令翼從自比以來輕爾出入進無二傅導引之美退闕羣寮陪侍之
式非所謂示人軌儀著君臣之義陛下若召太子必降手敕令臣下咸知爲後
世法於是詔自今若非手敕勿令兒輒出宮臣在直者從至萬歲門轉太尉掾
兼中書舍人靈太后常謂昱曰親姻在外不稱人心卿有所聞慎勿諱隱昱奏
楊州刺史李崇五車載貨恆州刺史楊鈞造銀食器十具並餉領軍元乂靈太
后令召乂夫妻泣而責之乂深恨昱昱第六叔舒妻武昌王和之妹和即乂之
從祖父舒早喪有一男六女及終喪元氏請別居昱父椿集親姻泣謂曰我弟
不幸早終今男未婚女未嫁何便求別居不聽遂懷憾神龜二年瀛州人劉宣

明謀反事覺逃竄乂使和及元氏誣告昱藏宣明云昱父椿叔津並送甲杖三百具謀圖不逞乂又構成其事乃遣夜圍昱宅收之並無所獲太后問狀昱具對元氏構釁之端言至哀切太后乃解昱縛和及元氏並處死刑而乂相左右和直免官元氏卒亦不坐及乂之廢太后也乃出昱為濟陰內史中山王熙起兵於鄴又遣黃門盧同詣鄴刑熙并窮黨與同希乂旨就郡鎖昱赴鄴因訊百日乃還任孝昌初除中書侍郎遷給事黃門侍郎後賊圍豳州詔昱兼侍中持節催西北道大都督北海王顥仍隨軍監察豳州圍解雍州蜀賊張映龍姜神達知州內虛謀欲攻掩刺史元脩義懼而請援一日一夜書移九通都督李叔仁遲疑不赴昱曰若長安不守大軍自然瓦散此軍雖往有何益也遂與叔仁等俱進於陣斬神達諸賊迸散詔以昱受旨催督而顥軍稽緩遂免昱官尋除涇州刺史未幾昱父椿為雍州徵昱除吏部郎中及蕭寶夤等敗於關中以昱兼七兵尚書持節假撫軍都督防守雍州昱遇賊失利而返後除鎮東將軍假車騎將軍東南道都督又加散騎常侍於後太山守羊侃據郡南叛侃兄深時

爲徐州行臺府州咸欲禁深昱曰昔叔向不以鮒也見廢奈何以侃罪深宜聽
朝旨不許羣議還朝未幾元顥侵逼大梁除昱南道大都督鎭滎陽顥禽濟陰
王暉業乘虛徑進城陷昱與弟息五人在門樓上顥至執昱下責曰卿今死甘
心不答曰分不望生向所以不下樓正慮亂兵耳但恨八十老父無人供養乞
小弟一命便是死不朽也顥將陳慶之胡光等伏顥帳前曰陛下度江三千里
無遺鏃費昨日殺傷五百餘人求乞楊昱以快意顥曰我在江東聞梁主言初
下都袁昂爲吳郡不降稱其忠節奈何殺昱於是斬昱下統帥三十七人皆令
蜀兵刳腹取心食之孝莊還復前官尒朱榮之死昱爲東道行臺拒尒朱仲遠
會尒朱兆入洛昱還京師後歸鄉里亦爲天光所害太昌初贈司空公定州刺
史子孝邕員外郎奔免匿蠻中潛結渠率謀報尒朱氏微服入洛爲尒朱世隆
所殺椿弟穎字惠哲本州別駕穎弟順字延和寬裕謹厚豫立莊帝功封三門
縣伯位冀州刺史罷州還遇害太昌初贈太尉公錄尙書事相州刺史子辯字
僧達位東雍州刺史辯弟仲宣有風度才學位正平太守爵恆農伯在郡有能

名還京兄弟與父同遇害太昌初辯贈儀同三司恆州刺史仲宣贈尚書右僕射青州刺史仲宣子玄就幼而雋拔收捕時年九歲牽挽兵人曰欲害諸尊乞先就死兵以刀斫斷其臂猶請死不止遂先殺之永熙初贈汝陰太守順弟津

津字羅漢本字延祚孝文賜改焉少端謹以器度見稱年十一除侍御中散時孝文幼冲文明太后臨朝津曾入侍左右忽欬逆失聲遂吐血數升藏之衣袖太后聞聲閱而不見問其故具以實言遂以敬慎見知賜縑百匹遷符璽郎中津以身在禁密不外交遊至宗族姻表罕相參候司徒馮誕與津少結交友而津見其貴寵每恆退避及相招命多辭疾不往誕以爲恨而津逾遠焉人或謂之曰司徒君之少舊何自外也津曰爲勢家所厚復何容易但全吾今日亦足矣轉振威將軍領監曹奏事令孝文南征以津爲都督征南府長史後還長水校尉仍直閤景明中宣武遊於北芒津時陪從太尉咸陽王禧謀反帝馳入華林時直閤中有同禧謀皆在從限及禧平帝顧謂朝臣曰直閤半爲逆黨非至忠者安能不豫此謀因拜津左右中郎將遷驍騎將軍仍直閤出除岐州刺史

津巨細躬親孜孜不倦有武功人齎絹三匹去城十里爲賊所劫時有使者馳驛而至被劫人因以告之使者到州以狀白津津乃下教云有人著某色衣乘某色馬在城東十里被殺不知姓名若有家人可速收視有一老母行哭而出云是己子於是遣騎追收幷絹俱獲自是闔境畏服至於守令寮佐有濁貨者未曾公言其罪常以私書切責之於是官屬感厲莫有犯法者以母憂去職延昌末起爲華州刺史與兄播前後牧本州當世榮之先是受調絹度尺特長在事因緣共相進退百姓苦之津乃令依公尺度其輸物尤好者賜以杯酒而出其所輸少劣者爲受之但無酒以示其恥於是競相勸厲官調更勝孝昌中北鎮擾亂侵逼舊京乃加津安北將軍北道大都督尋轉左衛加撫軍將軍津始受命出據靈丘而賊帥鮮于脩禮起於博陵定州危急遂回師南赴始至城下營壘未立而州軍新敗津以賊既乘勝士衆勞疲柵壘未安不可擬敵欲移軍入城更圖後舉刺史元固稱賊既逼城不可示弱乃閉門不內津揮刃欲斬門者軍乃得入賊果夜至見柵空而去其後賊攻州城東面已入羅城刺史閉小

城東門城中騷擾津開門出戰賊退人心少安尋除定州刺史又兼吏部尚書北道行臺初津兄椿得罪此州由鉅鹿人趙略投書所致及津至略舉家逃走津乃下教慰喻令其還業於是闔州愧服遠近稱之時賊帥鮮于脩禮杜洛周殘掠州境孤城獨立在兩寇之間津脩理戰具更營雉堞又於城中去城十步掘地至泉廣作地道潛兵涌出置爐鑄鐵持以灌賊賊遂相告曰不畏利槊堅城唯畏楊公鐵星津與賊帥元洪業等書喻之并授鐵券許之爵位令圖賊帥毛普賢洪業等感寤復書云欲殺普賢又云賊欲圍城正爲取北人城中所有北人必須盡殺津以城內北人雖是惡黨然掌握中物未忍便殺但收內子城防禁而已將吏無不感其仁恕朝廷初送鐵券二十枚委津分給津隨賊中首領間行送之脩禮普賢頗亦由此而死旣而杜洛周圍州城津盡力捍守詔加衞將軍將士有功者任津科賞兵人給復八年葛榮以司徒說津津大怒斬其使以絕之自受攻圍經歷三稔朝廷不能拯赴乃遣長子遁突圍出詣蠕蠕主阿那瓌令其討賊遁日夜泣訴阿那瓌遣其從祖吐豆發率精騎南出前鋒已

達廣昌賊防塞隘口蠕蠕遂還津長史李裔引賊入津苦戰不敵遂見拘執洛
周脱津衣服置地牢下數日將烹之諸賊還相諫止遂得免害津曾與裔相見
對諸賊帥以大義責之辭淚俱發裔大慙典守者以告洛周弗之責及葛榮併
洛周復爲榮所拘榮破始得還洛永安二年兼吏部尚書元顥內逼莊帝將親
出討以津爲中軍大都督兼領軍將軍未行顥入及顥敗津乃入宿殿中掃洒
宮掖遣第二子逸封閉府庫各令防守及帝入也津迎於北芒流涕謝罪帝深
嘉慰之尋以津爲司空加侍中介朱榮死使津以本官爲兼尚書令北道大行
臺都督幷州刺史委以討胡經略津馳至鄴將從滏口而入遇介朱兆等已克
洛相州刺史李神等議欲與津舉城通款津不從以子逸既爲光州刺史兄子
昱時爲東道行臺鳩率部曲在於梁沛津規欲東轉更爲方略乃率輕騎望於
濟州度河而介朱仲遠已陷東郡所圖不果遂還京師普泰元年亦遇害於洛
太昌初贈大將軍太傅都督雍州刺史謚曰孝穆將葬本鄉詔大鴻臚持節監
護喪事長子遁

遁字山才其家貴顯諸子弱冠咸縻王爵而遁性靜退年近三十方爲鎮西府主簿累遷尚書左丞金紫光祿大夫亦被害於洛太昌初贈車騎大將軍儀同三司幽州刺史謚曰恭定遁弟逸字遵道有當世才起家員外散騎侍郎以功賜爵華陰男建義初莊帝猶在河陽逸獨往謁帝特除給事黃門侍郎領中書舍人及朝士濫禍帝益憂怖詔逸晝夜陪侍帝寢御牀前帝曾夜中謂逸曰昨來舉目唯見異人賴卿差以自慰再遷南秦州刺史加散騎常侍時年二十九時方伯之少未有先之者仍以路阻不行改光州刺史時災儉連歲逸欲以倉粟振給而所司懼罪不敢逸曰國以人爲本人以食爲命假令以此獲戾吾所甘心遂出粟然後申表右僕射元羅以下謂公儲難闕並執不許尚書令臨淮王彧以爲宜貸二萬詔聽貸二萬逸既出粟之後其老小殘疾不能自存活者又於州門造粥飼之將死而得濟者以萬數帝聞而善之逸爲政愛人尤憎豪猾廣設耳目善惡畢聞其兵出使下邑皆自持糧人或爲設食者雖在闇室終不敢進咸言楊使君有千里眼那可欺之在州政績尤美及其家禍尒朱仲遠

遣使於州害之吏人如喪親戚城邑村落營齋供一月之中所在不絕太昌初贈都督豫郢二州刺史謚曰貞逸弟謐字遵和歷員外散騎常侍以功賜爵恆農伯鎮軍將軍金紫光祿大夫衛將軍在晉陽爲尒朱兆所害太昌初贈驃騎將軍兗州刺史謚弟愔事列于後津弟暐字延季弘厚頗有文學位武衛將軍加散騎常侍安南將軍莊帝初遇害河陰贈儀同三司雍州刺史播家世純厚並敦義讓昆季相事有如父子播性剛毅椿津恭謙兄弟旦則聚於廳堂終日相對未曾入內有一美味不集不食廳堂間往往幃幔隔障爲寢息之所時就休偃還共談笑椿年老曾他處醉歸津扶侍還室仍假寢閤前承候安否椿津年過六十並登台鼎而津常旦暮參問子姪羅列階下椿不命坐津不敢坐椿每近出或日斜不至津不先飯椿還然後共食食則津親授匙箸味皆先嘗椿命食然後食津爲司空於時府主皆自引寮佐人有就津求官者津曰此事須家兄裁之何爲見問初津爲肆州椿在京宅每有四時嘉味輒因使次附之若或未寄不先入口椿每得所寄輒對之下泣兄弟並皆有孫唯椿有曾孫年十

五六矣椿常欲爲之早娶望見玄孫自昱已下率多學尚時人莫不欽焉一家之內男女百口緦服同爨庭無間言魏世以來唯有盧陽烏兄弟及播昆季當世莫逮焉尒朱世隆等將害椿家誣其爲逆奏請收之節閔不許世隆復苦執不得已乃下詔世隆遂遣步騎夜圍其宅天光亦同日收椿於華陰東西兩處無少長皆遇禍籍沒其家節閔惋悵久之

愔字遵彥小名秦玉兒童時口若不能言而風度深敏出入門閭未嘗戲弄六歲學史書十一受詩易好左氏春秋幼喪母曾詣舅源子恭子恭與之飲問讀何書曰誦詩子恭曰誦至渭陽未邪愔便號泣感噎子恭亦對之歔欷遂爲之罷酒子恭後謂津曰常謂秦玉不甚察慧從今已後更欲刮目視之愔一門四世同居家甚隆盛昆季就學者三十餘人學庭前有柰樹實落地羣兒咸爭之愔頽然獨坐其季父暐適入學館見之大用嗟異顧謂賓客曰此兒恬裕有我家風宅內有茂竹遂爲愔於林邊別葺一室命獨處其中常銅盤具盛饌以飯之因以督厲諸子曰汝輩但如遵彥謹慎自得竹林別室銅盤重肉之食愔從

父兄黃門侍郎昱特相器重曾謂人曰此兒駒齒未落已是我家龍文更十歲
後當求之千里外昱嘗與十餘人賦詩愔一覽便誦無所遺失及長能清言美
音制風神俊悟容止可觀人士見之莫不敬異有識者多以遠大許之正光中
隨父之并州性既恬默又好山水遂入晉陽西縣甕山讀書孝昌初津爲定州
刺史愔亦隨父之職以軍功除羽林監賜爵魏昌男不拜及中山爲杜洛周陷
全家被囚縶未幾洛周滅又沒葛榮榮欲以女妻之又逼以僞職愔乃託疾密
含牛血數合於衆中吐之仍陽瘖不語榮以爲信然乃止永安初還洛拜通直
散騎侍郎年十八元顥入洛時愔從父兄侃爲北中郎將鎮河梁愔適至侃處
便屬乘輿失守夜至河侃雖奉迎車駕北度而潛南奔愔固諫止之遂相與扈
從達建州除通直散騎常侍愔以世故未夷志在潛退乃謝病與友人中直侍
郎河間邢卲隱於嵩山及莊帝誅尒朱榮其從兄侃參讚帷幄朝廷以其父津
爲并州刺史北道大行臺愔隨之任有邯鄲人楊寬者求義從出藩愔請津納
之俄而孝莊幽崩愔時適欲還都行達邯鄲過楊寬家爲寬所執至相州見刺

史劉誕以愔名家盛德甚相哀念付長史慕容白澤禁止焉遣隊主鞏榮貴防禁送都至安陽亭愔謂榮貴曰僕百世忠臣輸誠魏室家亡國破一至於此雖曰囚虜復何面目見君父之讎得自縊於一繩傳首而去君之惠也榮貴深相矜感遂與俱逃愔乃投高昂兄弟既潛竄累載屬齊神武至信都遂投刺轅門便蒙引見贊揚興運陳訴家禍言辭哀壯涕泗橫集神武爲之改容即署行臺郎中南攻鄴歷楊寬村寬於馬前叩頭請罪愔謂曰人不識恩義蓋亦常理我不恨卿無假驚怖時鄴未下神武命愔作祭天文燎畢而城陷由是轉大行臺右丞于時霸圖草創軍國務廣文檄教令皆自愔及崔㥄出遭罹家難常以喪禮自居所食唯鹽米而已哀毀骨立神武愍之常相開慰及韓陵之戰愔每陣先登朋僚咸共怪歎曰楊氏儒生今遂爲武士仁者必勇定非虛論頃之表請解職還葬一門之內贈太師太傅丞相大將軍者一人太尉錄尚書及尚書令者三人僕射尚書者五人刺史太守者二十餘人追榮之盛古今未之有也及喪柩進發吉凶儀衛亘二十餘里會葬者將萬人是日隆冬盛寒風雪嚴厚愔

跣步號哭見者無不哀之尋徵赴晉陽仍居本職愔從兄幼卿爲岐州刺史以直言忤旨見誅愔聞之悲懼因哀感發疾後取急就鴈門温湯療疾郭季素害其能因致書恐之曰高王欲送卿於帝所仍勸其逃亡愔遂棄衣冠於水濱若見沉者變易名姓自稱劉士安入嵩山與沙門曇謨徵等屏居削跡又潛之光州因東入田橫島以講誦爲業海隅之士謂之劉先生太守王元景陰佑之神武知愔存遣愔從兄寶猗齎書慰喻仍遣光州刺史奚思業令搜訪以禮發遣神武見之悅除太原公開府司馬轉長史復授大行臺右丞封華陰縣侯遷給事黄門侍郎妻以庶女又兼散騎常侍爲聘梁使主至碻磝州內有愔家舊佛寺精廬禮拜見太傅容像悲感慟哭歐血數升遂發病不成行輿疾還鄴久之以本官兼尚書吏部郎中武定末以望實之美超拜吏部尚書加侍中衛將軍侍學典選如故天保初以本官領太子少傅別封陽夏縣男又詔監太史遷尚書右僕射尚太原長公主卽魏孝靜后也會有雉集其舍又拜開府儀同三司尚書右僕射改封華山郡公九年徙尚書令又拜特進驃騎大將軍十年改開

封王文宣之崩百寮莫有下淚愔悲不自勝濟南嗣業任遇益隆朝章國命一人而已推誠體道時無異議乾明元年二月爲孝昭帝所誅時年五十天統末追贈司空公愔貴公子早著聲譽風表鑒裁爲朝野所稱家門遇禍唯有二弟一妹及兄孫女數人撫養孤幼慈旨温顏咸出仁厚重分義輕貨財前後賜與多散之親族羣從弟姪十數人並待而舉火頻遭迍厄冒履艱危一飡之惠酬答必重性命之讎捨而不問典選二十餘年奬擢人倫以爲己任然取士多以言貌時致謗言以爲愔之用人似貧士市瓜取其大者愔聞不以爲意其聰記彊識半面不忘每有所召或單稱姓或單稱名無有誤者後有選人魯漫漢自言猥賤獨不見識愔曰卿前在元子思坊騎秃尾草驢經見我不下以方麴鄣面我何不識卿漫漢驚服又調之曰名以定體漫漢果自不虛又令吏唱人名誤以盧士琛爲士深士琛自言愔曰盧郎潤朗所以比玉自尚公主後衣紫羅袍金鏤大帶遇李庶頗以爲恥謂曰我此衣服都是內裁既見子將不能無愧及居端揆經綜機衡千端萬緒神無滯用自天保五年已後一人喪德維持匡

救實有賴焉每天子臨軒公卿拜授施號發令宣揚詔冊愔辭氣溫辯神儀秀發百寮觀聽莫不悚動自居大位門絕私交輕貨財重仁義前後賞賜積累巨萬散之九族架篋之中唯有書數千卷太保平原王隆之與愔隣宅嘗見其門外有富胡數人謂左右曰我門前幸無此物性周密畏慎恆若不足每聞後命愀然變色文宣大漸以常山長廣二王位地親逼深以後事爲念愔與尚書左僕射平秦王歸彥侍中燕子獻黃門侍郎鄭子默受遺詔輔政並以二王威望先重咸有猜忌之心初在晉陽以大行在殯天子諒闇議令常山王在東館欲奏之事皆先諮決二旬而止仍欲以常山王隨梓宮之鄴留長廣鎮晉陽執政復生疑貳兩王又俱從至于鄴子獻立計欲處太皇太后於北宮政歸皇太后又自天保八年已來爵賞多濫至是愔先自表解其開封王諸叨竊榮恩者皆從黜免由是嬖寵失職之徒盡歸心二叔高歸彥初雖同德後尋反動以疎忌之跡盡告兩王可誅渾天和又每云若不誅二王少主無自安之理宋欽道面奏帝稱二叔威權既重宜速去之帝不許曰可與令公共詳其事愔等議出二

王爲刺史以帝仁慈恐不可所奏乃通啓皇太后具述安危有宮人李昌儀者北豫州刺史高仲密之妻坐仲密事入宮太后與昌儀宗情甚相昵愛太后以啓示之昌儀密白太皇太后愔又議不可令二王俱出乃奏以長廣王爲大司馬幷州刺史常山王爲太師錄尚書事及二王拜職於尚書省大會百僚愔等並將同赴子默止之云事不可量不可輕脫愔云吾等至誠體國豈有常山拜職有不赴之理何爲忽有此慮長廣旦伏家僮數十人於錄尚書後室仍與席上勳貴數人相知幷與諸勳胄約行酒至愔等我各勸雙盃彼必致辭我一曰捉酒二曰捉酒三曰何不捉爾輩即捉及宴如之愔大言曰諸王反逆欲殺忠良邪尊天子削諸侯赤心奉國未應及此常山王欲緩之長廣王曰不可於是愔及天和欽道皆被拳杖亂毆擊頭面血流各十人持之使薛孤延康買執子默於尚藥局子默曰不用智者言以至於此豈非命也二叔率高歸彥賀拔仁斛律金擁愔等唐突入雲龍門見都督叱利騷招之不進使騎殺之開府成休寧拒門歸彥喻之乃得入送愔等於御前長廣王及歸彥在朱華門外太皇太

后臨昭陽殿太后及帝側立常山王以塼叩頭進而言曰臣與陛下骨肉相連
楊遵彥等欲擅朝權威福自己自王公以還皆重足屏氣共相脣齒以成亂階
若不早圖必為宗社之害臣與湛等為國事重賀拔仁斛律金等惜獻皇帝業
共執遵彥等領入宮未敢刑戮專輒之失罪合萬死帝時嘿然領軍劉桃枝之
徒陛衛叩刀仰視帝不睨之太皇太后令却仗不肯又厲聲曰奴輩即今頭落
乃却因問楊郎何在賀拔仁曰一目已出太皇太后愴然曰楊郎何所能留使
不好邪乃讓帝曰此等懷逆欲殺我二兒次及我耳何縱之帝猶不能言太皇
太后怒且悲王公皆泣太皇太后曰豈可使我母子受漢老嫗斟酌太后拜謝
常山王叩頭不止太皇太后謂帝何不安慰爾叔帝乃曰天子亦不敢與叔惜
豈敢惜此漢輩但願乞兒性命兒自下殿去此等任叔父處分遂皆斬之長廣
王以子默昔讒己作詔書故先拔其舌截其手太皇太后臨愔喪哭曰楊郎忠
而獲罪以御金為之一眼親內之曰以表我意常山王亦悔殺之先是童謠曰
白羊頭尾禿羖攊頭生角又曰羊羊喫野草不喫野草遠我道不遠打爾腦又

曰阿麼姑禍也道人姑夫死也羊爲惜也角文爲用刀道人謂廢帝小名太原公主嘗作尼故曰阿麼姑惜子獻天和皆尙帝姑故曰道人姑夫云於是乃以天子之命下詔罪之罪止一身家口不問復尋簿錄五家王晞固諫乃各沒一房孩幼盡死兄弟皆除名遵彥死仍以中書令趙彥深代總機務鴻臚少卿陽休之私謂人曰將涉千里殺麒麟而策蹇驢可悲之甚惜所著詩賦表奏書論甚多誅後散失門生鳩集所得者萬餘言

燕子獻字季則廣漢下洛人少時相者謂曰使役在胡代富貴在齊趙後遇周文於關中創業用爲典籤將命使於蠕蠕子獻欲驗相者之言來歸神武見之大悅神武舊養韓長鸞姑爲女是爲陽翟公主遂以嫁之甚被待遇文宣時官至侍中濟南即位委任彌重除尙書右僕射子獻素多力頭少髮當狼狽之際排衆走出省門斛律光逐而禽之子獻歎曰丈夫爲計遲遂至此天統五年追贈司空天和事見兄元傳

鄭頤字子默彭城人高祖據魏彭城太守自滎陽徙焉頤聰敏頗涉文義而邪

險不良初爲太原公東閣祭酒天保世稍遷中書侍郎與宋欽道特相友愛欽道每師事之楊愔始輕宋鄭不爲之禮俄而自結人主稍不可制欽道舊與濟南款狎共相引致無所不言乾明初拜散騎常侍兼中書侍郎二人權將楊愔相埒愔見害之時邢子才流涕曰楊令君雖其人死日恨不得一佳伴頤後與愔同詔追贈殿中尚書廣州刺史頤弟抗字子信頗有文學武平末兼左右郎中待詔文林館

楊敷字文衍播族孫也高祖暉洛州刺史贈恆農公謚曰簡曾祖恩河間太守祖鈞博學彊識頗有幹用位七兵尚書北道行臺恆州刺史懷朔鎮將贈侍中司空公進封臨貞縣伯謚曰恭父暄字宣和性通朗彊識有學位諫議大夫以別將從廣陽王深征葛榮遇害贈殿中尚書華州刺史敷少有志操重然諾人景慕之魏建義初襲祖鈞爵臨貞縣伯稍遷廷尉少卿斷獄以平允稱周孝閔踐阼進爵爲侯天和中爲汾州刺史進爵爲公齊將段孝先率衆來寇城陷見禽齊人方任用之敷不爲屈遂以憂憤卒於鄴子素

素字處道少落拓有大志不拘小節世人多未之知唯從祖寬深異之每謂子孫曰處道逸羣絕倫非常之器非汝曹所逮後與安定牛弘同志好學研精不倦多所通涉善屬文工草隸書頗留意風角美鬚髯有英傑之表周大冢宰宇文護引爲中外記室轉禮曹加大都督周武帝親總萬機素以其父守節陷齊未蒙朝命上表申理至於再三帝大怒命左右斬之素又言曰臣事無道天子死其分也帝晤其言贈敷使持節大將軍譙廣復三州刺史謚曰忠壯拜素車騎大將軍儀同三司漸見禮遇常令爲詔下筆立成詞義兼美帝嘉之謂曰善相自勉勿憂不富貴素應聲曰臣但恐富貴來逼臣臣無心圖富貴及平齊之役素請率麾下先驅帝從之賜以竹策曰朕方欲大相驅策故用此物賜卿從齊王憲與齊人戰於河陰以功封清河縣子授司城大夫復從憲拔晉州屯兵雞棲原齊主以大軍至憲懼宵遁爲齊兵躡衆多敗散素與驍將十餘人盡力苦戰憲僅而獲免齊平加上開府改封成安縣公尋從王軌破陳將吳明徹於呂梁行東楚州事封弟慎爲義安侯陳將樊毅築城泗口素擊走之夷毅所築

城宣帝即位襲父爵臨貞縣公以弟約為安成公尋從韋孝寬徇譙南及隋文
帝為丞相素深自結納帝甚器之以為汴州刺史至洛陽會尉遲迥作亂滎州
刺史宇文胄據武牢應迥素不得進帝拜素大將軍擊胄破之遷徐州總管位
柱國封清河郡公以弟約為臨貞公及隋受禪加上柱國拜御史大夫其妻鄭
氏性妬悍素忿之曰我若作天子卿定不堪為皇后鄭氏奏之由是坐免上方
圖江表先是素數進取陳計未幾拜信州總管賜錢百萬錦千段馬二百匹遣
之素居永安造大艦名曰五牙上起樓五層高百餘尺左右前後置六檣竿並
高百五十尺容戰士八百人旗幟加於上次曰黃龍置兵百餘人自餘平乘舴
艋等各有差及大舉伐陳以素為行軍元帥引舟師趣三硤至流頭灘陳將戚
欣以青龍百餘艘屯兵守狼尾灘以遏軍路其地險峭諸將患之素曰負勝在
此一舉若晝日下船彼則見我灘流迅激制不由人則吾失其便乃夜掩之素
親率黃龍十艘銜枚而下遣開府王長襲從南岸擊欣別柵令大將軍劉仁恩
趣白沙北岸比明而至擊之欣敗虜其衆勞而遣之秋毫不犯陳人大悅素率

水軍東下舟艦被江旌甲曜日素坐平乘大船容貌雄偉陳人望之懼曰清河
公卽江神也陳南康內史呂仲肅屯岐亭正據江峽於北岸鑿巖綴鐵鎖三條
橫截上流以遏戰船素與仁恩登陸俱發先攻其柵仲肅軍夜潰素徐去其鎖
仲肅復據荊州之延洲素遣巴蜑卒數千乘五牙四艘以檣竿碎賊十餘艦遂
大破之仲肅僅以身免陳主遣其信州刺史顧覺鎭安蜀城荊州刺史陳紀鎭
公安皆懼而走巴陵以東無敢守者荊州刺史岳陽王陳叔慎請降素下至漢
口與秦孝王會乃還拜荊州總管進爵郢國公眞食長壽縣千戶以其子玄感
爲儀同三司玄獎爲淸河郡公賜物萬段粟萬石加之金寶又賜陳主妹女妓
十四人素言於上曰里名勝母曾子不入逆人王誼前封郢臣不願與同於是
改封越國公尋拜納言轉內史令俄而江南人李稜等爲亂以素爲行軍總管
討之帝命平定日男子悉斬女婦賞征人在陣免者從賤賊朱莫問自稱南徐
州刺史以盛兵據京口素舟師入自楊子津進擊破之晉陵顧世興自稱太守
與其都督鮑遷等復來拒戰素逆擊破之執遷虜三千餘人進擊無錫賊帥葉

皓又平之吳郡沈玄憎沈傑等以兵圍蘇州刺史皇甫續頻戰不利素率衆援之玄憎勢迫走投南沙賊帥陸孟孫素擊孟孫於松江大破之禽孟孫玄憎黝歙賊帥沈雪沈能據柵自固又攻拔之江浙賊高智慧自號東揚州刺史吳州總管五原公元契鎮會稽以其兵威而降之智慧盡屠其衆契自殺智慧有船艦千餘艘屯據要害兵甚勁素擊之自旦至申苦戰破之智慧逃入海躡之從餘姚汎海趣永嘉智慧來拒戰素擊走賊帥汪文進自稱天子據東陽署其徒蔡道人爲司空守樂安素進討悉平之又破永嘉賊帥沈孝徹於是步道向天台指臨海郡逐捕遺逸前後百餘戰智慧遁守閩越上以素久勞於外詔令馳傳入朝加子玄感上開府賜綵八千段素以餘寇未殄恐爲後患又自請行詔以素爲元帥復乘傳至會稽先是泉州人王國慶南安豪族也殺刺史劉弘據州爲亂自以海路艱阻非北人所習不設備伍素汎海奄至國慶遑遽棄州走素分遣諸將水陸追捕時南海先有五六百家居水爲亡命號曰遊艇子智慧國慶欲往依之素乃密令人說國慶令斬智慧以自效國慶乃斬智慧於泉州

自餘支黨悉降江南大定上遣左領軍將軍獨孤陀至浚儀迎勞比到京師問者日至拜素子玄獎儀同賜黃金四十斤加銀缾實以金錢縑三千段馬二百匹羊三千口田百頃宅一區代蘇威爲尙書右僕射與高熲專掌朝政素性疎而辯高下在心朝貴之內頗推高熲敬牛弘厚接薛道衡視蘇威蔑如也自餘朝臣多被陵轢其才藝風調優於高熲至於推誠體國處物平當有宰相識度不如熲遠矣尋令素監營仁壽宮素遂夷山堙谷督役嚴急作者多死宮側時聞鬼哭及宮成上令高熲前視奏稱頗傷綺麗大損人丁帝不悅素懼卽於北門啓獨孤皇后曰帝王法有離宮別館今天下太平造一宮何足損費后以此理諭上上乃解於是賜錢百萬綿絹三千段開皇十八年突厥達頭可汗犯塞以素爲靈州道行軍總管出塞討之賜物二千段黃金百斤先是諸將與虜戰每慮胡騎奔突皆戎車步騎相參與鹿角爲方陣騎在內素曰此乃自固之道於是悉除舊法令諸軍爲騎陣達頭聞之大喜以爲天賜下馬仰天而拜率精騎十餘萬至素奮擊大破達頭被重創而遁衆號哭而去優詔賜縑二萬匹及

萬釘寶帶加子玄感位大將軍玄奬玄縱積善並上儀同素多權略乘機赴敵
應變無方然大抵馭戎嚴整有犯令者立斬無所寬貸每將臨寇輒求人過失
而斬之多者百餘人少不下數十流血盈前言笑自若及對陣先令一二百人
赴敵陷陣則已如不能陷而還無問多少悉斬之又令二三百人復進還如向法
將士股慄有必死心由是戰無不勝稱爲名將素時貴倖言無不從其從素征
伐者微功必錄至於佗將雖大功多爲文吏所譴却故素雖嚴忍士亦以此願
從二十年晉王廣爲靈朔道行軍元帥素爲長史王卑躬交素及爲太子素之
謀也仁壽初代高熲爲尙書左僕射賜良馬十匹牝馬二百匹奴婢百口其年
以素爲行軍元帥出雲中擊突厥連破之突厥走追至夜及之將復戰恐賊越
逸令其騎稍後於是親將兩騎幷降突厥二人與虜並行不之覺也候其頓舍
未定趣後騎掩擊大破之自是突厥遠遁磧南無復虜庭以功進子玄感位柱
國玄縱爲淮南郡公賞物二萬段及獻皇后崩山陵制度多出於素上善之下
詔曰君爲元首臣則股肱共理百姓義同一體上柱國尙書左僕射仁壽宮大

監越國公素志度恢弘機鑒明遠懷佐時之略包經國之才王業初基霸圖肇
建策名委質受脤出師禽翦凶魁克平號鄭頻承廟算楊旍江表每稟戎律長
驅塞垣南指而吳越肅清北臨而獯獫摧服自居端揆參贊機衡當朝正色直
言無隱論文則詞藻從橫語武則權奇間出既文且武唯朕所命任使之處夙
夜無怠獻皇后奄離六宮遠日云及塋兆安厝委素經紀然葬事依禮唯卜泉
石至如吉凶不由於素義存奉上情深體國欲使幽明俱泰永保無窮以為陰
陽之書聖人所作禍福之理特須審慎乃遍歷川原親自占擇志圖元吉孜孜
不已遂得神皐福壤營建山陵論素此心事極誠孝豈與平戎定寇比其功業
若不加褒賞何以申茲勸勵可別封一子義康郡公邑萬戶子子孫孫承襲不
絕餘如故并賜田三十頃絹萬匹米萬石金鉢一實以金銀鉢一實以珠并綾
錦五百段時素貴寵日隆其弟約從父文思弟紀及族父异並尚書列卿諸子
無汗馬勞位柱國刺史家僮數千後庭妓妾曳綺羅者以千數第宅華侈制擬
宮禁有鮑亨者善屬文殷胄者工草隸並江南士人因高智慧沒為奴親戚故

吏布列清顯其威近古未聞煬帝初爲太子忌蜀王秀與素謀之構成其罪後竟廢黜朝臣有違忤者雖至誠體國如賀若弼史萬歲李綱柳彧等素皆陰中之若有附會及親戚雖無才用必加進擢朝廷靡然莫不畏附惟兵部尚書柳述以帝壻之重數於上前面折素大理卿梁毗抗表言素作威作福上漸疎忌之後因出敕曰僕射國之宰輔不可躬親細務但三五日一度向省評論大事外示優崇實奪之權終仁壽之末不復通判省事上賜王公已下射素箭爲第一上手以外國所獻金精盤價直巨萬以賜之四年從幸仁壽宮宴賜重疊及上不豫素與兵部尚書柳述黃門侍郎元巖等入侍疾時皇太子入居大寶殿慮上有不諱須豫防擬乃手自爲書封出問素素條錄事狀以報太子宮人潛送於上上覽而大恚所寵陳貴人又言太子無禮上遂發怒欲召庶人勇太子謀之素素矯詔追東宮兵士帖上臺宿衛門禁出入並取宇文述郭衍節度又令張衡侍疾上以此日崩由是頗有異論會漢王諒反遣茹茹天保往東蒲州燒斷河橋又遣王聃子弁力拒守素將輕騎五千襲之潛於渭口宵濟比明擊

之天保敗𨊻子懼以城降有詔徵還初素將行計日破賊皆如所量帝於是以
素爲幷州道行軍總管河北道安撫大使討諒時晉絳呂三州並爲諒城守素
各以二千人縻之而去諒遣趙子開擁衆十餘萬柵絕徑路屯據高壁布陣五
十里素令諸將以兵臨之自以奇兵深入霍山緣崖谷而進直指其營一戰破
之諒所署介州刺史梁脩羅屯介休聞素至懼棄城而走進至清源去幷州三
十里諒率其將王世宗趙子開蕭摩訶等來拒戰又擊破之禽蕭摩訶退保幷
州素進兵圍之諒窮而降餘黨悉平帝遣素弟脩武公約齎手詔勞素素上表
陳謝其月還京師從駕幸洛陽以素領營東京大監以平諒功拜其子萬石仁
行姪玄挺皆儀同三司賚物五萬段羅綺千匹諒之妓妾二十人大業元年遷
尚書令賜東京甲第一區物二千段尋拜太師餘官如故前後賞錫不可勝計
明年拜司徒改封楚公真食二千五百戶其年病薨諡曰景武贈光祿大夫太
尉公弘農河東絳郡臨汾文城河內汲郡長平上黨西河十郡太守給轀輬車
班劍三十人前後部羽葆鼓吹粟麥五千石物五千段鴻臚監護喪事帝又下

詔立碑以彰盛美素嘗以五言詩七百字贈番州刺史薛道衡詞氣穎拔風韻
秀上爲一時盛作未幾而卒道衡歎曰人之將死其言也善若是乎集十卷素
雖有建立策及平楊諒功然特爲帝猜忌外示殊禮內情甚薄太史言楚分野
有大喪因改封素於楚寢疾之日帝每令名醫診候賜以上藥然密問醫人恆
恐不死素又自知名位已極不肯服藥亦不將慎每語弟約曰我豈須更活邪
素貪財貨榮求產業東西京居宅侈麗朝毀夕復營繕無已爰及諸方都會之
處邸店水磑田宅以千百數時議以此鄙之子玄感
玄感少時晚成人多謂之癡唯素每謂所親曰此兒不癡也及長美鬚髯儀貌
雄俊好讀書便騎射弱冠以父軍功位柱國與其父俱爲第二品朝會則齊列
後文帝命玄感降一等玄感拜謝曰不意陛下寵臣之甚許以公庭獲展私敬
初拜郢州刺史到官潛布耳目察長吏能不纖介必知吏人敬服皆稱其能後
轉宋州刺史父憂去職歲餘拜鴻臚卿襲爵楚公遷禮部尚書性雖驕倨而愛
重文學四海知名之士多趨其門後見朝綱漸紊帝又猜忌日甚內不自安遂

與諸弟潛謀廢帝立秦王浩及從征吐谷渾還至達升拔谷時從官狼狽玄感欲襲擊行宮其叔慎曰士心尚一國未有釁不可圖也玄感乃止時帝好征伐玄感欲立威名陰求將領以告兵部尚書段文振振以白帝帝嘉之謂羣臣曰將門有將故不虛也於是賚物千段禮遇益隆頗預朝政帝征遼東令玄感於黎陽督運遂與武賁郎將王仲伯汲郡贊治趙懷義等議謀不時進發帝遣使者逼促玄感揚言曰水路多盜不可前後而廢其弟武賁郎將玄縱鷹揚郎將萬石並從幸遼東玄感潛遣人召之時來護兒以舟師自東萊將入海趣平壤城軍未發玄感無以動衆乃遣家奴僞爲使從東方來謬稱護失軍期而反玄感遂入黎陽縣閉城大募勇夫於是取颿布爲牟甲署置官屬皆準開皇之舊移書傍郡以討護爲名令發兵會於倉所以東光縣尉元務本爲黎州刺史趙懷義爲衞州刺史河內郡主簿唐禕爲懷州刺史有衆且一萬將襲洛陽唐禕至河內馳往東都告之越王侗戶部尚書樊子蓋等勒兵備禦脩武縣人相率守臨清關玄感不得濟遂於汲郡南度河從亂如市數日屯兵上春門衆至十

餘萬子蓋令河南贊務裴弘策拒之弘策戰敗父老競致牛酒玄感屯兵尚書
省每有誓衆曰我身爲上柱國家累巨萬金至富貴無所求也今者不顧破家
滅族者爲天下解倒縣之急救黎元之命耳衆皆悅詣轅門請自効者日數千
及與樊子蓋書曰夫建忠立義事有多途見機而作蓋非一揆昔伊尹放太甲
於桐宮霍光廢劉賀於昌邑此並公度內不能一二披陳高祖文皇帝誕膺天
命造茲區宇在琁璣以齊七政握金鏡以馭六龍無爲而至化流垂拱而天下
乂今上纂承寶歷宜固洪基乃自絕于天殄人敗德頻年肆眚盜賊於是滋多
所在脩營人力爲之凋盡荒淫酒色子女必被其侵躭玩鷹犬禽獸皆離其毒
朋黨相扇貨賄公行納邪佞之言杜正直之口加以轉輸不息徭役無期士卒
塡溝壑骸骨蔽原野黃河之北則千里無煙淮江之閒則鞠爲茂草玄感世荷
國恩位居上將先公奉遺詔曰好子孫爲我輔佐之惡子孫爲我屛黜之所以
上稟先旨下順人心廢其淫昏更立明哲今四海同心九有感應士卒用命如
赴私讎人庶相趨義形公道天意人事較然可知公獨守孤城勢何支久願以

黔黎在念社稷爲心勿拘小禮自貽伊戚誰謂國家一旦至此執筆潸然言無所具遂進逼東都城刑部尚書衛玄率衆自關中來援東都以步騎二萬度瀍澗挑戰玄感僞北玄逐之伏兵發前軍盡沒後數日玄復與玄感戰兵始合玄感詐令人大呼曰官軍已得玄感矣玄軍稍怠玄感與數千騎乘之大潰擁八千人而去玄感驍勇多力每戰親運長矛身先士卒喑嗚叱咤所當莫不震懾論者方之項羽又善撫馭士樂致死由是戰無不捷玄軍日蹙糧又盡乃悉衆決戰陣於北邙一日間戰十餘合玄感弟玄挺中流矢而斃玄感稍却樊子蓋復遣兵攻尚書省又殺數百人帝遣武賁郎將陳稜攻元務本於黎陽武衛將軍屈突通屯河陽左翊衛大將軍宇文述發兵繼進右驍衛大將軍來護兒復來赴援玄感與前戶部尚書李子雄計曰屈突通曉兵事若度河則勝負難決不如分兵拒之不能濟則樊衛失援玄感然之將拒通子蓋知其謀數擊其營玄感不果進通遂濟河軍於破陵玄感爲兩軍西拒衛玄東拒屈突通子蓋復出兵大戰玄感軍頻北復與子雄計子雄勸之直入關中開永豐倉振貧乏三

輔可指麾而定據有府庫東面而爭天下此亦霸王之業會華陰諸楊請爲鄉
導玄感遂釋洛陽西圖關中宣言已破東都取關西宇文述等諸軍躡之至弘
農宮父老遮說玄感曰宮城空虛又多積粟攻之易下進可絕敵人之食退可
割宜陽之地玄感以爲然留攻三日城不下追兵遂至玄感西至閿鄉上槃豆
布陣亘五十里與官軍且戰且行一日三敗復陣於董杜原諸軍大敗之玄感
獨與十餘騎竄林木間將奔上洛追騎至玄感叱之皆懼而返走至葭蘆戍窘
迫獨與弟積善步行謂積善曰事敗矣我不能受人戮辱汝可殺我積善殺之
因自刺不死爲追兵所執與玄感首俱送行在所磔其屍於東都市三日復臠
而焚之餘黨悉平其弟玄奬爲義陽太守將歸玄感爲郡丞周旋玉所殺玄縱
弟萬石自帝所逃歸至高陽止傳舍監事許華與郡兵執之斬於涿郡萬石弟
仁行官至朝議大夫斬於長安並具梟磔公卿請改玄感姓爲梟氏詔可之玄
感之亂有趙元淑者預謀誅又有劉元進亦舉兵應之元淑博陵人父世模初
從高寶後以衆歸周授上開府寓居京兆之雲陽隋文帝踐阼恆典宿衛後從

晉王伐陳力戰而死朝廷以其身死王事以元淑襲父本官賜物三千段元淑性踈誕不事產業家徒壁立後授驃騎將軍將之官無以自給時長安富人宗連家累千金仕周爲三原令有季女慧而有色連每求賢夫聞元淑請與相見連有風儀美談笑元淑亦慕之及至其家服玩居處擬於將相酒酣奏女樂元淑所未見也及出連又致殷勤元淑再三來宴樂更侈於前因問所須盡買與之元淑致謝連復拜求以女妻之元淑感而納焉遂爲富人從楊素平楊諒以功進位柱國歷德州刺史潁川太守並有威惠入爲司農卿玄感有異志遂與結交遼東之役領將軍典宿衞加光祿大夫封葛國公明年帝復征高麗以元淑鎮臨渝及玄感作亂其弟玄縱自駕所逃歸路經臨渝元淑出其小妻魏氏見玄縱對宴極歡因與通謀幷受玄縱賂遺及玄感敗人有告其事者帝以屬吏元淑及魏氏俱斬於涿郡籍沒其家元進餘杭人少好任俠爲州里所宗兩手各長尺餘臂垂過膝屬遼東之役百姓騷動元進自以相表非常遂聚亡命會玄感起於黎陽元進應之旬月衆至數萬將度江而玄感敗吳郡朱燮晉陵

管崇亦舉兵有衆七萬共迎元進奉以爲主據吳郡稱爲天子以燮崇俱爲僕射置百官帝令將軍吐萬緒光祿大夫魚俱羅討焉爲緒所敗朱燮戰死俄而緒俱羅並得罪江都郡丞王世充發兵擊之有大流星墜於江都未及地而南逝磨拂竹木皆有聲至吳郡而落于地元進惡之令掘地入二丈得一石徑丈餘數日失石所在世充度江元進遣兵人各持茅因風縱火世充大懼將棄營遇反風火轉元進衆懼燒而退世充大破之元進及崇俱爲世充所殺世充坑其衆於黃亭澗死者三萬人其後董道沖沈法興李子通等並乘此而起素毋

弟約

約字惠伯童兒時嘗登樹墜地爲查傷由是竟爲宦者性好沉靜內多譎詐好學彊記素友愛之凡有所爲先籌於約而行在周末以素軍功賜爵安成縣公拜上儀同三司文帝受禪歷位長秋卿鄜州刺史宗正大理二少卿時皇太子無寵晉王廣規奪宗以素幸於上而雅信約乃用張衡計遣宇文述大以金寶賂約因通王意說之曰夫守正履道固人臣之常致反經合義亦達者之令圖

自古賢人君子莫不與時消息以避禍患公兄弟功名蓋世用事有年朝臣爲足下家所屈辱者可勝數哉又儲宮以所欲不行每切齒於執政公雖自結於人主而欲危公者亦多矣主上一旦棄羣臣公亦何以取庇今皇太子失愛於皇后主上素有廢黜之心此公所知也今若請立晉王在賢兄之口耳誠能因此時建大功王必鎮銘於骨體斯則去累卵之危成太山之安也約然之以白素素本凶險聞之大喜乃撫掌曰吾智慧殊不及此賴汝起余約知其計行復謂素曰今皇后之言上無不用宜因機會早自結託則匪惟長保榮祿傳祚子孫又晉王傾身禮士聲名日盛躬履節儉有主上之風以約料之必能安天下兄若遲疑一旦有變令太子用事恐禍至無日素遂行其策太子果廢及晉王入東宮引約爲左庶子封脩武公進位大將軍及帝崩遺約入京易留守者縊殺庶人勇然後陳兵發凶問煬帝聞之曰令兄之弟果堪大任即位數日拜內史令約有學術兼達時務帝甚任之後加右光祿大夫及帝在東都令約詣京師享廟行至華陰見其先墓遂枉道拜哭爲憲司所劾坐免官尋拜浙陽太守

其兄子玄感時爲禮部尚書與約恩義甚篤旣愴分離形於顏色帝謂曰公比
憂瘁得非爲叔也玄感再拜流涕曰誠如聖旨帝亦思約廢立功由是徵入朝
未幾卒以素子玄挺後之
穆字紹叔暄弟也仕魏華州別駕孝武末弟寬請以登城縣伯讓穆詔許之終
于幷州刺史贈開府儀同三司華州刺史穆弟儉字景則偉容儀有才行位北
雍州刺史政尚寬惠夷夏安之後從破齊神武於沙苑封夏陽縣侯位開府儀
同三司華州刺史卒諡靜
子昇字文殊美風儀有器局髫齓就學日誦千言見者奇之九歲丁父憂哀毀
過禮殆將滅性及免喪之後絕慶弔閉戶讀書數年之閒博涉書記周閔帝時
爲寧都郡太守甚有能名賜爵樂昌縣子後數以軍功進爵爲侯隋文帝作相
行濟州事及踐阼拜宗正少卿加上開府蜀王秀之鎮益州也朝廷盛選綱紀
以昇方直拜益州總管長史尋遷西南道行臺兵部尚書後歷宗正卿刑部尚
書出爲吳州總管甚有能名時晉王廣鎮揚州詔令昇每歲一與王相見評論

得失規諫疑闕卒於官子虔遜

寬字蒙仁儉弟也少有大志每與諸兒童遊處必擇高大之物坐之見者咸異焉及長頗解屬文尤尚武藝弱冠除奉朝請父鈞出鎮恆州請隨從展效乃授高闕戍主既而蠕蠕亂其主阿那瓌奔魏魏帝詔鈞衞送寬亦從行時北邊賊起攻圍鎮城鈞卒城人等推寬守禦尋而城陷寬乃北走蠕蠕後討六鎮賊破寬始得還朝廣陽王深與寬素相昵深犯法得罪寬被逮捕孝莊時爲侍中與寬有舊藏之於宅遇赦得免除宗正丞北海王顥少相器重時爲大行臺北征葛榮欲啓寬爲左丞寬辭以孝莊厚恩未報義不見利而動顥未之許顥妹壻李神軌謂顥曰匹夫猶不可奪志況義士乎乃止孝莊踐阼累遷洛陽令以都督從太宰上黨王元天穆討平邢杲師未還屬元顥入洛莊帝出居河內天穆懼集諸將謀之寬勸天穆徑取成皋會兵伊洛天穆然之乃趣成皋令寬與尒朱兆爲後拒尋以衆議不同乃回赴石濟寬夜行失道遂後期諸將咸言寬少與北海周旋今不來矣天穆答曰楊寬非輕去就者也吾當謂諸君明之言訖

候騎白寬至天穆撫髀而笑曰吾固知其必來遽出帳迎握其手曰是所望也
與天穆俱謁孝莊於大行仍爲都督從平河內進圍北中時梁陳慶之爲顥勒
兵守北門天穆駐馬圍外遣寬至城下說慶之不答久之乃曰賢兄撫軍在熲
欲相見不寬答僕兄既力屈凶威迹淪逆黨人臣之理何煩相見天穆聞之自
此彌敬孝莊反正除太府卿華州大中正封澄城縣伯尒朱榮被誅其從弟世
澄等出據河橋還逼京師進寬使持節大都督隨機捍禦世隆謂寬曰豈忘太
宰相知之深也寬答曰太宰見愛以禮人臣之交耳今日之事事君之節及尒
朱兆陷洛陽因執孝莊帝寬還洛不可遂自成臯奔梁至建鄴聞莊帝弑崩寬
發喪盡禮梁武義之尋而禮送還孝武初除給事黃門侍郎孝武與齊神武有
隙遂召募驍勇廣增宿衛以寬爲閤內大都督專總禁旅從孝武入關兼吏部
尚書錄從駕勳進爵華山郡公大統初還太子太傅五年除驃騎大將軍開府
儀同三司都督東雍州刺史即本州也廢帝初爲尚書左僕射將作大監坐事
免周明帝初拜大將軍從賀蘭祥討吐谷渾破之別封宜陽縣公除小冢宰轉

御正中大夫武成二年詔寬與麟趾殿學士參定經籍寬性通敏有器幹頻牧數州號稱清簡歷居臺閣有當官之譽然與柳機不協案成其罪時論頗以此譏之保定元年除總管梁興等十九州諸軍事梁州刺史薨於州贈華陝虞上潞五州刺史諡曰元子文恩

文恩字温才在周年十一拜車騎大將軍儀同三司散騎常侍尋以父功封新豐縣子天和初行武都太守十姓獠反文恩討平之復行翼州事黨項羌叛文恩又討平之進擊資中武康隆山等生獠及東山獠並破之從陳王攻齊河陰城又從武帝攻拔晉州授上儀同三司改封承寧縣公壽陽劉叔仁作亂從清河公宇文神舉討之戰於塼并在陣禽叔仁又別從王誼破賊於鯉魚柵後累以軍功遷果毅左旅下大夫隋文帝爲丞相從韋孝寬拒尉遲迥於武陟與行軍總管宇文述擊走其將李儁遂解懷州圍破尉遲惇平鄴城皆有功進授上大將軍改封洛川縣公尋拜隆州刺史開皇元年進爵正平郡公復爲魏州刺史甚有惠政及去職吏人思之爲立碑頌德轉冀州刺史煬帝嗣位徵爲戶部

尙書轉納言改授右光祿大夫從幸江都宮以足疾不堪趨奏復授戶部尙書
位右光祿大夫卒官謚曰定初文恩當襲父爵自以非嫡遂讓弟紀當世多之
紀字温範少剛正有器局在周襲爵華山郡公累遷安州總管長史將兵迎陳
降將王瑗於齊安與陳將周法尙遇擊走之以功進開府入爲虞部下大夫文
帝爲丞相改封汾陰縣公從梁睿討王謙以功進授上大將軍歷資州刺史宗
正少卿坐事除名後尋復其爵位拜熊州刺史改封上明郡公除宗正卿兼給
事黃門侍郎判禮部尙書事還荊州總管卒謚曰恭

論曰楊播兄弟俱以忠毅謙謹荷內外之任公卿牧守榮赫累朝所謂門生故
吏遍於天下而言色恂恂出於誠至恭德愼行爲世師範漢之陳紀門法所不
過焉後魏以來一門而已諸子秀立青紫盈庭積善之慶蓋有憑也及逆胡擅
朝淫刑肆毒以斯族而遇斯禍何報施之反哉惜雅道風流早同標致公望人
物所推夫處亂虐之世當機衡之重朝有善政是也及寄天下之命託六尺之
孤旬朔未幾身亡君辱進不能送往事居觀幾衛主退不能保身全名辭寵招

福朝庭之釁既已仗義斷恩猜忌之塗無容推心受亂是知變通之術非所長也處道少而輕俠倜儻不羈兼文武之資包英奇之略志懷遠大以功名自許屬隋文帝將淸六合委以腹心之寄掃袄氛於牛斗江海恬波摧驍猛於龍庭匈奴遠遁若其夷凶靜亂功臣莫居其右覽其奇策高文足爲一時之傑然以智詐自立不由仁義之道阿諛時主高下其心營構離宮陷君於奢侈謀廢冢嫡致國於傾危終使宗廟丘墟市朝霜露究其禍敗之源實乃素之由也玄感宰相之子荷恩二世君之失德當竭腹心未議致身先圖問鼎假稱伊霍之事將肆莽卓之心人神同疾敗不旋踵昆弟就葅醢之誅先人受焚如之酷不亦甚乎約外示温柔內懷狡筭爲蛇畫足終傾國本俾無遺育不亦宜哉寬閑闢夷嶮竟以功名自卒文恩能以爵讓其殆仁乎

北史卷四十一

北史卷四十一考證

楊播傳時車駕耀威城沔水上已設晏○馮夢楨云車駕耀威城沔水文義欠順　臣人龍按魏書本無城字應删之

侃傳若送降名者各自還村候臺軍舉三烽火各亦應之以明降款○魏書無三字

於是尒朱兆等於馬渚諸楊南度○臣人龍按馮夢楨云疑重渚字復訛水爲言旁不知魏書本無此諸字也

昱傳昱字元略○略魏書作畧

惟昱與博陵崔楷以忠諫免○博監本訛傳今改從閣本

愔傳有宮人李倡儀者○李監本訛季下文太后與倡儀宗情甚相昵愛則知其訛矣今改從齊書

甚相昵愛○昵監本訛尼今改正

燕子獻傳相者謂曰使役在胡代○胡代監本訛朝大今改從齊書

楊素傳帝晤其言○晤隋書作壯
爲齊兵躡衆多敗散○躡字上隋書有所字
尋從韋孝寬徇譙南○譙隋書作淮
以弟約爲臨貞公○約監本訛岳今改從隋書
於北岸纜巖綴鐵鎖三條○纜隋書作鑿馮夢楨云當以鑿爲是
素遣巴蜒卒數千○蜒監本訛蛇今改從隋書
進擊無錫賊帥葉皓又平之○皓隋書作略
然葬事依禮唯卜泉石至如吉凶不由於素義存奉上情深體國○隋書素字
上有此字
玄感傳復陣於董杜原○薫隋書作董
以元淑襲父本官○父監本訛公今改從隋書
約傳王必鎮銘於骨體○馮夢楨云鎮疑作鐫
文恩傳文恩字温才○恩一本作思又才監本作仁上文文思父寬傳字蒙仁

當以才爲是今從隋書

紀字溫範○紀隋書作文紀

北史卷四十一考證

北史卷四十二

唐　李　延　壽　撰

列傳第三十

王肅　劉芳孫逖　芳從子懋　常爽孫景

王肅字恭懿琅邪臨沂人也父奐齊雍州刺史南史有傳肅少聰辯涉獵經史頗有大志仕齊位祕書丞父奐及兄弟並爲齊武帝所殺太和十七年肅自建鄴來奔孝文時幸鄴聞其至虛衿待之引見問故肅辭義敏切辯而有禮帝甚哀惻之遂語及爲國之道肅所陳說深會旨帝促席移景不覺坐之疲也肅因言蕭氏危亡之兆可以乘機帝於是圖南之規轉銳器重禮遇日有加焉新貴舊臣莫之間也或屏左右談說至夜分不罷肅亦盡忠輸誠無所隱避自謂君臣之際猶孔明之遇玄德也尋除輔國大將軍長史賜爵開陽伯肅固辭伯爵許之詔肅討齊義陽聽招募壯勇以爲爪牙其募士有功賞加等其從肅行者六品已下聽先擬用以後聞若投化人聽五品已下先即優授肅至義陽頻破

賊軍除持節都督豫州刺史揚州大中正肅善撫接甚有聲稱尋徵入朝帝手
詔曰不見君子中心如醉一日三歲我勞如何飾館華林拂席相待卿欲以何
日發汝墳也又詔曰肅丁荼虣世志等伍胥竊踰再朞蔬縕不改有司依禮喻
解爲裁練禫之制二十年七月帝以久旱不雨輟膳百寮效之帝在崇虛樓遣
舍人問肅對曰伏承陛下輟膳已經三日羣臣不敢自寧臣聞堯水湯旱自定
之數須聖人以濟未聞由聖以致災是以國儲九年以禦九年之變昨四郊之
外已蒙滂澍唯京城之內微爲少澤蒸庶未闕一飡陛下輟膳三日臣庶惶惶
無復情地帝遣荅曰雖不食數朝猶然無感朕誠心未至之所致也朕志確然
死而後已是夜澍雨大降以破齊將裴叔業功進號鎮南將軍加都督四州諸
軍事封汝陽縣子肅頻表固讓不許詔加鼓吹一部初齊之收肅父奐也奐司
馬黄瑤起攻奐殺之二十二年平漢陽瑤起爲輔國將軍特詔以付肅使紓泄
哀情孝文崩遺詔以肅爲尚書令與咸陽王禧等同爲宰輔徵會駕魯陽肅至
遂與禧參同謀謨自魯陽至京洛行途喪紀委肅參量憂勤經綜有過舊戚禧

兄弟並敬昵之上下稱爲和輯唯任城王澄以其起自羇遠一旦在己之上每謂人曰朝廷以王肅加我上尙可從叔廣陵宗室尊宿歷任內外云何一朝令肅居其右也肅聞恆降避之尋爲澄所奏劾稱肅謀叛事尋申釋詔肅尙陳留長公主本劉昶子婦彭城公主也賜錢二十萬帛三千疋肅奏考以顯能陟由績著升明退闇於是乎在自百寮曠察四稔于茲請依舊例考檢能否從之裴叔業以壽春內附拜肅使持節都督江西諸軍事與彭城王勰率步騎十萬以赴之齊豫州刺史蕭懿屯小峴交州刺史李叔獻屯合肥將圖壽春肅進師討擊大破之禽叔獻走蕭懿還京師宣武臨東堂引見勞之進位開府儀同三司封昌國縣侯尋爲散騎常侍都督淮南諸軍事揚州刺史肅頻在邊悉心撫接遠近歸懷附者若市咸得其心淸身好施簡絕聲色終始廉約家無餘財然性微輕佻頗以功名自許護疵稱伐少所推下孝文每以此爲言景明二年薨於壽春年三十八宣武爲舉哀給東園秘器朝服一襲錢三十萬帛一千疋布五百疋蠟三百斤幷問其卜遷遠近專遣侍御史一人監護喪事又詔曰杜預之

歿窆於首陽司空李沖覆舟是託顧瞻斯所亦二代之九原也故揚州刺史肅忠義結於二世英惠符於李杜平生本意願終京陵既有宿心宜遂先志其令葬於沖預兩墳之間使之神游相得也贈侍中司空公有司奏以肅貞心大度宜諡匡公詔諡宣簡明帝初詔爲肅建碑銘自晉氏喪亂禮樂崩亡孝文雖釐革制度變更風俗其間朴略未能淳也肅明練舊事虛心受委朝儀國典咸自肅出子紹襲紹字三歸位中書侍郎卒贈徐州刺史子遷襲齊受禪爵逾例降紹弟理孝靜初得還朝位著作佐郎紹肅前妻謝生也肅臨薨謝始攜女及紹至壽春宣武納其女爲夫人明帝又納紹女爲嬪肅弟康字文政涉獵書史微有兄風宣武初攜兄子誦翊衍等入魏拜中書侍郎卒幽州刺史贈征虜將軍徐州刺史誦字國章肅長兄融之子學涉有文才神氣清儁風流甚美歷位散騎常侍光祿大夫右將軍幽州刺史長兼祕書監給事黃門侍郎明帝崩靈太后之立幼主也於時大赦誦宣讀詔書言制抑揚風神竦秀百寮傾屬莫不歎美孝莊初於河陰遇害贈尚書左僕射司空公諡曰文宣子孝康尚書郎中孝

康弟儁賦性清雅頗有文才齊文襄王中外府祭酒誦弟衎字文舒名行器藝亞於誦位光祿大夫廷尉卿揚州刺史大中正度支七兵二尚書太常卿出爲散騎常侍西兖州刺史爲尒朱仲遠所禽以其名望不害令騎牛從軍久乃見釋還洛孝靜初位侍中卒敕給東園祕器贈尚書令司徒公諡曰文獻衎篤於交舊有故人竺虩於西兖州爲仲遠所害其妻子飢寒衎置於家累年贍恤世人稱其敦厚翊字士游肅次兄深子也風神秀立好學有文才位中書侍郎頗銳於榮利結婚於元乂爲濟州刺史清靜有政績入爲散騎常侍金紫光祿大夫領國子祭酒卒贈司空公徐州刺史子琛武定中儀同開府記室參軍

劉芳字伯文彭城叢亭里人漢楚元王交之後也六世祖訥晉司隸校尉祖該宋青徐二州刺史父邕宋兖州長史芳出後宋東平太守遜之邕同劉義宣之事身死彭城芳隨伯母房逃竄青州會赦免舅元慶爲宋青州刺史沈文秀建威府司馬爲文秀所殺芳母子入梁鄒城慕容白曜南討青齊梁鄒降芳北徙爲平齊人時年十六南部尚書李敷妻司徒崔浩之弟女芳祖母浩之姑也芳

至京師詣敷門崔恥芳流播拒不見之芳雖處窮窘之中而業尚貞固聰敏過人篤志墳典晝則傭書以自資給夜則誦經不寢至有易衣併日之弊而澹然自守不急急於榮利不戚戚於貧賤乃著窮通論以自慰常爲諸僧傭寫經論筆迹稱善卷直一縑歲中能入百餘疋如此數年賴以頗振由是與德學大僧多有還往時有南方沙門慧度以事被責未幾暴亡芳因緣聞知文明太后召入禁中鞭之一百時中官李豐主其始末知芳篤學有志行言之於太后微愧於心會齊使劉纘至芳之始族兄也擢芳兼主客郎與纘相接拜中書博士後與崔光宋弁邢產等俱爲中書侍郎俄而詔芳與產入授皇太子經遷太子庶子兼員外散騎常侍從駕洛陽自在路及旋京師恆侍坐講讀芳才思深敏特精經義博聞強記兼覽蒼雅尤長音訓辯析無疑於是禮遇日隆賞賚豐渥俄兼通直常侍從駕南巡撰述行事尋而除正王肅之來奔也孝文雅相器重朝野屬目芳未及相見嘗宴羣臣於華林肅語次云古者唯婦人有笄男子則無笄芳曰推經禮正文古者男子婦人俱有笄肅曰喪服稱男子免而婦人髽男

子冠而婦人笄如此則男子不應有笄芳曰此專謂凶事也禮初遭喪男子免時則婦人髽男子冠時則婦人笄言俱時變男子婦人免髽冠笄之不同也又冠尊故奪其笄且互言也非謂男子無笄又禮內則稱子事父母雞初鳴櫛縰笄總以茲而言男子有笄明矣高祖稱善者久之蕭亦以芳言爲然曰此非劉石經也昔漢世造三字石經於太學學者文字不正多往質焉芳音義明辯疑者皆往詢訪故時人號爲劉石經酒闌芳與蕭俱出蕭執芳手曰吾少來留意三禮在南諸儒亟共討論皆謂此義如吾向言今聞往釋頓祛平生之惑芳理義精贍類皆如是孝文遷洛路由朝歌見殷比干墓愴然悼懷爲文以弔之芳爲注解表上之詔曰覽卿注殊爲富博但文非屈宋理慚張賈既有雅致便可付之集書詔以芳經學精洽超遷國子祭酒以母憂去官帝征宛鄧起爲輔國將軍太尉長史從太尉咸陽王禧攻南陽齊將裴叔業入寇徐州疆埸之人頗懷去就帝憂之以芳爲散騎常侍國子祭酒徐州大中正行徐州事後兼侍中從征馬圈孝文崩於行宮及宣武卽位芳手加衰冕孝文襲斂暨平啓祖山陵

練祭始末喪事皆芳撰定咸陽王禧等奉申遺旨令芳入授宣武經及南徐州
刺史沈淩外叛徐州大水遣芳撫慰振恤之尋正侍中祭酒中正並如故芳表
曰夫爲國家者罔不崇儒尊道學斆爲先唐虞以往典籍無據隆周以降任居
武門蔡氏勸學篇云周之師氏居武門左今之祭酒則周師氏洛陽記國子學
宮與天子宮對太學在開陽門外案學記云古之王者建國親人教學爲先鄭
氏注內則設師保以教使國子學焉外則有太學庠序之官由斯而言國學在
內太學在外明矣臣謂今既徙縣崧瀍皇居伊洛宮闕府寺僉復故址至於國
學豈宜舛錯校量舊事應在宮門之左至如太學基所見存仍舊營構又云太
初太和二十年發敕立四門博士於四門置學臣案自周以上學唯以二或尚
東或尚西或貴在國或貴在郊爰暨周室學蓋有六師氏居內太學在國四小
在郊禮記云周人養庶老於虞庠虞庠在國之四郊禮又云天子設四學當入
學而太子齒注云四學周四郊之虞庠也大戴保傅篇云帝入東學尚親而貴
仁帝入南學尚齒而貴信帝入西學尚賢而貴德帝入北學尚貴而尊爵帝入

大學承師而問道周之五學於此彌彰案鄭注學記周則六學所以然者注云
內則設師保以教使國子學焉外則有太學庠序之官此其證也漢魏已降無
復四郊謹尋先旨宜在四門案王肅注云天子四郊有學去都五十里考之鄭
氏不云遠近今太學故坊基趾寬廣四郊別置相去遼闊檢督難周計太學坊
并作四門猶爲太曠以臣愚量同處無嫌且今時制置多循中代未審四學應
從古不求集儒禮官議其定所從之遷中書令祭酒如故出除青州刺史爲政
儒緩不能禁止姦盜然廉清寡欲無撓公私還朝議定律令芳斟酌古今爲大
議之主其中損益多芳意也宣武以朝儀多闕其一切諸議悉委芳修正於是
朝廷吉凶大事皆就諮訪焉轉太常卿芳以所置五郊及日月之位去城里數
於禮有違又靈星周公之祀不應隸太常乃上疏曰臣聞國之大事莫先郊祀
郊祀之本實在審位臣學謝全經業乖通古豈可輕薦瞽言妄陳管說竊見所
置壇祠遠近之宜考之典制或未允衷既曰職司請陳膚淺孟春令云其數八
又云迎春於東郊盧植云東郊八里郊也賈逵云東郊木帝太昊八里許慎云

東郊八里郊也鄭玄孟春令注云王居明堂禮曰王出十五里迎歲蓋殷禮也周禮近郊五十里鄭玄別注云東郊去都城八里高誘云迎春氣於東方八里郊也王肅云東郊八里因木數也此皆同謂春郊八里之明據也孟夏令云其數七又云迎夏於南郊盧植云南郊七里郊賈逵云南郊火帝七里許慎云南郊七里郊也鄭玄云南郊去都城七里高誘云南郊七里之郊也王肅云南郊七里因火數也此又南郊七里之審據也中央令云其數五盧植云中郊五里之郊也賈逵云中兆黃帝之位并南郊之季故云兆五帝於四郊也鄭玄云中郊西南未地去都城五里此又中郊五里之審據也孟秋令云其數九又云以迎秋於西郊盧植云西郊九里郊賈逵云西郊金帝少昊九里許慎云西郊九里郊也鄭玄云西郊去都城九里高誘云西郊九里之郊也王肅云西郊九里因金數也此又西郊九里之審據也孟冬令云其數六又云迎冬於北郊盧植云北郊六里郊也賈逵云北郊水帝顓頊六里許慎云北郊六里郊也鄭玄云北郊去都城六里高誘云北郊六里之郊也王肅云北郊六里因水數也此又

北郊六里之審據也宋氏含文嘉注云周禮王畿內千里二十分其一以爲近郊近郊五十里倍之爲遠郊迎王氣蓋於近郊漢不設王畿則以其方數爲郊處故東郊八里南郊七里西郊九里北郊六里中郊在西南未地五里祭祀志云建武二年正月初制郊兆於雒陽城南七里依採元始中故事北郊在雒陽城北四里此又漢世南北郊之明據也今地祇準此至如三十里郊進乖鄭玄所引殷周二代之據退違漢魏所行故事凡邑外曰郊今計四郊各以郭門爲限里數依上禮朝拜日月皆於東西門外今日月之位去城東西路各三十竊又未審禮又云祭日於壇祭月於坎今計造如上禮儀志云立高禖祠于城南不云里數故今仍舊靈星本非禮事兆自漢初專爲祈田恆隸郡縣郊祀志云高祖五年制詔御史其令天下立靈星祠牲用大牢縣邑令長得祠晉祠令云郡縣國祠社稷先農縣又祠靈星此靈星在天下諸縣之明據也周公廟所以別在洛陽者蓋緣姬旦創成洛邑故傳世洛陽崇祠不絕以彰厥庸夷齊廟者亦世爲洛陽界內神祠今並移太常恐乖其本天下此類甚衆皆當部郡縣修

理公私施之禱請竊惟太常所司郊廟神祇自有常限無宜臨時斟酌以意若遂爾妄營則不免淫祀二祠在太常在洛陽於國一也然貴在審本臣以庸蔽謬忝今職考括墳籍博採羣議既無異端謂粗可依據今玄冬務隙野罄人閑遷易郊壇二三爲便詔曰所上乃有明據但先朝置立已久且可從舊先是孝文於代都詔中書監高閭太常少卿陸琇幷公孫崇等十餘人脩理金石及八音之器後崇爲太樂令乃上請尚書僕射高肇更共營理宣武詔芳共主之芳表以禮樂事大不容輒決自非博延公卿廣集儒彥討論得失研窮是非無以垂之萬葉爲不朽之式被報聽許數旬之間頻煩三議于時朝士頗以崇專綜既久不應乖謬各嘿然無發論者芳乃探引經誥搜括舊文共相難質皆有明據以爲盈縮有差不合典式崇雖示相酬答而不會問意卒無以自通尚書依事述奏仍詔委芳別更考制於是學者彌歸宗焉芳以社稷無樹又上疏曰依合朔儀注日有變以朱絲爲繩以繞係社樹三匝而今無樹又周禮大司徒職云設其社稷之壝而樹之田主各以其社之所宜木鄭玄注云所宜木謂若松

柏栗也此其一證也又小司徒封人職云掌設王之社壝爲畿封而樹之鄭玄
注云不言稷者王主於社稷社之細也此其二證也又論語曰哀公問社於宰
我宰我對曰夏后氏以松殷人以柏周人以栗是乃土地之所宜也此其三證
也又白武通社稷所以有樹何也尊而識之也使人望見卽敬之又所以表功
也案此正解所以有樹之義了不論有之與無也此其四證也此云社稷所以
有樹何然則稷亦有樹明矣又五經通義云天子太社王社諸侯國社侯社制
度奈何曰社皆有垣無屋樹其中以木有木者土主生萬物萬物莫善於木故
樹木也此其五證也此最其丁寧備解有樹之意也又五經要義云社必樹之
以木周禮司徒職曰班社而樹之各以土地所生尚書逸篇曰太社惟松東社
惟柏南社惟梓西社惟栗北社惟槐此其六證也此又太社及四方皆有樹別
之明據也又見諸家禮圖社稷圖皆畫爲樹唯誡社誡稷無樹此其七證也雖
辯有樹之據猶未正所殖之木案論語稱夏后氏以松殷人以柏周人以栗便
是世代不同而尚書逸篇則云太社惟松如此便以一代之中而立社各異也

愚以爲宜殖以松何以言之逸書云大社惟松今者殖松不慮失禮惟稷無成證稷乃社之細蓋亦不離松也宣武從之芳沉雅方正槪尙甚高經傳多通孝文尤器敬之動相顧訪太子恂之在東宮孝文欲爲納芳女芳辭以年貌非宜帝歎其謙愼帝更敕芳舉其宗女芳乃稱其族子長文之女孝文乃爲恂娉之與鄭懿女對爲左右孺子焉崔光於芳有中表之敬每事詢仰芳撰鄭玄所注周官儀禮音干寶所注周官音王肅所注尙書音何休所注公羊音范寧所注穀梁音韋昭所注國語音范曄後漢書音各一卷辯類三卷徐州人地錄二十卷急就篇續注音義證三卷毛詩箋音義證十卷禮記義證十卷周官儀禮義證各五卷崔光表求以中書監讓芳宣武不許卒贈鎭東將軍徐州刺史諡文貞侯長子懌字祖欣雅有父風頗好文翰歷徐州別駕兗州左軍府長史司空諮議參軍屢爲行臺出使所歷皆有當官之稱轉通直散騎常侍徐州大中正行郢州事尋還安南將軍大司農卿卒贈徐州刺史諡曰簡無子弟廞以第三子峻爲後廞字景興好學強立善事當世高肇之盛及清河王懌爲宰輔廞皆

與其子姪交游靈太后臨朝又與太后兄子往還相好太后令歐以詩賦授弟元吉稍遷光祿大夫孝武帝初除散騎常侍遷驃騎大將軍國子祭酒孝武於顯陽殿講孝經歐爲執經雖詶答論難未能精盡而風采音制足有可觀尋兼都官尚書又兼殿中尚書及孝武入關齊神武至洛責歐誅之子隲字子昇少有風氣頗涉文史位徐州開府從事中郎父歐之死隲率勒鄉部赴兗州與刺史樊子鵠抗禦王師每戰流涕突陣城陷禽送晉陽齊神武矜而赦之文襄爲儀同開府以隲爲屬本州大中正轉中書舍人時與梁和通隲前後受敕對其使一十六人爲司徒左長史卒贈南青州刺史歐弟鋮位金紫光祿大夫鋮子遜遜字子長少聰敏好弋獵騎射以行樂爲事愛交游善戲謔齊文襄以爲永安公浚開府行參軍遜遠離家鄉倦於羈旅發憤自勵專精讀書晉陽都會之所霸朝人士攸集咸務於宴集遜在游宴之中卷不離手遇有文籍所未見者則終日諷誦或通夜不歸其好學如此亦留心文藻頗工詩詠齊天保初行定陶縣令坐奸事免十餘年不得調其姊爲任氏婦沒入宮敕以賜魏收收所提攜

後爲開府參軍及文宣崩文士並作挽歌楊遵彥擇之員外郎盧思道用八首遜用二首餘人多者不過三四中書郎李愔戲遜曰盧八問訊劉二遜銜之乾明元年兼員外散騎常侍使宋梁主蕭莊還兼三公郎中武成時和士開寵要遜附之正授中書侍郎入典機密時李愔獻賦言天保中被譏遜摘其文奏曰誹謗先朝大不敬武成怒大加鞭朴遜喜復前憾曰高搥兩下執鞭一百何如呼劉二時尋兼散騎常侍聘陳使主遜欲獨擅文藻不願與文士同行時黃門侍郎王松年妹夫盧士游性沉密遜求以爲副又遜姊魏家者收時已放出遜因次欲嫁之士游不許遜恐事露亦不逼焉遷給事黃門侍郎修國史加散騎常侍除假儀同三司聘周使副二國始通禮儀未定遜與周朝議論往復斟酌古今事多合禮兼文辭可觀甚得名譽使還拜儀同三司及武成崩和士開欲改元議者各異遜請爲武平私謂士開曰武平反爲明輔遜作此以爲公士開悅而從之時士開爲衆口所排婁定遠同輔政遜遂回附之使得西貨悉以餉定遠定遠外任遜不自安又陰結斛律明月胡長仁以自固士開知之未甚信

忽於明月門巷逢之彌以爲實初遜名宦未達時欲事祖珽珽未原謂人曰我言彭城楚子應有氣俠唯將崔季舒詩示人殊乖氣望遜乃爲弟娶珽女遂成密好珽之將訴趙彥深和士開也先與遜謀遜乃告二人故二人得爲之計珽被黜令弟出其妻及是遜解士開所嫌尋出爲仁州刺史珽乃要行臺尚書盧潛陷遜許潛重還潛曰如此事吾不爲也更戒遜而護之後被徵還待詔文林館重除散騎常侍奏門下事未幾與崔季舒等同戮時年四十九所著文筆三十卷子逸人開府行參軍仕隋終於洛陽令芳從子懋

懋字仲華祖泰之父承伯仕宋並有名位懋聰敏好學博綜經史善草隸書識奇字宣武初入朝位尚書外兵郎中芳甚重之凡所撰朝廷軌儀皆與參量尚書博議懋與殿中郎袁翻常爲議主達於從政臺中疑事咸所訪決尚書李平與結莫逆交還步兵校尉領郎中兼東宮中舍人轉員外常侍鎮遠將軍領考功郎中立考課之科明黜陟之法甚有條貫孝昭初大軍攻硤石懋爲李平行臺郎中城拔懋頗有功太傅清河王懌愛其風雅常目而送之曰劉生堂堂搢

紳領袖若天假之年必爲魏朝宰輔詔懋與諸才學之士撰成儀令懌爲宰相積年禮懋尤重令諸子師之遷太尉司馬熙平二年冬暴病卒家甚清貧亡之日徒四壁而已太傅懌及當時才雋莫不痛惜之贈持節前將軍南泰州刺史諡曰宣節懋詩誄賦頌及文筆見稱於時又撰諸器物造作之始十五卷名曰物祖

常爽字仕明河內温人魏太常卿林六世孫也祖珍苻堅南安太守因世亂遂居涼州父坦乞伏世鎮遠將軍大夏鎮將顯美侯爽少而聰敏嚴正有志概雖家人僮隸未嘗見其寬誕之容篤志好學博聞強識明習緯候五經百家多所研綜州郡禮命皆不就武成西征涼土爽與兄士國歸款軍門武成嘉之賜士國爵五品顯美男爽爲六品拜宣威將軍是時戎車屢駕征伐爲事貴游子弟未遑學術爽置館温水之右教授門徒七百餘人京師學業翕然復興爽立訓甚有勸罰之科弟子之事若嚴君焉尚書左僕射元贊平原太守司馬真安著作郎程靈虯皆是爽教所就崔浩高允並稱爽之嚴教獎勵有方允曰文翁柔

勝先生剛克立教雖殊成人一也其爲通識歎服如此因教授之暇述六經略
注以廣制作甚有條貫其序曰傳稱立天之道曰陰與陽立地之道曰柔與剛
立人之道曰仁與義然則仁義者人之性也經典者身之文也皆以陶鑄神情
啓悟耳目未有不由學而能成其器不由習而能利其業是故季路勇士也服
道以成忠烈之概寧越庸夫也講藝以全高尚之節蓋所由者習也所因者本
也本立而道生身文而德備焉昔者先王之訓天下也莫不導以詩書教以禮
樂移其風俗和其人民故恭儉莊敬而不煩者教深於禮也廣博易良而不奢
者教深於樂也溫柔敦厚而不愚者教深於詩也疏通知遠而不誣者教深於
書也潔靜精微而不賊者教深於易也屬辭比事而不亂者教深於春秋也夫
樂以和神詩以正言禮以明體書以廣聽春秋以斷事五者蓋五常之道相須
而備易爲之源故曰易不可見則乾坤其幾乎息矣由是言之六經者先王之
遺烈聖人之盛事也安可不游心寓目習性文身哉頃因暇日屬意藝林略撰
所聞討論其本名曰六經略注以訓門徒焉其略注行於世爽不事王侯獨守

閑靜講肄經典二十餘年時號爲儒林先生年六十三卒於家子文通歷官至鎮西司馬南天水太守西翼校尉文通子景

景字永昌少聰敏初讀論語毛詩一受便覽及長有才思雅好文章廷尉公孫良舉爲協律博士孝文親得其名旣而用之爲門下錄事正始初招尚書門下於金墉中書外省考論律令敕景參議宣武季舅護軍將軍高顯卒其兄右僕射肇託景及尚書邢巒幷州刺史高聰通直郎徐紇各作碑銘並以呈御帝悉付侍中崔光簡之光奏景名位乃處諸人之下文出諸人之上遂以景文刊石肇尚平陽公主未幾主薨肇欲使公主家令居廬制服已付學官議正施行尚書又以訪景景以婦人無專國之理家令不得有純臣之義乃執議曰喪紀之本實稱物以立情輕重所因亦緣情以制禮雖理關盛衰事經今古而制作之本降殺之宜其實一焉是故臣之爲君所以資敬而崇重爲君母妻所以從服而制義然而諸侯大夫之爲君者謂其有地土有吏屬無服文者言其非世爵也今王姬降適雖加爵命事非君邑理異列土何者諸王開國備立臣吏生有

趨奉之勤死盡致喪之禮而公主家令唯有一人其丞已下命之屬官既無接事之儀實闕爲臣之體原夫公主之貴所以立家令者蓋以主之內事脫須關外理無自達必也因人然則家令唯通內外之職及典主家之事耳無關君臣之理名義之分也由是推之家令不得爲純臣公主不可爲正君明矣且女人之爲君男子之爲臣古禮所不載先朝所未議而四門博士裴道廣孫榮乂等以公主爲之君以家令爲之臣制服以斬乖繆彌甚又張虛景吾難羈等不推君臣之分不尋致服之情猶同其議準母制齊求之名實理未爲允竊謂公主之爵既非食菜之君家令之官又無純臣之式若附如母則情義罔施若準小君則從服無據案如經禮事無成文即之愚見謂不應服朝廷從之景淹滯門下積歲不至顯官以蜀司馬相如王褒嚴君平揚子雲等四賢皆有高才而無重位乃託意以讚之景在樞密十有餘年爲侍中崔光盧昶游肇元暉尤所知賞累遷積射將軍給事中延昌初東宮建兼太子屯騎校尉錄事皆如故受敕撰門下詔書凡四十卷尙書元萇出爲安西將軍雍州刺史請景爲司馬以景

階次不及除錄事參軍襄威將軍帶長安令甚有惠政人吏稱之先是太常劉芳與景等撰朝令未及班行別典儀注多所草創未成芳卒景纂成其事及宣武崩召景赴京還修儀注拜謁者僕射加寧遠將軍又以本官兼中書舍人後授步兵校尉仍舍人又敕撰太和之後朝儀已施行者凡五十餘卷時靈太后詔依漢世陰鄧二后故事親奉廟祀與帝交獻景乃據正以定儀注朝廷是之正光初除龍驤將軍中散大夫舍人如故時明帝行講學之禮於國子寺司徒崔光執經敕景與董紹張徹馮元興王延業鄭伯猷等俱爲錄義事畢又行釋奠之禮並詔百官作釋奠詩以景作爲美是年九月蠕蠕主阿那瓌歸闕朝廷疑其位次高陽王雍訪景曰昔咸寧中南單于來朝晉世處之王公特進之下今日爲班宜在蕃王儀同三司之間雍從之朝廷典章疑而不決則時訪景而行初平齊之後光祿大夫高聰徙於北京中書監高允爲之聘妻給其資宅聰後爲允立碑每云吾以此文報德足矣豫州刺史常綽以未盡其美景尙允才器先爲遺德頌司徒崔光聞而覩之尋味良久乃云高光祿平日每矜其文自

許報允之德今見常生此頌高氏不得獨擅其美也侍中崔光安豐王延明受詔議定服章敕景參修其事尋進號冠軍將軍阿那瓌之還國也境上遷延仍陳窘乏遣尚書左丞元孚奉詔振恤阿那瓌執孚過柔玄奔于漠北遣尚書令李崇御史中尉兼右僕射元纂追討不及乃令景出塞經瓮山臨瀚海宣敕勒衆而返景經涉山水悵然懷古乃擬劉琨扶風歌十二首進號征虜將軍孝昌初給事黃門侍郎尋除左將軍太府少卿仍舍人固辭少卿不拜改授散騎常侍將軍如故徐州刺史元法僧叛入梁梁武遣其豫章王蕭綜入據彭城時安豐王延明爲大都督大行臺率臨淮王彧等衆軍討之既而蕭綜降附徐州清復遣景兼尚書持節馳與行臺都督觀機部分景經洛汭乃作銘焉是時尚書令蕭寶夤都督崔延伯都督北海王顥都督車騎將軍元恆芝等並各出討詔景詣軍宣旨勞問還以本將軍徐州刺史杜洛周反於燕州仍以景兼尚書爲行臺與幽州都督平北將軍元譚以禦之景表求勤幽州諸縣悉入古城山路有通賊之處權發兵夫隨宜置戍以爲防遏又以頃來差兵不盡強壯今之三

長皆是豪門多丁爲之今求權發爲兵明帝皆從之進號平北將軍别敕譚西至軍都關北從盧龍塞據此二嶮以杜賊出入之路又詔景山中嶮路之處悉令捍塞景遣府錄事參軍裴智成發范陽三長之兵以守白𡵨都督元譚據居庸下口俄而安州石離冗城斛鹽三戍兵反結洛周有衆二萬餘落自松岍赴賊譚勒别將崔仲哲等截軍都關以待之仲哲戰沒洛周又自外應之腹背受敵譚遂大敗諸軍夜散詔以景所部别將李琚爲都督代譚征下口降景爲後將軍解州任仍詔景爲幽安玄四州行臺賊既南出鈔略薊城景命統軍梁仲禮率兵士邀擊破之獲賊將禦夷鎮軍主孫念恆都督李琚爲賊所攻薊城之北軍敗而死率屬城人禦之賊不敢逼洛周還據上谷授景平北將軍光祿大夫行臺如故洛周遣其都督王曹紇真馬叱斤等率衆薊南以掠人穀乃遇連雨賊衆疲勞景與都督于榮刺史王延年置兵粟國邀其走路大敗之斬曹紇真洛周率衆南趨范陽景與延年及榮破之又遣别將重破之於州西虎眼泉擒斬之及溺死者甚衆後洛周南圍范陽城人翻降執刺史延年及景送於洛

周尋爲葛榮所呑景又入榮榮破景得還朝永安初詔復本官兼黃門侍郎又
攝著作固辭不就二年除中軍將軍正黃門先是參議正光壬子曆至是賜爵
高陽子元顥內逼莊帝北巡景與侍中大司馬安豐王延明在禁中召諸親賓
乃安慰京師顥入洛景乃居本位莊帝還宮解黃門普泰初除車騎將軍右光
祿大夫祕書監以預詔命之勤封濮陽縣子後以例追永熙二年監議事景自
少及老恆居事任清儉自守不營產業至於衣食取濟而已耽好經史愛翫文
詞若遇新異之書殷勤求訪或復質買不問價之貴賤必以得爲期友人刁整
每謂曰卿清德自居不事家業雖儉約可尚將何以自濟也吾恐摯太常方餧
於柏谷耳遂與衞將軍羊深矜其所乏乃率刁雙司馬彥邕李諧畢祖彥畢義
顯等各出錢千文而爲買馬焉天平初遷鄴是時詔下三日戶四十萬狼狽就
道收百官馬尙書丞郎已下非陪從者盡乘驢齊神武以景清貧特給車牛四
乘妻孥方得達鄴後除儀同三司仍本將軍武定六年以老疾去官詔特給右
光祿事力終其身八年薨景善與人交終始若一其游處者皆服其深遠之度

未曾見其矜券之心好飲酒澹於榮利自得懷抱不事權門性和厚恭慎每讀書見韋弦之事深薄之危乃圖古昔可以鑒戒指事爲象讚而述之曰周雅云謂天蓋高不敢不跼謂地蓋厚不敢不蹐有朝隱大夫鑒戒斯文乃惕焉而懼曰夫道喪則性傾利重則身輕是故乘和體遜式銘方冊防微慎獨載象丹青信哉辭人之賦文晦而理明仰瞻高天聽卑視諦俯測厚地岳峻川渟誰其載之不私不畏誰其踐之不陷不墜故善惡是徵物罔同異論亢匪久人咸敬忌嗟乎唯地厚矣尚亦兢兢浩浩名位孰識其親搏之弗得聆之無聞故有戒於顯而隱於微好爵是冒聲奢是基身陷於祿利言溺於是非或求欲而未厭或知足而不辭是故位高而勢逾迫正立而邪逾欺安有位極而危不萃邪榮而正不彫故悔多於地厚禍甚於天高夫悔未結誰肯曲躬夫禍未加誰肯累足固機發而後思圖車覆而後改躅悔之無及故狡兎失穴思之在後故逆鱗易觸君子則不然體舒則懷卷視溺則思濟原夫人鬪之度邈於無階之天勢位之危深於不測之地餌厚而躬不競爵降而心不係守善於已成懼愆於未敗

雖盈而戒沖通而慮滯以知命爲遐齡以樂天爲大惠以戢智而從時以懷愚而游世曲躬焉累足焉苟行之晝已決矣猶夜則思其計誦之口亦明矣故心必賞其契故能不同不誘而弭謗於羣小無毀無譽而貽信於上帝託身與金石俱固立名與天壤相弊囂競無侵優游獨逝夫如是綺閣金門可安其宅錦衣玉食可頤其形柳下三黜不慍其色子文三陟不憙其情而或者見居高可以持勢欲乘高以據榮見直道可以修己欲專道以邀聲夫去聲然後聲可立豈矜道之所宣慮危然後安可固豈假道之所全是以君子鑒恃道不可以流聲故去聲而懷道鑒專道不可以守勢故去勢以崇道何者履道雖高不得無亢求聲雖道不得無悔然則聲奢繁則實儉彫功業進則身迹退如此則精靈遂越憍侈自親情與道絕事與勢鄰方欲役思以持勢乘勢以求津故利慾誘其性禍難嬰其身利慾交則幽顯以之變禍難搆則智術無所陳若然者雖縻爵帝局焉得而寧之雖結珮皇廷焉得而榮之故身道未究而崇邪之徑已形成功未立而脩正之術已生福祿交蹇於人事屯難頓萃於時情忠介剖心於

白日耿節沉骨於幽𩈓因斯愚智之所機倚伏之所係全亡之所依其在遜順而已哉嗚呼鑒之嗚呼鑒之景所著述數百篇見行於世刪正晉司空張華博物志及撰儒林列女傳各數十篇云長子昶少學識有文才早卒昶弟彪之丞安中司空行參軍

論曰古人云才未半古功已過之王肅流寓之士見知一面榮任赫然寄同舊列雖器業自致抑亦逢時之所致焉劉芳矯然特立沉深好古博通洽識爲世儒宗懋才流識學見重於世不虛然也常爽以儒素著稱景以文義見宗𡚁乎

北史卷四十二

北史卷四十二考證

王肅傳是夜澍雨大降○澍監本訛霔今改從南本

劉芳傳宮闕府寺僉復故址○址監本訛趾今改從閣本

干寶所注周官音○干監本訛于今改正

逖傳楊遵彥擇之○楊監本訛揚今改正

所著文筆三十卷○著監本訛制今改從南本

常景傳友人刁整○刁監本訛刀今改正

北史卷四十二考證

北史卷四十三

唐　李　延　壽　撰

列傳第三十一

郭祚　張彝 孫晏之　曾孫乾威

邢巒 弟子昕　族孫臧　邵　李崇 從弟平　平子奬　諧

郭祚字季祐太原晉陽人魏車騎將軍淮弟亮之後也祖逸本州別駕前後以二女妻司徒崔浩一女妻浩弟上黨太守恬太武時浩親寵用事拜逸徐州刺史假榆次侯贈光祿大夫父洪之坐浩事誅祚亡竄得免少孤貧姿貌不偉鄉人莫之識有女巫相祚後當富貴祚涉歷經史習崔浩之書尺牘文章見稱於世弱冠爲州主簿刺史孫小委之書記又太原太守王希彥逸妻之姪也共相賙恤乃振孝文初舉秀才對策上第拜中書博士轉中書侍郎遷尚書左丞長兼給事黃門侍郎祚清勤在公夙夜匪懈帝甚賞之從南征及還正黃門車駕幸長安行經渭橋過郭淮廟問祚曰是卿祖宗所承邪祚曰是臣七世伯祖帝

曰先賢後哲頓在一門祚對曰昔臣先人以通儒英博唯事魏文微臣虛薄遭奉聖明自惟幸甚因敕以太牢祭淮廟令祚自撰祭文以贊遷洛之規賜爵東光子孝文曾幸華林園因觀故景陽山祚曰山以仁靜水以智流願陛下修之帝曰魏明以奢失於前朕何爲襲之於後祚曰高山仰止帝曰得非景行之謂遷散騎常侍仍領黃門是時孝文銳意典禮兼銓鏡九流又遷都草創征討不息內外規略號爲多事祚與黃門宋弁參謀帷幄隨其才用各有委寄祚承稟注疏特成勤劇嘗以立馮昭儀百官夕飲清徽後園孝文舉觴賜祚及崔光曰郭祚憂勤庶事獨不欺我崔光溫良博物朝之儒秀不勸此兩人當勸誰也其見知若此初孝文以李彪爲散騎常侍祚因入見帝謂祚曰朕昨誤授一人官祚對曰豈容聖詔一行而有差異帝沈吟曰此自應有讓因讓朕欲別授一官須臾彪有啓云伯石辭卿子產所惡臣欲之已久不敢辭讓帝歎謂祚曰卿之忠諫李彪正辭使朕遲回不能復決遂不換李彪官也乘輿南討祚以兼侍中從拜尚書進爵爲伯孝文崩咸陽王禧等奏祚兼吏部尚書尋除長兼吏部尚

書幷州大中正宣武詔以姦吏逃刑縣配遠戍若永避不出兄弟代之祚奏曰若以姦吏逃竄徙其兄弟罪人妻子復應徙之此則一人之罪禍傾二室愚謂罪人既逃止徙妻子走者之身縣名永配於眚不免姦途自塞詔從之尋正吏部祚持身潔清重惜官位至於銓授假令得人必徘徊久之然後下筆下筆卽云此人便以貴矣由是事頗稽滯當時每招怨讟然所拔用者皆量才稱職時又以此歸之出爲使持節鎭北將軍瀛州刺史及太極殿成祚朝於京師轉鎭東將軍青州刺史祚逢歲不稔闔境饑弊矜傷愛下多所振恤雖斷決淹留號爲煩緩然士女懷其德澤入爲侍中金紫光祿大夫幷州大中正遷尙書右僕射時議定新令詔祚與侍中黃門參議刊正故事令僕中丞騶唱而入宮門至於馬道及祚爲僕射以爲非盡敬之宜言於帝納之下詔御在太極騶唱至止車門御在朝堂至司馬門騶唱不入宮自此始也詔祚本官領太子少師祚曾從幸東宮明帝幼弱祚持一黃㼌出奉之時應詔左右趙桃弓與御史中尉王顯迭相脣齒深爲帝所信祚私事之時人謗祚者號爲桃弓僕射黃㼌少師祚

奏曰謹案前後考格雖班天下如臣愚短猶有未悟今須定職人遷轉由狀超
越階級者卽須量折景明初考格五年者得一階半正始中故尙書中山王英
奏考格被旨但可正滿三周爲限不得計殘年之勤又去年中以前二制不同
奏請裁決旨云黜陟之體自依舊來恆斷今未審舊來之旨爲從景明之斷爲
從正始爲限景明考法東西省文武閑官悉爲三等考同任事而前尙書盧昶
奏上等之人三年轉半階今之考格復分爲九等前後不同參差無準詔曰考
在上中者得汎以前有六年以上遷一階三年以上遷半階殘年悉除考在上
下者得汎以前六年以上遷半階不滿者除其得汎以後考在上下者三年遷
一階散官從盧昶所奏祚又奏言考察令公清獨著德績超倫而無負殿者爲
上上一殿爲上中二殿爲上下累計八殿品降至九未審今諸曹府寺凡考在
事公清然才非獨著績行稱務而德非超倫幹能粗可而守平堪任或人用小
劣處官濟事幷全無負殿之徒爲依何第景明三年以來至今十有一載準限
而判三應升退今既通考未審爲十年之中通其殿最積以爲第隨前後年斷

各自除其善惡而爲升降且負注之章數成殿爲差此條以寡愆爲最多戾爲
殿未審取何行是寡愆何坐爲多戾結累品次復有幾等諸文案失衷應杖十
者爲一負罪依律次過隨負計十年之中三經肆眚赦前之罪不問輕重皆蒙
宥免或爲御史所彈案驗未周遇赦復任者未審記殿得除以不詔曰獨著超
倫及才備寡咎皆謂文武兼上上之極言耳自此以降猶有八等隨才爲次令
文已具其積負累殿及守平得濟皆含在其中何容別疑也所去通考者據總
多年之言至於黜陟之體自依舊來年斷何足復請其罰贖已決之殿固非免
限遇赦免罪準其殿者除之尋加散騎常侍時詔營明堂國學祚奏曰今雲羅
西舉開納岷蜀戎旗東指鎮靖淮荆漢沔之間復須防捍徵兵發衆所在殷廣
邊郊多壘烽驛未息不可於師旅之際興板築之功且獻歲云暨東作將始臣
愚量謂宜待豐靖之年因子來之力可不時而就從之宣武末年每引祚入東
宮密受賞賚多至百餘萬雜以錦繡又特賜以劍杖恩寵甚深遷左僕射先是
梁將康絢遏淮將灌揚徐祚表曰蕭衍狂狡擅斷川瀆役苦人勞危亡已兆宜

敕揚州選一猛將遣當州之兵令赴浮山表裏夾攻朝議從之除使持節散騎常侍都督雍州刺史征西將軍太和以前朝法尤峻貴臣蹉跌便致誅夷李沖之用事也欽祚識幹薦爲左丞又兼黃門意便滿足每以孤門往經崔氏之禍常慮危亡苦自陳挹辭色懇然發於誠至沖謂之曰人生有運非可避也但當明白當官何所顧畏自是積十數年位秩隆重而進趣之心更復不息又以東宮師傅之資列辭尚書志在封侯之賞儀同之位尚書令任城王澄爲之奏聞及爲征西雍州雖喜外撫尙以府號不優心望加大執政者頗怪之於時領軍于忠恃寵驕恣崔光之後曲躬承接祚心惡之乃遣子太尉從事中郎景尙說高陽王雍令出忠爲州忠聞而大怒矯詔殺祚祚達於政事凡所經履咸爲稱職每有斷決多爲故事名器既重時望亦深一朝非罪見害遠近莫不惋惜靈太后臨朝遣使弔慰追復伯爵正光中贈使持節車騎將軍儀同三司雍州刺史謚文貞公初孝文之置中正從容謂祚曰并州中正卿家故應推王瓊也祚退謂寮友曰瓊真僞今自未辯我家何爲減之然主上直信李沖吹噓之說耳

祚死後三歲而于忠死見祚爲祟祚子景尙字思和涉歷書傳曉星歷占候言事頗驗初爲彭城王中軍府參軍遷員外郎司徒主簿大尉從事中郎公強當世善事權寵世號曰郭尖位中書侍郎未拜而卒景尙弟慶禮道通直郎慶禮子元貞武定末定州驃騎府長史

張彝字慶賓清河東武城人也曾祖幸慕容超東牟太守歸魏賜爵平陸侯位青州刺史祖準之襲又爲東青州刺史父靈眞早卒彝性公強有風氣歷覽經史襲祖侯爵與盧陽烏李安人等結爲親友往來朝會常相追隨陽烏爲主客令安人與彝並散令彝少而豪放出入殿庭步眄高上無所顧忌文明太后雅尙恭謹因會次見其如此遂召集百寮督責之令其修悔而猶無悛改善於督察每有所巡檢彝常充其選清慎嚴猛所至人皆畏伏儁類亦以此高之還主客令例降侯爲伯轉太中大夫仍行主客曹事尋爲黃門後從駕南征母憂解任彝居喪過禮送葬自平城達家千里步從不乘車馬顏貌瘦瘠當世稱之孝文幸冀州遣使弔慰詔以驍騎將軍起之還復本位以參定遷都之勳進爵爲

侯轉太常少卿遷散騎常侍兼侍中持節巡察陝東河南十二州甚有聲稱使還以從征之勤遷尚書坐舉元昭爲兼郎中黜爲守尚書宣武初除正尚書兼侍中尋正侍中宣武親政罷六輔彝與兼尚書邢巒聞處分非常懼出京奔走爲御史中尉甄琛所彈云非武非兕率彼曠野詔書切責之尋除安西將軍秦州刺史彝務尚典式考訪故事及臨隴右彌加討習於是出入直衞方伯羽儀赫然可觀羌夏畏伏憚其威整一方肅靜號爲良牧其年冬太極初就彝與郭祚等俱以勳舊被徵及還州進號撫軍將軍彝表解州任詔不許彝敷政隴右多所制立宣布新風革其舊俗人庶愛仰之爲國造佛寺名曰興皇諸有罪咎者隨其輕重謫爲土木之功無復鞭杖之罰時陳留公主寡居彝意願尚主主亦許之僕射高肇亦望尚主主意不可肇怒譖彝擅立刑法勞役百姓詔遣直後萬貳興馳驛檢察貳興肇所親愛必欲致彝深罪彝清身奉法求其愆過遂無所得見代還洛猶停廢數年因得偏風手脚不便然志性不移善自將攝稍能朝拜久之除光祿大夫加金章紫綬彝愛好知己輕忽下流非其意者視之

蔑爾雖疹疾家庭而志氣彌高上歷帝圖五卷起元庖犧終於晉末凡十六代一百二十八帝歷三千二百七十年雜事五百八十九宣武善之明帝初侍中崔光表彝及李韶朝列之中唯此二人出身官次本在臣右器能幹世又並爲多而近來參差便成替後計其階途雖應遷陟然恐班秩猶未賜等昔衞之公叔引下同舉晉之士丐推長伯游古人所高當時見許敢緣斯義乞降臣位一階授彼汎級詔加征西將軍冀州大中正雖年向六十加之風疹而自強人事孜孜無怠公私法集衣冠從事延請道俗修營齋講好善欽賢愛獎人物南北新舊莫不多之大起第宅微號華侈頗侮其疎宗舊戚不甚存紀時有怨憾焉榮宦之間未能止足屢表在秦州豫有開援漢中之勳希加賞報積年不已朝廷患之第二子仲瑀上封事求銓削選格排抑武人不使預在清品由是衆口喧喧謗讟盈路立榜大巷克期會集屠害其家彝殊無畏避之意父子安然神龜二年二月羽林武賁將幾千人相率至尚書省詬罵求其長子尚書郎始均不獲以瓦石擊打公門上下懾懼莫敢討抑遂持火虜掠道中薪蒿以杖石爲

兵器直造其第曳彝堂下捶撻極意唱呼焚其屋宇始均仲瑀當時踰北垣而走始均回救其父拜伏羣小以請父命羽林等就加毆擊生投之於煙火中及得尸骸不復可識唯以髻中小釵爲驗仲瑀走免彝僅有餘命沙門寺與其比隣輿致於寺遠近聞見莫不惋駭乃卒官爲收掩羽林凶強者八人斬之不能窮誅羣豎即爲大赦以安衆心有識者知國紀之將墜矣喪還所焚宅與始均東西分斂於小屋仲瑀遂以創重避居滎陽至五月得漸瘳始奔父喪詔賜以布帛靈太后以其累朝大臣特垂矜惻數月猶追言泣下謂諸侍臣曰吾爲張彝飲食不御乃至首髮微有虧落悲痛之若此初彝曾祖幸所招引河東人爲州裁千餘家後相依合旋罷入冀州積三十年析別有數萬戶故孝文比校天下人戶最爲大州彝爲黃門每侍坐以爲言孝文謂之曰終當以卿爲刺史酬先世誠效彝追孝文往旨累乞本州朝議未許彝亡後靈太后云彝屢乞冀州吾欲用之有人違我此意若從其請或不至是悔之無及乃贈使持節衞將軍冀州刺史謚文侯始均字子衡端潔好學之幹有美於父改陳壽魏書爲編年

之體廣益異聞爲三十卷又著冠帶錄及諸詩賦數十篇並亡失初大乘賊起於冀瀛之間遣都督元遙討平之多所殺戮積尸數萬始均以郎中爲行臺忿軍士以首級爲功令檢集人首數千一時焚爇至於灰燼用息僥倖見者莫不傷心及始均之死也始末在煙炭之間有焦爛之痛論者或亦推咎焉贈樂陵太守諡曰孝子昺之襲祖爵武定中開府主簿齊受禪爵例降昺之弟晏之晏之字熙德幼孤有至性爲母鄭氏教誨動依禮典從尒朱榮平元顥賜爵武城子累遷尚書二千石郎中高岳征頴川復以爲都督中兵參軍兼記室晏之文士兼有武幹每與岳帷帳之謀又嘗以短兵接刃親獲首級深爲岳所嗟賞齊天保初文宣爲高陽王納晏之女爲妃令赴晉陽成禮晏之後園陪讌坐客皆賦詩晏之詩云天下有道主明臣直雖休勿休永貽世則文宣笑曰得卿箴諷深以慰懷後行北徐州事尋即真爲吏人所愛御史崔子武督察州郡至北徐無所案劾唯得百姓所制清德頌數篇乃歎曰本求罪狀遂聞頌聲還兗州刺史未拜卒贈齊州刺史太常卿子乾威

乾威字元敬性聰敏涉獵羣書其世父畧之謂人曰吾家千里駒也仕齊位太常丞仕周爲宣納中士隋開皇中累遷晉王屬王甚美其才與河內張衡俱見禮重晉邸稱爲二張焉及王爲太子遷員外散騎侍郎太子內舍人煬帝卽位授內史舍人儀同三司又以藩邸之舊加開府尋拜謁者大夫從幸江都以本官攝江都贊務稱爲幹理乾威嘗在塗見一遺囊恐其主求失因令左右負之而行後數日物主來認悉以付之淮南太守楊綝嘗與十餘人同來謁見帝問乾威曰其首立者爲誰乾威下殿就視而答曰淮南太守楊綝帝謂乾威曰卿爲謁者大夫而乃不識參見何人也乾威對曰臣非不識楊綝但慮不審所以不敢輕對石建數馬足蓋愼之至其廉愼皆此類也帝甚嘉之于時帝數巡幸百姓疲弊乾威因上封事以諫帝不悅自此見踈未幾卒官有子爽仕至蘭陵令乾威弟乾雄亦有才器秦孝王俊爲秦州總管選爲法曹參軍王嘗親案囚徒乾雄誤不持狀口對百餘人皆盡事情同輩莫不歎服後歷壽春陽城二縣令俱有政績

邢巒字洪賓河閒鄚人魏太常貞之後也族五世祖嘏石勒頻徵不至嘏無子巒高祖蓋自旁宗入後蓋孫穎字宗敬以才學知名太武時與范陽盧玄等同徵後拜中書侍郎改通直常侍平城子使宋還以病歸鄉久之帝曰往憶邢穎長者有學義宜侍講東宮今安在司徒崔浩曰穎臥病在家帝遣太醫馳驛就療卒贈定州刺史謚曰康子修年卽巒父也位州主簿巒少好學負帙尋師守貧厲節遂博覽書傳有文才幹略美鬚髯姿貌甚偉累遷兼員外散騎常侍使齊還再遷中書侍郎甚見顧遇嘗參坐席孝文因行藥至司空府南見巒宅謂巒曰朝行藥至此見卿宅乃住東望德館情有依然巒對曰陛下移構中京方建無窮之業臣意在與魏升降寧容不務永年之宅帝謂司空穆亮僕射李沖曰巒之此言其意不小有司奏策秀孝詔曰秀孝殊問經權異策邢巒才清可令策秀後兼黃門郎從征漢北巒在新野後至帝曰伯玉天迷其心鬼惑其慮守危邦固逆主至此以來雖未禽滅城隍已崩想在不遠所以緩攻者正待中書爲露布耳尋除正黃門兼御史中尉瀛州大中正遷散騎常侍兼尚書宣武

時巒奏曰先皇深觀古今去諸奢侈服御尚質不貴彫鏤所珍在素不務奇綵至乃以紙絹爲帳扆銅鐵爲轡勒訓朝廷以節儉示百姓以憂矜逮景明之初承升平之業四疆清晏遠近來同於是蕃貢繼路商估交入諸所獻貿倍多於常雖加以節約猶歲損萬計珍貨常有餘國用恆不足若不裁其分限便恐無以支歲自今非爲要須者請皆不受帝從之尋正尚書梁秦二州行事夏侯道遷以漢中內附詔加巒使持節都督征梁漢諸軍事進退徵攝得以便宜從事巒至漢中遣兵討之賊皆款附乘勝追奔至關城之下詔拜巒使持節梁秦二州刺史於是開地定境東西七百南北千里獲郡四十二部護軍及諸縣戍遂逼涪城巒表曰揚州成都相去萬里陸途既絕唯資水路水軍西上非周年不達外無軍援一可圖也益州頃經劉季連反叛鄧元起攻圍倉庫空竭無復固守之意二可圖也蕭深藻是帬屐少年未洽政務今之所任並非宿將重名是皆左右少年而已三可圖也蜀之所恃惟阻劍閣今既克南安已奪其險據彼界內三分已一從南安向涪方軌任意前軍累破後衆喪魂四可圖也深藻是

蕭衍兄子骨肉至親若其逃亡當無死理脫軍走涪城深藻何肯城中坐而受困五可圖也臣聞乘機而動武之善經未有捨干戚而康時不征伐而統一臣以不才屬當戎寄上憑國威頻有薄捷瞻望涪益旦夕可屠正以兵少糧匱未宜前出今若不取後圖便難輒率愚管必將殄克如其無功分受憲坐若朝廷未欲經略臣便爲無事乞歸侍養微展烏鳥戀又表曰昔鄧艾鍾會率十八萬衆傾中國資給裁得平蜀所以然者鬭實力也況臣才絕古人何宜請二萬之衆而希平蜀所以敢者正以據得要險士庶慕義此往則易彼來則難任力而行理有可克今王足前進已逼涪城脫得涪城則益州便是成禽之物臣誠知征戎危事未易可爲自軍度劍閣以來鬢髮中白所以勉強者旣到此地而自退不守恐孤先皇之恩遇負陛下之爵祿是以孜孜頻有陳請宣武不從又王足於涪城輒還遂不定蜀巒旣克巴西遣軍主李仲遷守之仲遷得梁將張法養女有美色甚惑之散費兵儲專心酒色公事諮承無能見者巒忿之切齒仲遷懼謀叛城人斬其首以降梁將譙希遠巴西遂沒武興氏楊集起等反巒遣

統軍傅豎眼討平之巒之初至漢中從容風雅接豪右以禮撫衆庶以惠歲餘之後頗因其去就誅滅百姓籍爲奴婢者二百餘口兼商販聚斂清論鄙之徵授度支尙書時梁人侵軼徐兗朝廷乃以巒爲使持節都督東討諸軍事安東將軍尙書如故宣武勞遣巒於東堂曰知將軍旋京未久膝下難違然東南之寄非將軍莫可自古忠臣亦非無孝也巒曰願陛下勿以東南爲慮帝曰漢祖有云金吾擊郾吾無憂矣今將軍董戎朕何慮哉巒至乃分遣將帥致討兗州悉平進圍宿豫平之帝賜巒璽書慰勉之及梁城賊走中山王英乘勝攻鍾離又詔巒率衆會巒以爲鍾離天嶮朝貴所具若有內應則所不知如其無也必無克狀且俗語云耕則問田奴絹則問織婢臣既謂難何容強遣巒既累表求還帝許之英果敗退時人伏其識略初侍中盧昶與巒不平昶與元暉俱爲宣武所寵御史中尉崔亮昶之黨也昶暉令亮糾巒事成許言於宣武以亮爲侍中亮奏巒在漢中掠良人爲婢巒懼乃以漢中所得巴西太守龐景仁女化生等二十餘口與暉化生等數人奇色也暉大悅乃背昶爲巒言云巒新有大功

已經赦宥不宜方為此獄帝納之高肇以巒有克敵効而爲昶等所排助巒申
釋故得不坐豫州城人白早生殺刺史司馬悅以城南入梁遣其將齊茍仁率
衆入據縣瓠詔巒持節率羽林精騎討之封平舒縣伯賞宿豫之功也宣武臨
東堂勞遣巒曰早生走也守也何時平巒曰今王師若臨士人必翻然歸順圍
之窮城奔走路絕不度此年必傳首京師願陛下不足爲慮帝笑曰卿言何其
壯哉知卿親老頻勞於外然忠孝不俱不得辭也於是巒率騎八百倍道兼行
五日次於鮑口擊賊大將胡孝智乘勝至縣瓠因即度汝旣而大兵繼至遂長
圍圍之詔巒使持節假鎭南將軍都督南討諸軍事中山王英南討三關亦次
縣瓠以後軍未至前寇稍多憚不敢進乃與巒分兵將掎角攻之梁將齊茍仁
等二十一人開門出降卽斬早生等同惡數十人豫州平巒振旅還京師宣武
臨東堂勞之巒曰此陛下聖略威靈英等將士之力臣何功之有帝笑曰卿匪
直一月三捷所足稱奇乃存士伯讓功而弗處巒自宿豫大捷及平縣瓠志行
修正不復以財賄爲懷戎資軍實絲毫無犯遷殿中尙書加撫軍將軍卒於官

巒才兼文武朝野瞻望上下悼惜之贈車騎大將軍瀛州刺史初帝欲贈冀州黃門甄琛以巒前曾劾己乃云瀛州巒之本郡人情所欲乃從之及琛爲詔乃云優贈車騎將軍瀛州刺史議者笑琛淺薄諡曰文定子遜

遜字子言貌雖陋短頗有風氣襲爵後遷國子博士本州中正因謁靈太后自陳功名之子久抱沈屈臣父屢爲大將而臣身無軍功階級臣父唯爲忠臣不爲慈父靈太后慨然以遜爲長兼吏部郎中後位大司農卿與少卿元慶哲至相糾訟遜銳於財利議者鄙之卒贈光祿勳幽州刺史子祖徵開府祭酒父喪未終謀反伏法祖徵弟祖劾貌寢有風尙仕齊卒於尙書郎祖劾弟祖俊開府行參軍開皇中位尙書都官郎中巒弟偉尙書郎中偉子昕

昕字子明幼孤見愛於祖母李氏好學早有才情解褐盪寇將軍累遷太尉記室參軍吏部尙書李神儁奏昕修起居注太昌初除中書侍郎加平東將軍光祿大夫時言冒竊官級爲中尉所劾免官乃爲述躬賦未幾受詔與祕書監常景典儀注事武帝行釋奠禮昕與校書郎裴伯茂等俱爲錄義永熙末昕入爲

侍讀與溫子昇魏收參掌文詔遷鄴乃歸河間天平初與侍中從叔子才魏季景魏收同徵赴都尋還鄉里旣而復徵時梁使兼散騎常侍劉孝儀等來聘詔昕兼正員郎迎於境上司徒孫騰引爲中郎尋除通直常侍加中軍將軍旣有才藻兼長几案自孝昌之後天下多務世人競以吏工取達文學大衰司州中從事宋游道以公斷見知時與昕嘲謔昕謂之曰世事同知文學外游道有慚色與和中以本官副李象使於梁昕好忤物人謂之牛是行也談者謂之牛象鬬於江南齊文襄王攝選擬昕爲司徒右長史未奏遇疾卒士友悲之贈車騎將軍都官尚書冀州刺史謚曰文所著文章自有集錄偉弟晏字幼平美風儀博涉經史善談釋老雅好文詠位滄州刺史爲政淸靜吏人安之卒贈尚書左僕射瀛州刺史謚曰文貞晏篤於義讓初爲南兗州例得一子解褐乃啓其孤弟子子愼爲朝請子愼年甫十二而其子已弱冠矣後爲滄州復啓孤兄子昕爲府主簿而其子並未從宦世人以此多之子亢字子高頗有文學位兼通直散騎常侍使於梁時年二十八後爲中外府屬坐事死於晉陽繼叔祖祐字宗

祐少有學尚知名於時假員外散騎常侍使於宋以將命之勤除建威將軍平原太守賜爵城平男政清刑肅百姓安之卒于官子產字神寶好學善屬文少時作孤蓬賦爲時所稱舉秀才除著作佐郎假常侍鄭縣子使於齊產仍世將命時人美之歷中書侍郎太子中庶子卒朝廷嗟惜焉贈平州刺史樂城子謚曰定祐從子虯字神彪著作郎敏之子也少爲三禮鄭氏學明經有文思舉秀才上第爲中書議郎尚書殿中郎孝文因公事與語問朝覲宴饗禮虯以經對大合上旨帝崩尚書令王肅多用新儀虯往往折以五經正禮爲尚書左丞多所糾正臺閣肅然時鴈門人有害母者入坐奏轘之而豬其室宥其二子虯駁奏云君親無將將而必誅謀逆者戮及朞親害親者令不及子既逆甚梟鏡禽獸之不若而使禋祀不絕遺育承傳非所以勸忠孝之道存三綱之義若聖教含容不加孥戮使父子罪不相及惡止於其身者則宜投之四裔敕所在不聽配匹盤庚言無令易種新邑漢法五月食梟羹皆欲絕其類也奏入宣武從之後爲光祿少卿母在鄉遇患請假歸遇秋水暴長河梁破絕虯得一小船而渡

船漏滿不沒時人異之母喪哀毀過禮爲時所稱卒贈幽州刺史謚曰威蚪善
與人交清河崔亮頓丘李平並與親善所作碑頌雜筆三十餘篇長子臧
臧字子良幼孤早立文尙博學有藻思年二十一神龜中舉秀才考上第爲太
學博士正光中議立明堂臧爲裴頠一室之議事雖不行當時稱其理博出爲
本州中從事雅爲鄉情所附永安初徵爲金部郎中以疾不赴轉除東牟太守
時天下多事在職少能廉白臧獨清愼奉法吏人愛之隴西李延實莊帝之舅
以太傅出除青州啓臧爲屬領樂安內史有惠政後除濮陽太守尋加安東將
軍臧和雅信厚有長者之風爲時人所愛敬爲特進甄琛行狀世稱其工與裴
敬憲盧觀兄弟並結友曾共讀回文集臧獨先通之撰古來文章幷敍作者氏
族號曰文譜未就病卒時賢悼惜之其文筆凡百餘篇贈鎭北將軍定州刺史
謚曰文子恕涉學有識悟齊武平末尙書屯田郎隋開皇中尙書侍郎卒於沂
州長史弟邵
邵字子才小字吉少時有避遂不行名年五歲魏吏部郎清河崔亮見而奇之

曰此子後當大成位望通顯十歲便能屬文雅有才思聰明強記日誦萬餘言族兄巒有人倫鑒謂子弟曰宗室中有此兒非常人也少在洛陽會天下無事與時名勝專以山水游宴爲娛不暇勤業嘗霖雨乃讀漢書五日略能徧之後因飲謔倦方廣尋經史五行俱下一覽便無所遺文章典麗既贍且速年未二十名動衣冠嘗與右北平陽固河東裴伯茂從兄罘河南陸道暉等至北海王昕舍宿飲相與賦詩凡數十首皆在主人奴處旦日奴行諸人求詩不得邵皆爲誦之諸人有不認詩者奴還得本不誤一字諸人方之王粲吏部尚書隴西李神儁大相欽重引爲忘年之交釋巾爲魏宣武挽郎除奉朝請遷著作佐郎深爲領軍元乂所禮乂新除遷尚書令神儁與陳郡袁翻在席乂令邵作謝表須臾便就以示諸賓神儁曰邢邵此表足使袁公變色孝昌初與黃門侍郎李琰之對典朝儀自孝明之後文雅太盛邵彫蟲之美獨步當時每一文初出京師爲之紙貴讀誦俄徧遠近于時袁翻與范陽祖瑩位望通顯文筆之美見稱先達以邵藻思華贍深共嫉之每洛中貴人拜職多憑邵爲謝章表嘗有一貴

勝初授官大事賓食翻與邵俱在坐翻意主人託其爲讓表遂命邵作之翻甚不悅每告人云邢家小兒常客作章表自買黃紙寫而送之邵恐爲翻所害乃辭以疾屬尚書令元羅出鎭青州啓爲府司馬遂在青土終日酣賞盡山泉之致永安初累遷中書侍郎所作詔文體宏麗及尒朱兆入洛京師擾亂邵與弘農楊愔避地嵩高山普泰中兼給事黃門侍郎尋爲散騎常侍太昌初敕令恒直內省給御史令覆案尚書門下事凡除大官先問其可不然後施行除衞將軍國子祭酒以親老還鄉詔所在特給兵力五人幷令歲一入朝以備顧問丁母憂哀毀過禮後楊愔與魏元义及邵請置學奏曰二黌兩學盛自虞殷所以宗配上帝以著莫大之嚴宣布十二以彰則天之軌養黃髮以詢哲言育青衿而敷典教用能享國長久風徽萬祀者也爰曁亡秦改革其道阬儒滅學以蔽黔黎故九服分崩祚終二代炎漢勃興更修儒術故西京有六學之義東都有三本之盛逮自魏晉撥亂相因兵革之中學校不絕仰惟高祖孝文皇帝稟聖自天道鏡今古列教序於鄉黨敦詩書於郡國但經始事殷戎軒屢駕未遑多

就弓劍弗追世宗統曆聿遵先緒永平之中大輿板築續以水旱戎馬生郊雖
逮為山還停一簣而明堂禮樂之本乃鬱荊棘之林膠序德義之基空盈牧豎
之跡城隍嚴固之重闕甎石之工墉構顯望之要少樓榭之飾加以風雨稍侵
漸致虧墜非所謂追隆堂構儀刑萬國者也伏聞朝議以高祖大造區夏道侔
姬文擬祀明堂式配上帝今若基宇不修仍同丘畎即使高皇神享闕於國陽
宗事之典有聲無實此臣子所以匪寧億兆所以佇望也臣又聞官方授能所
以任事既任事矣酬之以祿如此則上無曠官之譏下絕尸素之謗今國子雖
有學官之名而無教授之實何異兔絲鷰麥南箕北斗哉昔劉向有言王者宜
興辟雍陳禮樂以風天下夫禮樂所以養人刑法所以殺人而有司勤勤請定
刑法至於禮樂則曰未敢是敢於殺人不敢於養人也臣以為當今四海清平
九服寧晏經國要重理應先營脫復稽延則劉向之言徵矣但事不兩興須有
進退以臣愚量宜罷尚方彫靡之作頗省永寧土木之功并減瑤光材瓦之力
兼分石窟鐫琢之勞及諸事役非世急者三時農隙修比數條使辟雍之禮蔚

爾而復與諷誦之音煥然而更作美樹高墉嚴壯於外槐宮棘寺顯麗於中更
明古今重遵鄉飲敦進郡學精課經業如此則元凱可得之於上序游夏可致
之於下國豈不休歟靈太后命曰配饗大禮爲國之本比以戎馬在郊未遑修
繕今四表晏寧當敕有司別議經始累遷尚書令加侍中于時與梁和妙簡聘
使邵與魏收及從子子明被徵入朝當時文人皆邵之下但以不持威儀名高
難副朝廷不令出境南人曾問賓司邢子才故應是北間第一才士何爲不作
聘使答云子才文辭實無所愧但官位已高恐非復行限南人曰鄭伯猷護軍
猶得將命國子祭酒何爲不可邵既不行復請還故郡武帝在京輔政徵之在
第爲賓客除給事黃門侍郎與溫子昇對爲侍讀宣武富於春秋初總朝政崔
暹每勸禮接名賢詢訪得失以邵宿有名望故請徵焉宣武甚親重之多別引
見邵舊鄙崔暹無學術言論之際遂云暹無所知解宣武還以邵言告暹幷道
此漢不可親近暹頗銜之邵奏魏帝發敕用妻兄李伯倫爲司徒祭酒詔書已
出暹即啓宣武執其專擅伯倫官事便寢邵由是被疎其後除驃騎西兗州刺

史在州有善政桴鼓不鳴吏人姦伏守令長短無不知之定陶縣去州五十里縣令妻日暮取人斗酒束脯邵逼夜攝令未明而去責其取受舉州不識其所以在任都不營生產唯南兗糴粟就濟陽食之邵繕修觀宇頗爲壯麗皆爲之名題有清風觀明月樓而不擾公私唯使兵力吏民爲立生祠幷勒碑頌德及代吏人父老及媪嫗皆遠相攀追號泣不絕至都除中書令舊格制生兩男者賞羊五口不然則絹十匹僕射崔暹奏絕之邵云此格不宜輒斷句踐以區區之越賞法生三男者給乳母況以天下之大而絕此條舜藏金於山不以爲乏今藏之於民復何所損又準舊皆訊囚取占然後送付廷尉邵以爲不可乃立議曰設官分職各有司存丞相不問鬬人虞官弓招不進豈使尸祝兼刀匕之役家長侵鷄犬之功詔並從之自除太常卿兼中書監攝國子祭酒是時朝臣多守一職帶領二官甚少邵頻居三職並是文學之首當世榮之幸晉陽路中頻有甘露之瑞朝臣皆作甘露頌尚書符令邵爲之序及文宣崩凶禮多見訊訪敕撰哀策後授特進卒邵率情簡素內行修謹兄弟親姻之間稱爲雍睦博

覽墳籍無不通曉晚年尤以五經章句爲意窮其指要吉凶禮儀公私諮稟質疑去惑爲世指南每公卿會議事關典故邵援筆立成證引該洽帝命朝章取定俄頃詞致宏遠獨步當時與濟陰温子昇爲文士之冠世論謂之温邢鉅鹿魏收雖天才豔發而年事在二人之後故子昇死後方稱邢魏焉雖望實兼重不以才位傲物脫略簡易不修威儀車服器用充事而已有齋不居坐臥恆在一小屋果餌之屬或置之梁上賓至下而共噉天姿質素特安異同士無賢愚皆能傾接對客或解衣覓虱且與劇談有書甚多而不甚讎校見人校書笑曰何愚之甚天下書至死讀不可徧焉能始復校此日思誤書更是一適妻弟李季節才學之士謂子才曰世間人多不聰明思誤書何由能得子才曰若思不能得便不勞讀書與婦甚疎未嘗內宿自云嘗晝入內閤爲狗所吠言畢便撫掌大笑性好談賞又不能閑獨公事歸休恆須賓客自伴事寡嫂甚謹養孤子恕慈愛特深在兗州有都信云恕疾便憂之廢寢食顏色貶損及卒人士爲之傷心痛悼雖甚竟不再哭賓客弔慰抆淚而已其高情達識開遣滯累東門吳

以還所未有也有集三十卷見行於世邵世息大寶有文情孽子大德大道略

不識字焉

李崇字繼長小名繼伯頓丘人也文成元皇后第二兄誕之子年十四召拜主文中散襲爵陳留公鎮西大將軍孝文初爲荆州刺史鎮上洛敕發秦陝二州兵送崇至理崇辭曰邊人失和本怨刺史奉詔代之但須一宣詔旨而已不勞發兵自防使人懷懼孝文從之乃輕將數十騎馳到上洛宣詔綏慰人卽帖然邊戍掠得齊人者悉令還之南人感德仍送荆州口二百許人兩境交和無復烽燧之警在州四年甚有稱績召還京師賞賜隆厚除兗州刺史兗土舊多劫盜崇乃村置一樓樓懸一鼓盜發之處雙搥亂擊四面諸村聞鼓皆守要路俄頃之間聲布百里其中險要悉有伏人盜竊始發便尒禽送諸州置樓懸鼓自崇始也後例降爲侯改授安東將軍車駕南征詔崇副驃騎大將軍咸陽王禧都督左翼諸軍事徐州降人郭陸聚黨作逆人多應之崇遣高平卜冀州詐稱犯罪逃亡歸陸陸納之以爲謀主數月冀州斬陸送之賊徒潰散入爲河南尹

後車駕南討漢陽崇行梁州刺史氐楊靈珍遣弟婆羅與子雙領步騎萬餘襲破武興與齊相結詔崇爲使持節都督隴右諸軍事率衆討之崇槎山分進出其不意表裏以襲羣氐皆棄靈珍散歸靈珍衆減大半崇進據赤土靈珍又遣從弟建率五千人屯龍門躬率精勇一萬據鷲硤龍門之北數十里中伐樹塞路鷲硤之口積大木聚礌石臨崖下之以拒官軍崇乃命統軍慕容拒率衆五千從他路夜襲龍門破之崇自攻靈珍靈珍連戰敗走俘其妻子崇多設疑兵襲克武興與齊梁州刺史陰廣宗遣參軍鄭猷王思考率衆援靈珍崇大破之幷斬婆羅首殺千餘人俘獲猷等靈珍走奔漢中孝文在南陽覽表大悅曰使朕無西顧之憂者李崇功也拜梁州刺史手詔曰便可善思經略去其可除安其可育公私所患悉令芟夷及靈珍偷據白水崇擊破之靈珍遠遁宣武初徵爲右衞將軍兼七兵尚書轉左衞將軍相州大中正魯陽蠻柳北喜魯北燕等聚衆反叛諸蠻悉應之圍逼湖陽游擊將軍李暉光鎭北城盡力捍禦賊勢甚盛詔以崇爲使持節都督征蠻諸軍事以討之蠻衆數萬屯據形要以拒官軍崇

累戰破之斬北燕等徙萬餘戶於幽幷諸州宣武追賞平氏之功封魏昌縣伯東荆州蠻樊安聚衆於龍山僭稱大號梁武遣兵應之諸將擊不利乃以崇爲鎮南將軍都督征蠻諸軍事率步騎討之崇分遣諸將攻擊賊壘連戰克捷生禽樊安進討西荆諸蠻悉降尋兼侍中東道大使黜陟能否著賞罰之稱出除散騎常侍征南將軍揚州刺史詔曰應敵制變算非一塗救左擊右疾雷均勢今朐山蟻寇久結未殄賊衍狡詐或生詭劫宜遣銳兵備其不意崇可都督淮南諸軍事坐敦威重遙運聲算延昌初加侍中車騎將軍都督江西諸軍事先是壽春縣人苟泰有子三歲遇賊亡失數年不知所在後見前同縣趙奉伯家泰以狀告各言己子並有鄰證郡縣不能斷崇令二父與兒各在別處禁經數旬然後告之曰君兒遇患向已暴死可出奔哀也苟泰聞即號咷悲不自勝奉伯咨嗟而已殊無痛意崇察知之乃以兒還泰詰奉伯詐狀奉伯款引云先亡一子故妄認之又定州流人解慶賓兄弟坐事俱徙揚州弟思安背役亡歸慶賓懼後役追責規絕名貫乃認城外死尸詐稱其弟爲人所殺迎歸殯葬頗類

思安見者莫辨又有女巫陽氏自云見鬼說思安被害之苦飢渴之意慶賓又誣疑同軍兵蘇顯甫李蓋等所殺經州訟之二人不勝楚毒各自款引獄將決竟崇疑而停之密遣二人非州內所識者僞從外來詣慶賓告曰僕住在北州比有一人見過寄宿夜中共語疑其有異便卽詰問乃云是流兵背役姓解字思安時欲送官苦見求及稱有兄慶賓今住揚州相國城內嫂姓徐君脫矜愍爲往告報見申委曲家兄聞此必重相報今但見質若往不獲送官何晚是故相造指申此意君欲見雇幾何當放賢弟苦其不信可見隨看之慶賓悵然失色求其少停此人具以報崇攝慶賓問之伏引更問蓋等乃云自誣數日之間思安亦爲人縛送崇召女巫視之鞭笞一百崇斷獄精審皆此類也時有泉水湧於八公山頂壽春城中有魚數從地湧出野鴨羣飛入城與鵲爭巢五月大霖雨十有三日大水入城屋宇皆沒崇與兵泊於城上水增未已乘船附於女牆城不沒者二版而已州府勸崇棄州保北山崇曰吾受國重恩忝守藩岳淮南萬里繫于吾身一旦動脚百姓瓦解揚州之地恐非國物昔王尊慷慨義感

黃河吾豈愛一軀取愧千載但憐茲士庶無辜同死可桴筏隨高人規自脫吾必守死此城時州人裴絢等受梁假豫州刺史因乘大水謀欲爲亂崇皆擊滅之又以洪水爲災請罪解任詔曰夏雨汎濫斯非人力何得以此辭解今水涸路通公私復業使可繕甲積糧修復城雉勞恤士庶務盡綏懷之略也崇又表解州不聽是時非崇則淮南不守矣崇沈深有將略寬厚善御衆在州凡十年常養壯士數千人寇賊侵邊所向摧破號曰臥虎賊甚憚之梁武惡其久在淮南屢設反間無所不至宣武雅相委重梁無以措謀乃授崇車騎大將軍開府儀同三司萬戶郡公諸子皆爲縣侯欲以構崇崇表言其狀宣武屢賜璽書慰勉之賞賜珍異歲至五三親待無與爲比梁武每歎息服宣武之能任崇也孝明踐阼褒賜衣馬及梁遣其游擊將軍趙祖悅襲據西硤石更築外城逼徙緣淮之人於城內又遣二將昌義之王神念率水軍泝淮而上規取壽春田道龍寇邊城路長平寇五門胡興茂寇開霍揚州諸戍皆被寇逼崇分遣諸將與之相持密裝船艦二百餘艘教之水戰以待臺軍梁霍州司馬田休等寇建安崇

遣統軍李神擊走之又命邊城戍主邵申賢要其走路破之於濡水俘斬三千餘人靈太后璽書勞勉許昌縣令兼紵麻戍主陳平王南引梁軍以戍歸之崇自秋請援表至十餘詔遣鎮南將軍崔亮救硤石鎮東將軍蕭寶夤於梁堰上流決淮東注朝廷以諸將不相赴乃以尚書李平兼右僕射持節節度之崇遣李神乘鬬艦百餘艘沿淮與李平崔亮合攻硤石李神水軍剋其東北外城祖悅力屈乃降朝廷嘉之進號驃騎將軍儀同三司刺史都督如故梁淮堰未破水勢日增崇乃於硤石戍間編舟爲橋北更立船樓十各高三丈十步置一籬至兩岸蕃版裝治四箱解合賊至舉用不戰解下又於樓船之北連覆大船東西竟水防賊火栰又於八公山之東南更起一城以備大水州人號曰魏昌城崇累表解州前後十餘上孝明乃以元志代之尋除中書監驃騎大將軍儀同如故出爲使持節侍中都督四州諸軍事定州刺史徵拜尙書左僕射還尙書令加侍中崇在官和厚明於決斷然性好財賄販肆聚斂孝明靈太后嘗幸左藏王公嬪主從者百餘人若令任力負布絹卽以賜之多者過二百匹少者百

餘唯長樂公兩手持絹二十匹而出示不異衆而已世稱其廉儉崇與章武王
融以所負多顛仆於地崇乃傷腰融至損脚時人爲之語曰陳留章武傷腰折
股貪人敗類穢我明主蠕蠕主阿那瓌犯塞詔崇以本官都督北討諸軍事以
討之崇辭於顯陽殿戎服武飾志氣奮揚時年六十九幹力如少孝明目而壯
之朝臣莫不稱善遂出塞三千餘里不及賊而還崇請改六鎮爲州兵編戸太
后不許後北鎮人破落汗拔陵反所在響應征北將軍臨淮王彧大敗於五原
安北將軍李叔仁尋敗於白道賊衆日甚詔引丞相令僕尚書侍中黃門於顯
陽殿曰賊勢侵淫寇連恆朔金陵在彼夙夜憂惶諸人宜陳良策吏部尚書元
修義以爲須得重貴鎮壓恆朔總彼師旅備衛金湯詔曰去歲阿那瓌叛逆遣
李崇北征崇遂長驅塞北返旆榆關此一時之盛朕以李崇國戚望重器識英
斷意欲還遣崇行總督三軍揚旌恆朔諸人謂可爾不僕射蕭寶夤等曰陛下
此遣實合羣望於是詔崇以本官加使持節開府北討大都督撫軍將軍崔暹
鎮軍將軍廣陽王深皆受崇節度又詔崇子光祿大夫神軌假平北將軍隨崇

北討崇至五原崔暹大敗于白道之北賊遂幷力攻崇崇與廣陽王深力戰累破賊衆相持至冬乃引還平城深表崇長史祖瑩詐增功級盜沒軍資崇坐免官爵徵還以後事付深後徐州刺史元法僧以彭城南叛時除安樂王鑒爲徐州刺史以討之爲法僧所敗單馬奔歸乃詔復崇官爵爲徐州大都督節度諸軍事會崇疾篤乃以衞將軍安豐王延明代之改除開府相州刺史侍中將軍儀同並如故孝昌元年薨於位贈侍中驃騎大將軍司徒公雍州刺史謚曰武康後重贈太尉公餘如故長子世哲性輕率供奉豪侈少經征伐頗有將用爲三關別將討蠻大破之還拜鴻臚少卿性傾巧善事人亦以貨賂自達高肇劉騰之處勢也皆與親善故世號爲李錐爲相州刺史斥逐百姓遷徙佛寺逼買其地部內患之崇北征之後徵兼太常卿御史高道穆毀發其宅表其罪過後除涇州刺史賜爵衞國子卒贈吏部尚書冀州刺史世哲弟神軌小名青肫受父爵陳留侯累出征伐頗有將領之氣孝昌中靈太后淫縱分遣腹心媼姬出外陰求悅人神軌爲使者所薦寵遇勢傾朝野時云見幸帷幄與鄭儼爲雙

頻遷征東將軍武衛將軍給事黃門侍郎常領中書舍人時相州刺史安樂王
鑒據州反詔神軌與都督源子邕等討平之後於河陰遇害建義初贈侍中司
空公相州刺史謚曰烈崇從弟平
平字雲定少有大度及長涉獵羣書好禮易頗有文才太和初拜通直散騎侍
郎孝文禮之甚重頻經大憂居喪以孝稱後以例降襲爵彭城公累遷太子庶
子平請自効一郡帝曰卿復欲以吏事自試也拜長樂太守政務清靜吏人懷
之徵行河南尹豪右權戚憚之宣武即位除黃門郎還司徒左長史行尹如故
尋正尹長史如故車騎將幸鄴平上表諫以爲嵩都創構洛邑俶營雖年跨十
稔根基未就代人至洛始欲向盡資產罄於遷移牛畜斃於輦運陵太行之險
越長津之難辛勤備經得達京闕富者猶損太半貧者可以意知兼歷歲從戎
不遑啓處自景明以來差得休息事農者未積一年之儲築室者裁有數間之
屋莫不肆力伊瀍人急其務實宜安靜新人勸其稼穡令國有九載之糧家有
水旱之備若乘之以羈紲則所廢多矣不從詔以本官行相州事帝至鄴親幸

平第見其諸子尋正刺史平勸課農桑修飾太學簡試通儒以充博士選五郡聰敏者以教之圖孔子及七十二弟子於講堂親爲立贊前來臺使頗好侵漁平乃畫履武尾踐薄冰於客館注頌其下以示誡焉徵拜度支尚書領御史中尉冀州刺史京兆王愉反於信都以平爲持節都督北討諸軍事行冀州以討之宣武臨式乾殿勞遣平因曰何圖今日言及斯事歔欷流涕平對曰愉天迷其心構此梟悖陛下不以臣不武委以總督之任如其稽顙軍門則送之大理若不悛待戮則鳴鼓釁鉦非陛下之事平進次經縣諸軍大集夜有蠻兵數千斫平前壘矢及平帳平堅臥不動俄而乃定遂至冀州城南十六里大破逆衆逐北至城門遂圍城愉與百餘騎突門走平遣統軍叔孫頭追之去信都八十里禽愉冀州平以本官領相州大中正平先爲尚書令高肇侍御史王顯所恨後顯代平爲中尉平加散騎常侍顯劾平在冀州隱截官口肇又扶成其狀奏除平名延昌初詔復官爵除定冀二州刺史前來良賤之訟多有積年不決平奏不問眞僞一以景明年前爲限於是諍訟止息武川鎭人飢鎭將任款請貸

未許擅開倉振恤有司繩以費散之條免其官爵平奏款意在濟人心無不善
帝原之還中書令尚書如故孝明初轉吏部尚書平高明強濟所在有聲但以
性急爲累尚書合任城王澄奏理平定冀之勳靈太后乃封武邑郡公賜縑二
千五百匹先是梁遣其將趙祖悅逼壽春鎮南崔亮攻之未剋又與李崇乖貳
詔平以本官使持節鎮軍大將軍兼尚書右僕射爲行臺節度諸軍東西州將
一以稟之如有乖異以軍法從事詔平長子獎以通直郎從於是率步騎二千
赴壽春嚴勒崇亮令水陸兼備剋期齊舉崇亮憚之無敢乖互頻日交戰破賊
軍安南將軍崔延伯立橋於下蔡以拒賊之援賊將王神念昌義之等不得進
救祖悅守死窮城平乃部分攻之斬祖悅送首於洛以功遷尚書右僕射加散
騎常侍平還京師靈太后見於宣光殿賜以金裝刀仗一口時南徐州表云梁
堰淮水日爲患詔公卿議之平以爲不假兵力終自毀壞及淮堰破太后大悅
引羣臣入宴敕平前孝明手賜縑布百段卒遺令薄葬詔給東園祕器朝服一
具衣一襲帛七百匹靈太后爲舉哀於東堂贈侍中驃騎大將軍儀同三司冀

州刺史諡文烈公平自在度支至於端副夙夜在公孜孜匪懈凡處機密十有
餘年有獻替之稱所制文筆別有集錄長子奬襲
奬字遵穆容貌魁偉有當世才度位中書侍郎吏部郎中以本官兼尚書出爲
相州刺史初元乂擅朝奬爲其親侍頻居顯職靈太后反政削除官爵孝莊初
爲散騎常侍河南尹奬前後所歷皆以明濟著稱元顥入洛顥以奬兼尚書右
僕射慰勞徐州羽林及城人不承顥旨害奬傳首洛陽孝武帝初奬故吏宋游
道上書理奬詔贈冀州刺史子搆襲搆字祖基少以方正見稱襲爵武邑郡公
齊天保初降爵爲縣侯位終太府卿贈吏部尚書搆早有名譽歷官清顯常以
雅道自居甚爲名流所重子丕有父風位尚書祠部郎中丕弟克通直散騎常
侍奬弟諧
諧字虔和幼有風采趙郡李搔嘗過元乂門下見之歸謂其父元忠曰領軍門
下見一神人元忠曰必李諧也問之果然襲父先爵彭城侯文辯爲時所稱歷
位中書侍郎天平末魏欲與梁和好朝議將以崔㥄爲使主㥄曰文采與識㥄

不推李諧口頰顑顑諧乃大勝於是以諧兼常侍盧元明兼吏部郎李業興兼通直常侍聘焉梁武使朱异覘客异言諧元明之美諧等見及出梁武目送之謂左右曰朕今日遇勍敵卿輩常言北間都無人物此等何處來謂异曰過卿所談是時鄴下言風流者以諧及隴西李神儁范陽盧元明北海王元景弘農楊遵彥清河崔贍爲首初通梁國妙簡行人神儁位已高故諧等五人繼踵而遵彥遇疾道還竟不行既南北通好務以俊乂相矜銜命接客必盡一時之選無才地者不得與焉梁使每入鄴下爲之傾動貴勝子弟盛飾聚觀禮贈優渥館門成市宴日齊文襄使左右覘之賓司一言制勝文襄爲之拊掌魏使至梁亦如梁使至魏梁武親與談說甚相愛重諧使還後還祕書監卒於大司農諧爲人短小六指因癭而舉頤因跛而緩步因謇而徐言人言李諧善用三短文集十餘卷諧長子岳字祖仁官中散大夫性純至居朞慘未曾聽婢過前追思二親言則流涕岳弟庶方雅好學甚有家風歷位尚書郎司徒掾以清辯知名常攝賓司接對梁客梁客徐陵深歎美焉庶生而天閹崔諶調之曰教弟種鬚

以錐徧刺作孔插以馬尾庶曰先以此方回施貴族藝眉有効然後樹鬢世傳
諶門有惡疾以呼沲爲墓田故庶言及之邢子才在傍大笑除臨漳令魏書之
出庶與盧斐王松年等訟其不平魏收書王慧龍自云太原人又書王瓊不善
事以盧同附盧玄傳李平爲陳留人云其家貧賤故斐等讙訟語楊愔云魏收
合誅愔黨助魏故遂白齊文宣庶等並髡頭鞭杖二百庶死於臨漳獄中庶兄
岳痛之終身不歷臨漳縣門庶妻元羅女也庶亡後岳使妻伴之寢宿積五年
元氏更適趙起嘗夢庶謂己曰我薄福託劉氏爲女明旦當出彼家甚貧恐不
能見養夫妻舊恩故來相見告君宜乞取我劉家在七帝坊十字街南東入窮
巷是也元氏不應庶曰君似懼趙公意我自說之於是起亦夢焉起寤問妻言
之符合遂持錢帛躬往求劉氏如所夢得之養女長而嫁焉庶弟蔚少清秀有
襟期倫理涉觀史傳兼屬文詞昆季並尚風流長裙廣袖從容甚美然頗涉疎
放唯蔚能自持公幹理甚有時譽坐兄庶事徙平州後還位尚書左中兵郎中
仍聘陳使副江南以其父曾經將命甚重焉還坐將人度江私市除名後卒於

祕書丞士友悼惜之蔚弟若聰敏頗傳家業風采詞令有聲鄴下坐兄庶事徙
臨海乾明初追還後兼散騎常侍大被親狎加儀同三司若性滑稽善諷誦數
奉旨詠詩并使說外間世事可笑樂者凡所話談每多會旨嘗在省中趨而前
却對答學奏事之象和士開聞而奏之帝每狎弄之武成以斛律金舊老每朝
賜羊車上殿金曾使人奉啓若爲舍人誤奏云在闕下詔命出羊車若重思知
金不至竊言羊車鹿車何所迎帝聞亦笑而不責又帝於後園講武令若爲吳
將皇后皆出引若當前觀其進止俯仰事罷遣使謝之厚加賞賜韓長鸞等忌
惡之密構其短坐免官未幾詔復本官隋開皇中卒於秦王府諮議諧弟邕字
修穆幼儁爽有逸才位高陽王雍友凡所交游皆倍年儁秀卒贈洛州刺史諡
曰文

論曰郭祚才幹敏實有世務之長孝文經綸之始獨在勤勞之地居官任事可
稱述焉張彝風力謇謇有王臣之氣銜命擁旄風聲克舉俱魏氏器能之臣乎
邅隨有命二子俱逢世亂悲哉晏之乾威可謂亡焉不絕邢巒以文武才策當

軍國之任內參機揆外寄折衝其緯世之器歟子才少有盛名鼓動京洛文宗學府獨秀當年舉必任眞情無飾智疎通簡易罕見其人足爲一代之模楷也及明崔㥄之謗言執侯景之姦使昔人稱孟軻爲勇於文簡公見之唯嘗短崔暹頗爲累德阮籍未嘗品藻人物斯亦良有以焉李崇風質英重毅然秀立任當將相望高朝野平以高明幹略効智於時出入當官功名克著贊務之材也諧風流文辯蓋人望乎

北史卷四十三

北史卷四十三考證

郭祚傳名器旣重時望亦深○深監本訛綏今從魏書

邢昕傳世人競以吏工取達○吏魏書作史

邵傳楊愔與魏元乂及邵請置學○臣人龍按下文邵之所奏魏書作李崇所上不知何以移于邵傳也

宣布十二以彰則天之軌○十二魏之作下土

李崇傳率水軍泝流而上○泝監本訛沂今改從魏書

惟長樂公兩手持絹二十匹而出○魏書宣武靈皇后傳此事係長樂公主非長樂公也

北史卷四十三考證

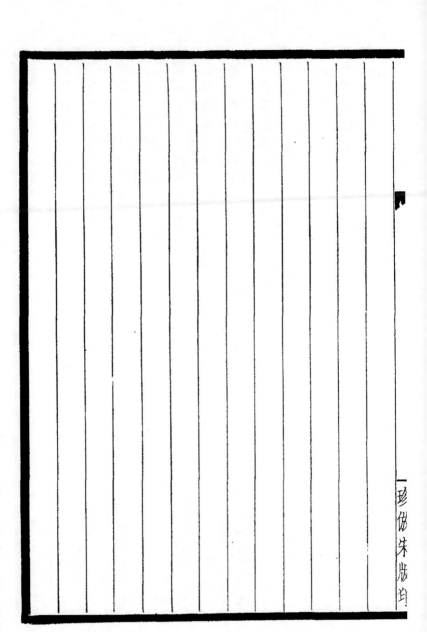

北史卷四十四

唐　李延壽　撰

列傳第三十二

崔光子劼　弟子鴻　崔亮從弟光韶　叔祖道固

崔光清河人本名孝伯字長仁孝文賜名焉祖曠從慕容德南度河居青州之時水慕容氏滅仕宋爲樂陵太守於河南立冀州置郡縣即爲東清河鄃人縣分易更爲南平原貝丘人也父靈延宋長廣太守與宋冀州刺史崔道固共拒魏軍慕容白曜之平三齊光年十七隨父徙代家貧好學晝耕夜誦傭書以養父母太和六年拜中書博士著作郎與祕書丞李彪參撰國書再遷給事黃門侍郎甚爲孝文所知待常曰孝伯才浩浩如黃河東注固今日之文宗也以參贊遷都謀賜爵朝陽子拜散騎常侍著作如故兼太子少傅又以本官兼侍中使持節爲陝西大使巡方省察所經述敘古事因賦詩三十八篇還仍兼侍中以謀謨之功進爵爲伯光少有大度喜怒不見於色有毀惡之者必善言以報

雖見誣謗終不自申曲直皇輿初有同郡二人並被掠爲奴婢後詣光求哀光乃以二口贖免孝文聞而嘉之雖處機近未曾留心文案唯從容論議參贊大政而已孝文每對羣臣曰以崔光之高才大量若無意外咎譴二十年後當作司空其見重如是宣武卽位正除侍中初光與李彪共撰國書太和之末彪解著作專以史事任光彪尋以罪廢宣武居諒闇彪上表求成魏書詔許之彪遂以白衣於祕書省著述光雖領史官以彪意在專功表解侍中著作以讓彪宣武不許遷太常卿領齊州大中正正始元年夏有典事史元顯獻四足四翼雞詔散騎侍郎趙邕以問光光表曰臣謹案漢書五行志宣帝黃龍元年未央殿路軨中雌雞化爲雄毛變而不鳴不將無距元帝初元中丞相府史家雌雞伏子漸化爲雄冠距鳴將永光中有獻雄雞生角劉向以爲雞者小畜主司時起居小臣執事爲政之象也言小臣將秉君之威以害政事猶石顯也竟寧元年石顯伏辜此其效也靈帝光和元年南宮寺雌雞欲化爲雄一身皆似雄但頭冠上未變詔以問議郎蔡邕邕對曰貌之不恭則有雞禍臣竊推之頭爲元首

人君之象也今雞一身已變未至於頭而上知之是將有其事而不遂成之象
也若政無所改頭冠或成爲患滋大是後張角作亂稱黃巾賊遂破壞四方疲
於賦役人多叛者上不改政遂至天下大亂今之雞狀不同其應頗相類矣向
邕並博達之士考物驗事信而有證誠可畏也臣以邕言推之翅足衆多亦羣
下相扇助之象雞而未大腳羽差小亦其勢尚微易制御也臣聞災異之見皆
所以示吉凶明君覩之而懼乃能招福闇主視之彌慢所用致禍詩書春秋秦
漢之事多矣此皆陛下所觀者今或有自賤而貴關預政事殆亦前代君房之
匹比者南境死亡千計白骨橫野存有酷恨之痛歿爲怨傷之魂義陽屯師盛
夏未反荆蠻狡猾征人淹次東州轉輸多往無還百姓困窮絞縊以殞北方霜
降蠶婦輟事羣生憔悴莫甚於今此亦賈誼哭歎谷永切諫之時司寇行戮君
爲之不舉陛下爲人父母所宜矜恤國重戎戰用兵猶火內外怨弊易以亂離
陛下縱欲忽天下豈不仰念太祖取之艱難先帝經營劬勞也誠願陛下留聽
明之鑒警天地之意禮處左右節其貴越往者鄧通董賢之盛愛之正所以害

之又躬饗如罕宴宗或闕時應親享郊廟延敬諸父檢訪四方務加休息爰發慈旨撫振貧瘼餝費山池減撤聲飲晝存政道夜以安身博采芻蕘進賢黜佞則兆庶幸甚妖弭慶進禎祥集矣帝覽之大悅後數日而茹皓等並以罪失伏法於是禮光逾重二年八月光表曰去二十八日有物出于太極之西序敕以示臣臣案其形卽莊子所謂蒸成菌者也又云朝菌不終晦朔雍門周所稱磨蕭斧而伐朝菌指言蒸氣鬱長非有根種柔脆之質彫殞速易不延旬月無擬蕭斧又多生墟落穢溼之地罕起殿堂高華之所今極宇崇麗墻築工密糞朽弗加沾濡不及而茲菌欻構厥狀扶疏誠足異也夫野木生朝野鳥入廟古人以爲敗亡之象然懼災脩德咸致休慶所謂家利而怪先國興而妖豫是故桑穀拱庭太戊以昌雊雉集鼎武丁用熙自比鵶鵲巢于廟殿梟鵬鳴於宮寢菌生賓階軒坐之正準諸往記信可爲誠且東南未靜兵革不息郊甸之內大旱跨時人勞物悴莫此之甚承天子育者所宜矜恤伏願陛下追殷二宗感變之意側躬聳誠惟新聖道節夜飲之忻強朝御之膳養方富之年保金玉之性則

魏祚可以永隆皇壽等於山岳四年除中書舍人永平元年秋將誅元愉妾李氏羣官無敢言者敕光爲詔光逡巡不作奏曰伏聞當刑元愉妾李加之屠割妖惑扇亂誠合此罪但外人竊云李今懷姙例待分產且臣尋諸舊典兼推近事戮至刳胎謂之虐刑桀紂之主乃行斯事君舉必書義無隱諱酷而乖法何以示後陛下春秋已長未有儲體皇子襁褓至有夭失臣之愚識知無不言乞停李獄以俟育孕帝納之延昌元年遷中書監侍中如故二年宣武幸東宮召光與黃門甄琛廣陽王深等並賜坐詔光曰卿是朕西臺大臣當令爲太子師傅光起拜固辭詔不許卽令明帝出焉從者十餘人敕以光爲傅之意令明帝拜光光又拜辭不當受太子拜復不蒙許明帝遂南面再拜詹事王顯啓請從太子拜於是宮臣畢拜光北面立不敢答拜唯西面拜謝而出於是賜光繡采一百匹琛深各有差尋授太子少傅遷右光祿大夫侍中監如故四年正月宣武夜崩光與侍中領軍將軍于忠迎明帝於東宮安撫內外光有力焉帝崩後二日廣平王懷扶疾入臨以母弟之親徑至太極西廡哀慟禁內呼侍中黃門

領軍二衛云身欲上殿哭大行又須入見主上諸人皆愕然相視無敢抗對者光獨攘衰振杖引漢光武初崩太尉趙熹横劍當階推下親王故事辭色甚厲聞者莫不稱善壯光理義有據懷聲淚俱止云侍中以古事裁我我不敢不服於是遂還頻遣左右致謝初永平四年以黃門郎孫惠蔚代光領著作惠蔚首尾五歲無所厝懷至是尚書令任城王澄表光宜還史任於是詔光還領著作遷特進以奉迎明帝功封博平縣公領國子祭酒詔乘步挽於雲龍門出入尋遷車騎大將軍儀同三司靈太后臨朝後光累表遜位于忠擅權光依附之及忠稍被疎黜光弃送章綬冠服茅上表至十餘上靈太后優答不許有司奏追于忠及光封邑熙平元年二月太師高陽王雍等奏舉光授明帝經初光有德於靈太后四月更封光平恩縣侯以朝陽伯轉授第二子勖其月敕賜羊車一乘時靈太后臨朝每於後園親執弓矢光乃表上中古婦人文章因以致諫是秋靈太后頻幸王公第宅光表諫曰禮記云諸侯非問疾弔喪入諸臣之家謂之君臣爲謔不言王后夫人明無適臣家之義夫人父母在有時歸寧親沒使

卿大夫聘春秋紀陳齊宋之女並爲周王后無適本國之事是制深於士大夫許嫁唁兄又義不得衛女思歸以禮自抑載馳竹竿所爲作也漢上官皇后將廢昌邑霍光外祖也親爲宰輔后猶御武帷以接羣臣示男女之別國之大節伯姬待姆安就炎燎樊姜俟命忍赴洪流傳皆綴集以垂來訓昨軒駕頻出幸馮翊君任城王第雖漸中秋餘熱尚蒸衡蓋往還聖躬煩倦左右僕侍衆過千百扶衞跋涉袍鉀在身昔人稱陛下甚樂臣等至苦或其事也但帝族方衍勳貴增遷祇請遂多將成彝式陛下遵酌前王貽厥後矩天下爲公億兆己任專薦郊廟止決大政輔神養和簡息游幸則率土屬賴含生仰悅矣神龜元年光表曰尋石經之作起自炎劉昔來雖屢經戎亂猶未大崩侵如聞往者刺史臨州多構圖寺官私顯隱漸加剝撤由是經石彌減文字增缺今求遣國子博士一人堪任幹事者專主周視驅禁田牧制其踐穢料閱碑牒所失次第量厥補綴詔曰此乃學者之根原不朽之永格便可一依公表光乃令國子博士李郁與助教韓神固劉燮等勘校石經其殘缺計料石功幷字多少欲補脩之後靈

太后廢遂寢二年八月靈太后幸永寧寺躬登九層佛圖光表諫曰伏見親昇上級佇蹕表剎之下祇心圖構誠爲福善聖躬玉趾非所踐陟臣庶恇惶竊謂未可九月靈太后幸嵩山佛寺光上表諫不從正光元年冬賜光几杖衣服二年春明帝親釋奠國學光執經南面百寮陪列司徒京兆王繼頻上表以位讓光四月以光爲司徒侍中國子祭酒領著作如故光表固辭歷年終不肯受八月獲禿鶖鳥於宮內詔以示光光表曰此卽詩所謂有鶖在梁解云禿鶖也貪惡之鳥野澤所育不應入於殿廷昔魏氏黃初中有鵜鶘集于靈芝池文帝下詔以曹恭公遠君子近小人博求賢俊太尉華歆由此遜位而讓管寧者也臣聞野物入舍古人以爲不善是以張臶惡鵖賈誼忌鵩鵜鶘暫集而去前王猶爲至誠況今親入宮禁爲人所獲方被畜養晏然不以爲懼準諸往義信有殊矣饕餮之禽必資魚肉菽麥稻粱時或飧啄一食之費容過斤鎰今春夏陽旱穀糴稍貴窮窘之家時有菜色陛下爲人父母撫之如傷豈可棄人養鳥留意於醜形惡聲哉衞侯好鶴曹伯愛鴈身死國滅可爲寒心願遠師殷宗近法魏

祖脩德進賢消災集慶放無用之物委之川澤取樂琴書頤養神性明帝覽表大悅即棄之池澤冬詔光與安豐王延明議定服章三年六月詔光乘步挽至東西上閤九月進位太保光又固辭光年耆多務病疾稍增而自強不已常在著作疾篤不歸四年十月帝親臨光疾詔斷賓客中使相望爲止聲樂罷諸游眺拜長子劭爲齊州刺史十一月疾甚敕子姪等曰吾荷先帝厚恩位至於此史功不成歿有遺恨汝等速可送我還宅氣力雖微神明不亂至第而薨年七十三明帝聞而悲泣中使相尋詔給東園溫明祕器朝服一具衣一襲錢六十萬布一千匹蠟四百斤大鴻臚監護喪事車駕親臨撫屍慟哭御輦還宮流涕於路爲減常膳言則追傷每至光坐講讀之處未曾不改容悽悼贈太傅領尚書令驃騎大將軍開府冀州刺史侍中如故又敕加後部鼓吹班劍依太保廣陽王故事謚文宣明帝祖喪建春門外望轜哀感儒者榮之初光太和中依宮商角徵羽本音而爲五韻詩以贈李彪彪爲十二次詩以報光光又爲百三郡國詩以答之國別爲卷爲百三卷焉光寬和慈善不忤於物進退沈浮自得而

已常慕胡廣黃瓊爲人故爲氣概者所不重始領軍于忠以光舊德事之元乂
於光亦深宗敬及郭祚裴植見殺清河王懌遇禍光隨時俛仰竟不匡救於是
天下譏之自從貴達罕所申薦曾啓其女壻彭城劉敬徽云敬徽爲荆州五隴
戍主女隨夫行常慮寇抄南北分張乞爲徐州長兼別駕暫集京師明帝許之
時人比之張禹光初爲黃門則讓宋弁爲中書監讓汝南王悅爲太常讓劉芳
爲少傅讓元暉穆紹甄琛爲國子祭酒讓清河王懌任城王澄爲車騎儀同讓
江陽王繼又讓靈太后父胡國珍皆顧望時情議者以爲矯飾崇信佛法禮拜
讀誦老而逾甚終日怡怡未曾恚忿曾於門下省晝坐讀經有鴿飛集膝前遂
入於懷緣臂上肩久之乃去道俗讚詠詩頌者數十人每爲沙門朝貴請講維
摩十地經聽者常數百人卽爲二經義疏三十餘卷識者知其疎略凡所爲詩
賦銘贊誄頌表啓數百篇五十餘卷別有集光子勵字彥德器學才德最有父
風舉秀才中軍彭城王參軍祕書郎中以父光爲著作固辭不拜後除中書侍
郎領軍將軍元乂爲明堂大將以勵爲長史與從兄鴻俱有名於世父光疾甚

拜征虜將軍齊州刺史侍父疾衣不解帶及薨孝明每加存慰光葬本鄉詔遣主書張文伯宣弔孝昌元年除太尉長史襲父爵建義初遇害河陰贈侍中衞將軍青州刺史勵弟劼

劼字彥玄少清虛寡欲好學有家風魏末累遷中書侍郎興和三年兼通直散騎常侍使于梁天保初以議禪代除給事黃門侍郎加國子祭酒直內省典機密清儉勤慎甚爲齊文宣所知拜南青州刺史有政績入爲祕書監齊州大中正還拜省度支尚書俄授京省尋轉五兵尚書監國史臺閣之中見稱簡正武成之將禪後主先以問劼劼諫以爲不可由是忤意出爲南兗州刺史代還重爲度支尚書儀同三司食文登縣幹尋除中書令加開府待詔文林館監脩撰新書卒贈齊州刺史尚書左僕射謚文貞初和士開擅朝曲求物譽諸公因此頗爲子弟干祿世門之冑多處京官而劼二子拱撝並爲外任弟廓之從容謂劼曰拱幸得不凡何不在省府中清華之所而並出外藩劼曰立身來耻以言自達今若進兒與身何異卒無所求聞者莫不歎服劼常恨魏收書欲更作編

年紀而才思竟不能就光弟敬友本州從事頗有受納御史案之乃與守者俱
逃後除梁郡太守會遭所生憂不拜敬友精心佛道晝夜誦經免喪之後遂菜
食終身恭寬接下脩身厲節自景明已降頻歲不登飢寒請丐者皆取足而去
又置逆旅於蕭然山南大路之北設食以供行者卒于家弟子鴻
鴻字彥鸞少好讀書博綜經史稍遷尚書都兵郎中詔太師彭城王勰以下公
卿朝士儒學才明者三十人議定律令於尚書上省鴻與光俱在其中時論榮
之後爲三公郎中加員外散騎常侍延昌二年將大考百寮鴻以考令於體例
不通乃建議曰竊惟昔者爲官求才使人以器黜陟幽明揚清激濁故績效能
官才必稱位者朝昇夕進豈拘一階半級者哉二漢以降太和以前苟必官須
此人人稱此職或超騰昇陟數歲而至公卿或長兼試守稱允當遷進者披卷
則人人而是舉目則朝貴皆然故能時收多士之譽國號豐賢之美竊見景明
以來考格三年成一考一考轉一階貴賤內外萬有餘人自非犯罪不問賢愚
莫不上中才與不肖比肩同轉雖有善政如黃龔儒學如王鄭才史如班馬文

章如張蔡得一分一寸必爲常流所攀選曹亦抑爲一概不曾甄別琴瑟不調
改而更張雖明旨已行猶宜消息武帝不從三年鴻以父憂解任甘露降其廬
前樹十一月宣武以本官徵鴻四年復有甘露降其京兆宅之庭樹後遷中散
大夫高陽王友仍領郎中正光元年加前將軍修孝文宣武起居注光撰魏史
徒有卷目初未考正闕略尤多每云此史會非我世所成但須記錄時事以待
後人臨薨言鴻於孝明五年詔鴻以本官修緝國史孝昌初拜給事黃門侍郎
尋加散騎常侍齊州大中正鴻在史甫爾未有所就尋卒贈鎮東將軍度支尚
書青州刺史鴻弱冠便有著述志見晉魏前史皆成一家無所措意以劉元海
石勒慕容儁苻健慕容垂姚萇慕容德赫連屈子張軌李雄呂光乞伏國仁禿
髮烏孤李暠沮渠蒙遜馮跋等並因世故跨僭一方各有國書未有統一鴻乃
撰爲十六國春秋勒成百卷因其舊記時有增損褒貶焉鴻二世仕江左故不
錄僭晉劉蕭之書又恐識者責之未敢出行於外宣武聞其撰錄遣散騎常侍
趙邕詔鴻曰聞卿撰定諸史甚有條貫便可隨成者送至朕當於機事之暇覽

之鴻以其書有與國初相涉言多失體且既訖不奏聞鴻後典起居乃妄載其
表曰臣聞帝王之興也雖誕應圖籙然必有驅除蓋所以翦彼厭政成此樂推
故戰國紛紜年過十紀而漢祖夷殄羣豪開四百之業歷文景之懷柔蠻夏世
宗之奮揚威武始得涼朔同文牂越一軌於是談遷感漢德之盛痛諸史放絕
乃鈐括舊書著成太史所謂緝茲人事光彼天時之義也昔晉惠不競華戎亂
起三帝受制於姦臣二皇晏駕於非所五都蕭條鞠爲煨燼趙燕既爲長蛇遼
海緬成殊域中原無主八十餘年遺晉僻遠勢略孤微人殘兵革靡所歸控皇
魏龍潛幽代內脩德政外抗諸僞幷冀之人懷寶之士襁負而至者日月相尋
太祖道武皇帝以神武之姿接金行之運應天順人龍飛受命太宗必世重光
業隆玄默世祖雄才叡略闡曜威靈農戰兼修掃清氛穢歲垂四紀而寰宇一
同百姓始得陶然蘇息欣於堯舜之代自晉永寧以後雖所在稱兵競自尊樹
而能建邦命氏成爲戰國者十有六家善惡興滅之形用兵乖會之道亦足以
垂之將來昭明勸戒但諸史殘缺體例全虧編錄紛謬繁略失所宜審正同異

定爲一書誠知敏謝允南才非承祚然國志史考之美竊亦輒所庶幾始自景明之初搜集諸國舊史屬遷京甫爾率多分散求諸公私驅馳數歲又臣家貧祿微唯任孤力至於書寫所資每不周接暨正始元年寫乃向備謹於吏案之暇草構此書區分時事各繫本錄稽以長歷考諸舊志刪正差謬定爲實錄商較大略著春秋百篇至三年之末草成九十五卷唯常璩所撰李雄父子據蜀時書尋訪不獲所以未及繕成輟筆私求七載于今此書本江南撰錄恐中國所無非臣私力所能終得其起兵僭號事之始末乃亦頗有但不得此書懼簡略不成久思陳奏乞敕緣邊求採但愚賤無因不敢輕輒散騎常侍太常少卿荆州大中正趙邕忽宣明旨敕臣送呈不悟九皐微志乃得上聞奉敕欣惶慶懼兼至今謹以所訖者附臣邕呈奏臣又別作序例一卷年志一卷仰表皇朝統括大義俯明愚臣著錄微體徒竊慕古人立言美意文致疎鄙無一可觀簡御之日伏深慚悸鴻意如此自正光以前不敢顯行其書自後以其伯光貴重當朝知時人未能發明其事乃頗傳讀然鴻經綜既廣多有違謬至道武天與

二年姚興改號鴻始而鴻以爲改在元年明元永興二年慕容超禽於廣固鴻
又以爲在元年太常二年姚泓敗於長安而鴻亦以爲滅在元年如此之失多
不考正子子元祕書郎後永安中乃奏其父書稱臣亡考散騎常侍黃門侍郎
前將軍齊州大中正鴻正始之末任屬記言撰緝餘暇迺刊著趙燕秦夏西涼
乞伏西蜀等遺載爲之贊序褒貶評論先朝之日草構悉了唯有李雄蜀書搜
索未獲闕茲一國遲留未成去正光三年購訪始得討論適訖而先臣棄世凡
十六國名爲春秋一百二卷近代之事最爲備悉未曾奏上弗敢宣流今繕寫
一本敢以仰呈乞藏祕閣以廣異家子元後謀反事發逃竄會赦免尋爲其叔
鵾所殺光從祖弟長文字景翰少亦徙於代都聰敏有學識永安中累遷平州
刺史以老還家專讀佛經不關世事卒贈齊州刺史諡曰貞子懋字德林徐州
征東府長史長文從弟庠字文序有幹用爲東郡太守元顥寇逼郡界庠拒不
從命棄郡走還鄉里孝莊還宮賜爵平原伯拜潁川太守頗有政績永熙初除
東徐州刺史二年爲城人王早蘭寶等所害後贈驃騎將軍吏部尚書齊州刺

史子罕襲爵齊受禪例降光族弟榮先字隆祖涉歷經史州辟主簿子鐸有文
才位中散大夫鐸弟觀羽林監
崔亮字敬儒清河東武城人魏中尉琰之後也高祖瓊爲慕容垂車騎屬曾祖輯南徙青州因仕宋爲太山太守祖修之清河太守父元孫尚書郎青州刺史沈文秀之叛宋明帝使元孫討之爲文秀所害亮母房攜亮依其叔祖冀州刺史道固於歷城及慕容白曜平三齊內徙桑乾爲平齊人時年十歲常依季父幼孫居貧傭書自業時隴西李沖當朝任事亮族兄光往依之謂亮曰安能久事筆硯而不往託李氏也彼家饒書因可得學亮曰弟妹饑寒豈容獨飽自可觀書於市安能看人眉睫乎光言之於沖沖召亮與語因謂曰比見卿先人相命論使人胸中無復怵迫之念今遂亡本卿能記之不亮即爲誦之涕淚交零聲韻不異沖甚奇之迎爲館客沖謂其兄子彥曰大崔生寬和篤雅汝宜友之小崔生峭整清徹汝宜敬之二人終將大至沖薦之爲中書博士轉議郎尋遷尚書二千石孝文在洛欲創革舊制選置百官謂羣臣曰與朕舉一吏部郎必

使才望兼允者給卿三日假又一日孝文曰朕已得之不煩卿輩也驛徵亮兼吏部郎俄爲太子中舍人遷中書侍郎兼尚書左丞亮雖歷顯任其妻不免親事舂簸孝文聞之嘉其清貧詔帶野王令孝明親政遷給事黃門侍郎仍兼吏部郎領青州大中正亮自參選事垂將十年廉慎明決爲尚書郭祚所委每云非崔郎中選事不辦尋除散騎常侍仍爲黃門遷度支尚書領御史中尉自遷都之後經略四方又營洛邑費用甚廣亮在度支別立條格歲省億計又議修汴蔡二渠以通邊運公私賴焉侍中廣平王懷以母弟之親左右不遵憲法敕亮推究孝明禁懷不通賓客者久之後因宴集懷恃親使忿欲陵突亮亮乃正色責之卽起於孝明前脫冠請罪遂拜辭欲出孝明曰廣平麤疎向來又醉卿之所悉何乃如此也遂詔亮復坐令懷謝焉亮外雖方正內亦承候時情宣傳左右郭神安頗被孝明識遇以弟託亮亮引爲御史及神安敗後因集禁中孝明令兼侍中盧昶宣旨責亮曰在法官何故受左右囑請亮拜謝而已無以上對轉都官尚書又轉七兵領廷尉卿加散騎常侍徐州刺史元昞撫御失和詔

亮馳騈安撫亮至劾眴處以大辟勞賚綏慰百姓怗然除安西將軍雍州刺史
城北渭水淺不通船行人艱阻亮謂寮佐曰昔杜預乃造河梁況此有異長河
且魏晉之日亦自有橋吾今決欲營之咸曰水淺不可爲浮橋汎長無恆又不
可施柱橋難成立亮曰晉秦居咸陽橫橋度渭以像閣道此卽以柱爲橋今唯
慮長柱不可得耳會天大雨山水暴至浮出長木數百根籍此爲用橋遂成立
百姓利之至今猶名崔公橋亮性公清敏于斷決所在並號稱職三輔服其德
政孝明嘉之詔賜衣馬被褥後納其女爲九嬪徵爲太常卿攝吏部事孝明初
出爲定州刺史梁左游擊將軍趙祖悅率衆據硤石詔亮假鎭南將軍齊王蕭
寶夤鎭東將軍章武王融安南將軍並使持節督諸軍以討之靈太后勞遣亮
等賜戎服雜物亮至硤石祖悅出城逆戰大破之祖悅復於城外置二柵欲拒
軍亮焚擊破之亮與李崇爲水陸之期日日進攻而崇不至及李平至崇乃進
軍共平硤石靈太后賜亮璽書曰硤石既平大勢全舉淮堰孤危自將奔遁若
仍敢游魂此當易以立計禽翦蟻徒應在旦夕將軍推轂所憑親對其事處分

經略宜共協齊必令得掃盪之理盡彼遺燼也隨便守禦及分度掠截扼其咽
喉防塞走路期之全獲無令漏逸若畏威降首者自加蠲宥以仁爲本任之雅
算以功進號鎮北將軍李平部分諸軍將水陸兼進以討堰賊亮違平節度以
疾請還隨表而發平表亮輒還京失乘勝之機闕水陸之會今處亮死上議靈
太后令曰亮去留自擅違我經略雖有小捷豈免大咎但吾攝御萬機庶茲惡
殺可特聽以功補過及平至亮與爭功於禁中形於聲色尋除殿中尚書遷吏
部尚書時羽林新害張彝之後靈太后令武官得依資入選官員既少應選者
多前尚書李韶循常擢人百姓大爲怨亮乃奏爲格制不問士之賢愚專以停
解日月爲斷雖復官須此人停日後者終於不得庸才下品年月久者灼然先
用沈滯者皆稱其能亮外甥司空諮議劉景安書規亮曰殷周以鄉塾貢士兩
漢由州郡薦才魏晉因循又置中正諦觀在昔莫不審舉雖未盡美足應亦收
六七而朝廷貢才止求其文不取其理察孝廉唯論章句不及治道立中正不
考人才行業空辨氏姓高下至於取士之途不溥沙汰之理未精而舅屬當銓

衡宜須改張易調如何反爲停年格以限之天下士子誰復修厲名行哉亮答書曰汝所言乃有深致吾乘時徼幸得爲吏部尚書當其壯也尚不如人況今朽老而居帝難之任常思同升舉直以報明主之恩盡忠竭力不爲貽厥之累昨爲此格有由而然今已爲汝所怪千載之後誰知我哉可靜念吾言當爲汝論之吾兼正六爲吏部郎三爲尚書銓衡所宜頗知之矣但古今不同時宜須異何者昔有中正品其才第上之尚書尚書據狀量人授職此乃與天下羣賢共爵人也吾謂當爾之時無遺才無濫舉矣而汝猶云十收六七況今日之選專歸尚書以一人之鑒照察天下劉毅所云一吏部兩郎中而欲究鏡人物何異以管窺天而求其博哉今勳人甚多又羽林入選武夫崛起不解書計唯可彍弩前驅指蹤捕噬而已忽令垂組乘軒求其烹鮮之效未曾操刀而使專割又武人至多官員至少不可周溥設令十人共一官猶無官可授況一人望一官何由可不怨哉吾近面執不宜使武人入選請賜其爵厚其祿既不見從是以權立此格限以停年耳昔子產鑄刑書以救敝叔向譏之以正法何異汝以

古禮難權宜哉仲尼云德我者春秋罪我者亦春秋吾之此指其由是也但令
當來君子知吾意焉後甄琛元修義城陽王徽相繼爲吏部尚書利其便己踵
而行之自是賢愚同貫涇渭無別魏之失才從亮始也歷侍中太常卿左光祿
大夫尚書右僕射時劉騰擅權亮託妻劉氏傾身事之故頻年之中名位隆赫
有識者譏之轉尚書僕射加散騎常侍疽發於背明帝遣舍人問疾亮上表乞
解僕射詔不許尋卒詔給東園祕器贈車騎大將軍儀同三司謚曰貞烈亮在
雍州讀杜預傳見其爲八磨嘉其有濟時用遂教人爲碾及爲僕射奏於張方
橋東堰穀水造磑磨數十區其利十倍國用便之亮有三子士安士和士泰並
強幹善於當世士安歷尚書北部郎卒於諫議大夫贈左將軍光州刺史無子
弟士和以子乾亨繼乾亨武定中尚書都兵郎中士和初爲司空主簿蕭寶夤
之在關中高選僚佐以爲都督府長史時莫折念生遣使詐降寶夤表士和兼
度支尚書爲隴右行臺令入秦撫慰爲念生所害士泰歷給事中司空從事中
郎諫議大夫司空司馬明帝末荊蠻侵斥以士泰爲龍驤將軍征蠻別將事平

以功賜爵五等男建義初遇害於河陰贈都督青州刺史諡曰文肅子肇師襲
爵肇師少時疎放長遂變節更成謹厚涉獵經史頗有文思天平初以通直散
騎侍郎爲慰勞青州使至齊州界爲土賊崔迦葉等拘欲逼與同事肇師執志
不動喻以禍福賊遂捨之仍巡慰青部而還肇師以從弟乾亨同居事伯母甚
謹齊文襄嘗言肇師合誅左右問其故曰崔鴻十六國春秋述諸僭僞而不及
江東左右曰肇師與鴻別族乃止天保初以參定渾代禮儀封襄城縣男仍兼
中書侍郎卒始鄴下有薛生者能相人言趙彥琛當大貴肇師因問己答曰公
門望雖高爵位不及趙終如其言亮弟敬默奉朝請卒於征虜長史贈南陽太
守子思韶從亮征硤石以軍功賜爵武城子爲冀州別駕敬默弟敬遠以其賤
出殊不經紀論者譏焉
光韶亮從父弟也父幼孫太原太守光韶事親以孝悌初除奉朝請光韶與弟
光伯孿生操業相侔特相友愛遂經吏部尚書李沖讓官於光伯辭色懇至沖
爲奏聞孝文嘉而許之太和二十年以光韶爲司空行參軍復請讓從叔和曰

臣誠微賤未登讓品屬逢皇朝恥無讓德和亦謙退辭而不當孝文善之遂以
和爲廣陵王國常侍尋敕光韶祕書郎掌校華林御書累遷青州中從事後爲
司空騎兵參軍又兼司徒戶曹出爲濟州輔國府司馬刺史高植甚知之政事
多委訪焉遷青州平東府長史府解敕知州事光韶清直明斷吏人畏愛之入
爲司空從事中郎以母老解官歸養賦詩展意朝士屬和者數十人久之欲爲
司徒諮議固辭不拜光韶性嚴聲韻抗烈與人平談常若震厲至於兄弟議論
外聞謂爲忿怒然孔懷雍睦人少逮之孝莊初河閒刑杲率河北流人十餘萬
衆攻逼州郡刺史元儁憂不自安州人乞光韶爲長史以鎮之時陽平路回寓
居齊土與杲潛相影響引賊入郭光韶臨機處分在難確然賊退之後刺史表
光韶忠毅朝廷嘉之發使慰勞尋爲東道軍司及元顥入洛自河以南莫不風
靡刺史廣陵王欣集文武以議所從在坐之人莫不失色光韶獨抗言曰元顥
受制梁國稱兵本朝亂臣賊子曠代少疇何但大王家事所宜切齒等荷朝眷
未敢仰從長史崔景茂前瀛州刺史張烈前郢州刺史房叔祖徵士張僧皓咸

云軍司議是欣乃斬顯使尋徵輔國將軍再遷廷尉卿祕書監祖瑩以贓罪被劾光韶必欲致之重法太尉城陽王徽尚書令臨淮王彧吏部尚書李神儁侍中李彧並勢望當時皆爲瑩求寬光韶正色曰朝賢執事於舜之功未聞其一如何反爲罪人言乎其執意不回如此永安擾亂遂還鄉里光韶博學強辯尤好理論至於人倫名教得失之間榷而論之不以一毫假物家足於財而性儉吝衣馬敝瘦食味麤薄始光韶在都同里人王蔓於夜遇盜害其二子孝莊詔黄門高道穆令加檢捕一坊之內家別搜索至光韶宅綾絹錢布匱篋充積議者譏其矯嗇其家資產皆光伯所營光伯亡悉焚其契河間邢子才曾貸錢數萬後送還之光韶曰此亡弟相貸僕不知也竟不納刺史元弼前妻是光韶之繼室兄女弼貪惏不法光韶以親情亟相非責弼銜之時耿翔反於州界弼誣光韶子通與賊連結囚其合家考掠非理而光韶與之辨爭詞色不屈會樊子鵠爲東道大使知其見枉理出之時人勸令詣樊陳謝光韶曰羊舌大夫已有成事何勞往也子鵠亦歎尚之後刺史侯深代下疑懼謀爲不軌夜劫光韶以

兵脅之責以謀略光韶曰凡起兵須有名義使君今日舉動直是作賊耳知復何計深雖恨之敬而不敢害尋除征東將軍金紫光祿大夫不起光韶以世道屯邅朝廷屢變閉門却掃吉凶斷絕誡子孫曰吾自謂立身無慚古烈但以祿命有限無容希世取進在官以來不冒一級官雖不達經爲九卿且吾平生素業足以遺汝官閥亦何足言也吾既運薄便經三娶而汝之兄弟各不同生合葬非古吾百年之後不須合也然贈諡之及出自君恩豈容子孫自求之也勿須求贈若違吾志如有神靈不享汝祀吾兄弟自幼及老衣服飲食未嘗一片不同至於兒女冠婚榮利之事未嘗不先以推弟弟頃橫禍權作松櫬亦可爲吾作松棺使吾見之卒年七十一孝靜初侍中賈思同申啓稱述光韶詔贈散騎常侍驃騎將軍青州刺史光韶弟光伯爲青州別駕後以族弟休臨州申牒求解尚書奏案禮始封之君不臣諸父昆弟封君之子臣昆弟不臣諸父封君之孫得盡臣計始封之君卽是世繼之祖尚不得臣況今刺史既非世繼而得行臣吏之節執笏稱名者乎檢光伯請解率禮不愆謂宜許遂靈太后令從之

尋除北海太守有司以其更滿依例奏代明帝詔曰光伯自涖海沂清風遠著兼其兄光韶復能辭榮侍養兄弟忠孝宜有甄錄可更申三年以廣風化後歷太傅諮議參軍節閔帝時崔祖螭張僧皓起逆攻東陽旬日間衆十餘萬刺史東萊王貴平欲令光伯出城慰勞兄光韶爭之曰以下官觀之非可慰喻止也貴平逼之不得已光伯遂出城未及曉喻爲飛矢所中卒贈青州刺史子滔武定末殷州別駕脩之弟道固

道固字季堅其母卑賤嫡母兄攸之目連等輕侮之父輯謂攸之曰此兒姿識或能興大門戶汝等何以輕之攸之等遇之彌薄輯乃資給道固令其南仕時宋孝武爲徐兗二州刺史以道固爲從事道固美形貌善舉止習武事孝武嘉之會青州刺史新除過彭城孝武謂曰崔道固人身如此豈可爲寒士而世人以其偏庶侮之可爲歎息刺史至州辟爲主簿後爲宋諸王參軍被遣青州募人長史以下並詣道固道固諸兄等逼其所生自致酒炙於客前道固驚起接取謂客曰家無人力老親自執劬勞諸客皆知其兄所作咸拜其母母謂道固

曰我賤不足以報貴賓汝宜答拜諸客皆歎美道固母子賤其諸兄後爲冀州刺史鎮歷城宋明帝立徐州刺史薛安都與道固等立廢帝子業弟子勛敗乃歸魏獻文帝以爲南冀州刺史清河公宋明帝遣說道固以爲徐州刺史復歸宋皇興初獻文詔征南大將軍慕容白曜討道固道固面縛請罪白曜送赴都詔恕其死乃徙齊土望共道固守城者數百家於桑乾立平齊郡於平城西北北新城以道固爲太守賜爵臨淄子尋徙居京城西南二百餘里舊除館之西延興中卒子景徽襲爵初道固之在客邸與薛安都畢衆敬隣館時以公集相見本既同由武達頗結寮舊時安都志已衰朽於道固疎略而衆敬每盡殷勤道固謂劉休賓房法壽曰古人云非我族類其心必異安都視人殊自蕭索畢固依依也景徽字文叡卒於平州刺史諡曰定子休纂襲爵道固兄目連子僧祐僧深坐兄僧祐與沙門法秀謀反徙薄骨律鎮後位南青州刺史元妻房氏生子伯驎伯驥後薄房氏納平原杜氏與俱徙生四子伯鳳祖龍祖螭祖虬僧深得還之後絕房氏遂與杜氏及四子寓青州伯驎伯驥與母房居冀州雖往

來父聞而心存母氏孝慈之道頓阻一門僧深卒伯驎奔赴不敢入家寄哭寺門祖龍剛躁與兄伯驎訟嫡庶並以刀劍自衞若怨讎焉祖螭小字社客普泰初反尒朱仲遠討斬之祖虯少好學不馳競僧深從弟和位平昌太守家巨富而性吝埋錢數百斛其母李春思堇惜錢不買子軌字啓則盜錢百萬背和亡走後至儀同開府鎧曹參軍坐貪爲賜死晉陽

論曰崔光風素虛遠學業深長孝文歸其才博許其大至明主固知臣也歷事三朝師訓少主不出宮省坐致台傅斯亦近世之所希有但顧懷大雅託迹中庸其於容身之譏斯乃胡廣所不免也鴻博綜古今立言爲事亦才志之士乎崔亮既明達從事動有名迹於斷年之選失之逾遠救弊未聞終爲國蠹無茍而已其若是乎光韶居雅仗正有國士之風矣

北史卷四十四

北史卷四十四考證

崔光傳亦其勢尙微易制御也○勢字監本注云闕今從南本增入

崔亮傳敬默弟敬遠以其賤出○魏書敬遠作隱處又以其賤出上有亮字

道固傳畢固依依也○一本畢字下有捺字今從監本

北史卷四十四考證

西元二〇二〇年十一月一日重製一版

北史（附考證）冊三（唐李延壽撰）

平裝六冊基本定價肆仟伍佰元正
（郵運匯費另加）

發行人　張敏君
發行處　中華書局
臺北市內湖區舊宗路二段一八一巷八號五樓（5FL., No. 8, Lane 181, JIOU-TZUNG Rd., Sec 2, NEI HU, TAIPEI, 11494, TAIWAN）
客服電話：886-2-8797-8396
公司傳真：886-2-8797-8909
匯款帳户：華南商業銀行西湖分行
179100026931
印　刷：維中科技有限公司
海瑞印刷品有限公司

No. N1052-3

國家圖書館出版品預行編目(CIP)資料

北史/(唐)李延壽撰. -- 重製一版. -- 臺北市 :
中華書局, 2020.11
冊 ;　公分
ISBN 978-986-5512-32-3(全套 : 平裝)

1.北史

623.601　　109016727